图解外贸会计实操

平准◎编著

中国纺织出版社有限公司 | 国家一级出版社
全国百佳图书出版单位

内 容 提 要

本书依据最新的会计准则，结合外贸企业的特点，对外贸企业有关会计政策的选择、会计科目的设置和使用、相关信息的财务报告披露、税务筹划的方法等方面做了较为详细的论述。本书内容涵盖了外贸企业会计日常工作的各个关键点，既可作为会计新人的入门指导书，也可作为现任外贸行业会计从业者的案头工作手册，方便随时查用。

本书充分运用了图解的方式向读者传达外贸企业的会计知识，图文并茂，深入浅出，使得原本枯燥的内容能够活灵活现地展现在读者面前，这样不仅能使读者较快地学到知识的精髓，也能加深对知识的理解和掌握，这也是本书的特点和优势。

图书在版编目（CIP）数据

图解外贸会计实操 / 平准编著. -- 北京：中国纺织出版社有限公司，2021. 1（2024. 2第2次印刷）

ISBN 978-7-5180-8111-0

Ⅰ. ①图… Ⅱ. ①平… Ⅲ. ①外贸企业会计－图解 Ⅳ. ① F740. 45-64

中国版本图书馆 CIP 数据核字（2020）第 209680 号

策划编辑：史 岩　　　责任编辑：段子君
责任校对：高 涵　　　责任印制：储志伟

中国纺织出版社有限公司出版发行
地址：北京市朝阳区百子湾东里A407号楼　邮政编码：100124
销售电话：010—67004422　传真：010—87155801
http://www.c-textilep.com
中国纺织出版社天猫旗舰店
官方微博 http://weibo.com/2119887771
北京兰星球彩色印刷有限公司印刷　各地新华书店经销
2021年1月第1版　2024年2月第2次印刷
开本：787×1092　1/16　印张：16.5
字数：341千字　定价：88.00元

前　言
PREFACE

自我国加入世界贸易组织以来，外贸行业已经成为推动我国经济发展的支柱行业，同时，与外贸相关的商务人才，特别是会计、税收人才日趋紧缺和重要。

由于复币记账、退税核算等核心业务，外贸会计具有更强的专业性，显著区别于我们之前接触的工业企业会计，未经专业培训的人员难以胜任外贸会计工作。外贸会计人才队伍的紧缺使得外贸企业业务风险上升，并直接影响到了我国外经贸行业的健康发展。针对此种情况，特编写了本书。

本书全面系统地阐述了外贸企业的会计基础、会计要素和会计科目，外贸企业会计的意义、职能、对象和特点，货币资金和国内结算、外币业务和国际贸易结算的核算，出口贸易业务和进口贸易业务的核算，应收及预付款项、存货的核算，固定资产、无形资产、长期待摊费用和对外投资的核算，期间费用、税金、利润和利润分配的核算，财务报表的编制和分析等内容。可以作为经济管理类相关专业学生教材使用，也可以为会计自学者提供参考。

本书的特色体现在以下几点：

1. 内容新颖，与会计改革同步。本书以会计的基本概念和方法为基础，在阐述会计基本理论与方法的同时，紧紧围绕我国财务会计改革现状，对现行企业会计准则等重点内容做了系统的介绍。本书依据新的税收法规的内容编写，结合外贸企业自身的特点，对外贸企业会计政策的选择、科目设置和使用、相关信息的财务报告披露等方面做了较为详细的论述。

2. 目的明确。精选和提炼外贸企业经济活动的常规业务，并注重会计理论与方法的实用性和适用性，启发思维，开阔视野，提高技能。突出外贸企业会计核算的特点，对外贸会计基础、外汇及外汇管理、国际结算、出口业务、进口业务、出口退税业务、外贸企业的财务报表等方面进行详细的讲解，将新企业会计准则的统一性、原则性与外贸企业业务的特殊性结合起来。

3. 由简到繁，由浅入深。对内容的论述力求做到深入浅出，通俗易懂，举例清晰易懂，既适合教师讲授，也便于学生自学。

4. 体系设计合理，突出岗位能力。主要依据全国外经贸从业人员的实际需要编写，紧紧围绕全国外贸会计从业人员的实际工作流程组织模块设计，是广大外贸会计人员提升业务能力的必读书。

由于编者水平所限，书中难免存在疏漏和错误，恳请读者批评指正。

平准

2020 年 11 月

目　录
CONTENTS

第一章　外贸企业会计基础

第一节　外贸企业会计的概述　/ 002

一、外贸企业会计的对象和特点　/ 002

二、外贸企业会计的含义和职能　/ 003

第二节　国际贸易术语　/ 003

一、适用于任何运输方式　/ 004

二、适用于海运和内河运输　/ 004

三、FOB、CFR 和 CIF 三种术语的换算　/ 005

四、费用点　/ 005

五、清关　/ 006

第二章　外汇业务

第一节　外汇　/ 008

一、汇率　/ 008

二、外汇　/ 013

第二节　外汇账户　/ 016

一、外汇账户的概念及分类　/ 016

二、外汇账户的设立　/ 017

三、外汇账户的核算体系　/ 018

第三节　外汇收入　/ 019

一、外汇收入的范围　/ 019

二、外汇收入的核算 / 020
三、外汇收入的管理 / 020

第四节 外汇支出 / 021

一、外汇支出的方式 / 021
二、外汇支出的核算 / 023
三、外汇支出的管理 / 024

第五节 外汇借款 / 025

一、外汇借款的概述 / 025
二、外汇借款的核算 / 027

第六节 汇兑损益 / 028

一、汇兑损益核算内容及要求 / 028
二、汇兑损益核算应设置的主要账户、结构和对应账户 / 030
三、汇兑损益核算业务的会计处理 / 031

第七节 外币交易 / 039

一、折算汇率 / 039
二、交易日的会计处理 / 040
三、会计期末或结算日外币交易 / 041

第八节 外币财务报表的折算 / 046

一、境外经营的概念 / 046
二、境外经营财务报表的折算 / 046

第三章 国际贸易结算

第一节 国际贸易结算概述 / 048

一、国际贸易结算的概念 / 048
二、国际贸易结算的类型 / 048

第二节 国际贸易结算的方式 / 048

一、信用证结算方式 / 048
二、汇付结算方式 / 051
三、托收结算方式 / 053

第三节 国际贸易结算方式的核算 / 055
一、信用证结算方式的核算 / 055
二、汇付结算方式的核算 / 056
三、托收结算方式的核算 / 058

第四章 出口商品贸易业务

第一节 出口贸易业务概述 / 060
一、出口贸易业务的含义 / 060
二、出口贸易业务的种类 / 060
第二节 出口商品购进业务 / 061
一、出口商品购进业务概述 / 061
二、出口商品购进业务的核算 / 063
三、出口商品收购业务账务处理 / 064
四、出口商品收购中其他业务的核算 / 068
第三节 出口商品存储及加工业务 / 075
一、出口商品挑选整理和加工业务的概述 / 075
二、出口商品挑选整理和加工业务的核算 / 076
第四节 自营出口销售 / 079
一、自营出口销售概述 / 079
二、自营出口销售核算的内容和要求 / 080
三、自营出口销售的账户设置 / 082
四、自营出口销售业务的会计处理 / 083
五、自营出口销售其他业务的核算 / 087
第五节 代理出口销售 / 089
一、代理出口销售概述 / 089
二、代理出口销售的核算 / 090
三、加工补偿贸易 / 095
第六节 出口收汇核销制 / 101
一、出口收汇核销的概述 / 101
二、出口收汇核销单 / 101

三、出口核销方式 / 103
四、出口收汇核销流程 / 104
五、逾期监管 / 105

第五章 进口贸易业务

第一节 进口贸易业务概述 / 108
一、进口贸易业务的含义 / 108
二、进口贸易业务的种类 / 108
三、进口贸易业务的程序 / 109
四、进口单据的审核 / 110
第二节 自营进口业务 / 110
一、自营进口商品采购成本的构成 / 110
二、自营进口商品购进的核算 / 111
三、自营进口商品销售的核算 / 113
四、自营进口商品销售其他业务的核算 / 117
第三节 代理进口业务 / 119
一、代理进口业务的概述 / 119
二、代理进口业务的核算 / 120
第四节 易货贸易业务 / 122
一、易货贸易业务的概述 / 122
二、易货贸易出口业务的核算 / 123
第五节 进口付汇核销制度 / 125
一、进口付汇核销业务流程 / 126
二、进口付汇核销流程 / 126
三、进口付汇核销操作规程 / 127
四、核销监管 / 128

第六章 进出口货物税金的核算

第一节 关税 / 130

一、关税的概述 / 130

二、关税征缴的相关要求 / 133

三、关税的核算 / 136

第二节 增值税 / 139

一、增值税的概述 / 139

二、增值税应纳税额的计算 / 143

三、增值税的核算 / 144

第三节 消费税 / 150

一、消费税的概述 / 150

二、消费税征缴的相关要求 / 154

三、消费税的核算 / 155

第四节 出口货物退（免）税 / 160

一、出口货物退（免）税的概述 / 160

二、办理出口货物退（免）税涉及的主要凭证资料 / 163

三、出口退税的日常管理 / 169

四、现行出口货物退（免）增值税的办法 / 170

五、商业、外贸进出口企业出口货物退（免）税的核算 / 170

六、自营出口生产企业退（免）税的核算 / 174

七、生产企业代理出口退（免）税的规定 / 178

第七章 技术进出口业务

第一节 技术进出口业务概述 / 180

一、技术进出口概念 / 180

二、技术进出口与一般货物进出口的区别 / 180

三、技术进出口业务的主要方式 / 180
第二节 技术进出口税务 / 182
一、双重征税 / 182
二、避免双重征税的方法 / 182
三、我国对技术进口所得税的征收办法 / 183
四、技术出口税务的计算 / 184
第三节 技术进口的账务处理 / 185
一、技术进口的成本构成 / 185
二、支付技术使用费 / 185
三、以产品补偿引进国外技术的会计核算 / 189
四、外方以技术作为投资的会计核算 / 190
第四节 技术出口的账务处理 / 190
一、企业提供技术服务的账务处理 / 190
二、技术转让的账务处理 / 192

第八章 存 货

第一节 存货概述 / 194
一、存货的含义 / 194
二、存货的范围 / 194
三、存货的分类 / 194
第二节 存货的计价 / 195
一、存货收入的计价 / 195
二、存货发出的计价 / 196
第三节 包装物 / 201
一、包装物核算的范围 / 201
二、购进包装物的核算 / 201
三、销售包装物的核算 / 202
四、租借包装物的核算 / 202
五、摊销包装物的核算 / 203
六、修理和报废包装物的核算 / 204

第四节 低值易耗品 / 205

一、购进低值易耗品的核算 / 205

二、领用和摊销低值易耗品的核算 / 205

三、修理和报废低值易耗品的核算 / 206

第五节 原材料 / 207

第六节 存货的清查盘点 / 207

一、存货的清查盘点 / 207

二、存货盘盈盘亏和毁损的核算 / 208

第七节 存货的期末计价 / 209

一、成本与可变现净值孰低法 / 209

二、账户设置 / 210

三、存货可变现净值低于成本的核算 / 210

第九章 财务报告

第一节 财务报告概述 / 214

一、财务报告的概念 / 214

二、财务报表的作用 / 214

三、财务报表的组成和编制的基本要求 / 214

四、财务报表的分类 / 215

五、《企业会计准则》要求的财务报表的组成 / 216

第二节 资产负债表 / 217

一、资产负债表的含义和作用 / 217

二、资产负债表的结构和内容 / 217

三、资产负债表的编制方法 / 221

四、资产负债表项目的填列说明 / 221

五、资产负债表编制示例 / 227

第三节 利润表 / 231

一、利润表的含义和作用 / 231

二、利润表的结构和内容 / 231

三、利润表的编制方法 / 233
四、利润表编制示例 / 235
第四节 现金流量表 / 237
一、现金流量表的含义和作用 / 237
二、现金流量及其分类 / 237
三、现金流量表的结构和内容 / 238
四、现金流量表的编制方法 / 240
五、现金流量表编制示例 / 242
第五节 所有者权益变动表 / 246
一、所有者权益变动表的含义和作用 / 246
二、所有者权益变动表的结构和内容 / 246
三、所有者权益变动表的编制方法 / 247
四、所有者权益变动表填列示例 / 249
第六节 附注 / 251
一、附注的含义和作用 / 251
二、附注的主要内容 / 251

第一章
外贸企业会计基础

本章导读

不同的行业在实施《企业会计准则》过程中，仍然需要按所处行业特点和惯例进行具体化。外贸企业所从事的组织商品流通活动，与一般的国内商品流通企业有很大的不同。由于外贸会计对象存在一定的特殊性，因此外贸会计形成了一些自己的特点，比如无论出口经营活动还是进口经营活动均涉及外币债权债务关系、由于外币与人民币的比价经常波动因而经常会出现汇兑损益问题等。而且在外贸交易过程中，经常涉及一些国际贸易专业术语，这对于我们理解企业的交易活动至关重要。因而在本章中，我们将重点学习以下内容：

1. 掌握外贸企业会计的对象和特点
2. 掌握外贸企业会计的含义和职能
3. 了解国际贸易术语

第一节　外贸企业会计的概述

一、外贸企业会计的对象和特点

（一）外贸企业会计的对象

外贸会计对象，就是外贸企业的资金运动。外贸企业资金运动的主要内容，是组织国际间的进出口商品流通，其主要经营活动包括出口业务与进口业务。外贸企业所从事的组织商品流通活动，与一般的国内商品流通企业有很大的不同。具体表现是外贸企业的商品流通，要通过国内、国际两个市场，涉及国内、国际两种价格，使用本国货币与外币两种以上的货币。因此，外贸企业经营过程的货币资金运动形态主要表现为“外币—人民币”或“人民币—外币”的转换过程。这就是说，在出口经营活动中，企业用本币从国内购进商品，通过国外销售获得外汇，并对出口商品销售所得外汇，或者自行保留，或者按照国家规定在银行结汇；而在进口经营活动中，企业用自有外汇或者用人民币向银行购买外汇以支付货款，从国外获得商品，并将商品在国内销售，取得人民币。外贸企业在其资金循环过程中所持有的本币与外币之间的不断转换的过程，形成了外贸企业资金运动的特殊性。

（二）外贸企业会计的特点

由于外贸会计对象存在一定的特殊性，因此外贸会计形成了一些自己的特点。这些特点主要表现在：

（1）无论出口经营活动还是进口经营活动，均涉及外币债权债务关系。但目前我国大多数企业采用人民币作为记账本位币，因而外贸企业中有关外汇的账簿应按复币式设计并登记，以达到同时核算人民币与外币的目的。

（2）由于外币与人民币的比价经常波动，因而经常会出现汇兑损益问题。对汇兑损益的处理，形成了外贸会计的另一特色。

（3）由于进出口业务会涉及不同的价格条件，而不同的价格条件下的交易条件及价值构成不尽相同，因此不同价格条件下商品销售收入的确认与计量也有很大的差别。在不同的价格条件下如何对销售收入予以确认和计量以及如何在对外贸易会计处理中协调不同价格条件产生的差异，形成了外贸会计的又一特色。

（4）由于外贸企业对于出口商品价格是以 FOB 价为基础，因此在以 CIF 价签订合同的情况下，要以 CIF 价确认出口商品销售收入，以与价格条件相对应，而在支付运费、保险费时，应以红字冲减出口商品销售收入，将CIF基础调整为FOB基础，以准确反映出口净收汇水平。同时，在支付佣金和其他国外费用时，也以红字冲减出口商品销售收入。在出口商品退回以及对外理赔时，以红字冲减出口销售收入和出口销售成本。因此，可能出现双借或双贷的会计分录，从而形成外贸会计的一大特色。

（5）外贸企业经济效益的指标考核体系以及盈亏核算与财务评价，要考虑多方面的因素变动。诸如政策环境、国家的汇率政策、国际经济环境等在评价外贸企业的经济效益中起着重要作用。

二、外贸企业会计的含义和职能

（一）外贸企业会计的含义

外贸企业是从事对外贸易业务的行业，对外贸易是指一个国家或地区与其他国家或地区进行的商品和劳务交换的活动。对外贸易在提高劳动生产率、促进资源的有效配置，降低生产成本，创造就业机会，带动经济发展等方面起着重要作用。

外贸企业会计是指以货币作为主要计量单位，对外贸企业的经济活动信息通过收集、加工，提供以会计信息为主的经济信息，并为取得最佳经济效益，对经济活动进行控制、分析、预测和决策的一种经济管理活动。

（二）外贸企业会计的职能

与会计的基本职能一样，外贸企业会计业具有会计核算和会计监督两大基本职能。会计的核算职能是指将外贸企业已经发生的个别的、大量的经济业务，通过确认、计量、记录、汇总和报告，转化为全面、连续、系统的会计信息，以反映外贸企业经济活动的全过程及其结果。会计的监督职能是指控制和规范外贸企业经济活动的运行，使其达到预定的目标。通过监督企业的经济活动是否符合国家的财经政策和财经纪律、经济活动是否按照事先确定的财务目标和编制的各项预算运行等，可以及时发现偏差，从而采取措施予以调整。

第二节　国际贸易术语

贸易术语（Trade Terms），又称贸易条件、价格术语（Price Terms）、价格条件，用来说明交货地点、商品的价格构成及买卖双方有关费用、风险和责任的划分，以确定买卖双方在交货和接货过程中应尽的义务。贸易术语对买卖双方应该承担的义务，作了完整而确切的解释，避免了由于对合同条款的理解不一致，在履约中可能产生的某些争议，简化了交易磋商的手续，缩短了成交时间。根据国际商会最新修订的《国际贸易术语解释通则》（以下简称《通则》），贸易术语由原来的13个减至11个，分为两大类。具体如下：

一、适用于任何运输方式

CIP（Carriage and Insurance Paid to），即运费/保险费付至目的地，是指卖方支付货物运至目的地的运费，并对货物在运输途中灭失或损坏的风险办理保险，支付保险费，在卖方向指定的承运人交货之后，一切风险和额外费用由买方承担。

CPT（Carriage Paid to），即运费付至目的地，是指卖方支付货物运至指定目的地的运费，在卖方向指定的承运人交货之后，一切风险和额外费用由买方承担。

DAP（Delivered at Place），即目的地交货，卖方承担将货物运送到达指定目的地并交付给买方（不用卸载货物）之前的所有风险和费用，卖方把货物运送到买方指定的目的地后，将货物（不用卸载）交由买方处置，即完成交货。买方承担卖方将还没卸载的货物交付给买方之后的所有风险和费用。

DAT（Delivered at Terminal），即目的地或目的港的集散站交货，卖方承担将货物交至指定目的地或目的港的集散站之前的一切费用和风险，卖方在指定的目的地或目的港的集散站卸货后将货物交给买方即完成交货。

DDP（Delivered Duty Paid），即完税后交货，是指卖方负担将货物交付给买方前的一切费用和风险，包括负责办理进口报关手续并交付在需要办理海关手续时在目的地应缴纳的任何进口“税费”，卖方将货物运至指定地点，将在交货运输工具上尚未卸下的货物交付给买方。DDP是卖方责任最大的贸易术语。

EXW（ex Works），即工厂交货，是指卖方不负责将货物装上买方安排的车或船上，也不办理出口报关手续。卖方将货物从工厂（或仓库）交付给买方即完成交货，买方负担自卖方工厂交付后至最终目的地的一切费用和风险。

FCA（Free Carrier），即货交承运人或交至承运人，此术语是指卖方负担货物交由承运人监管前的一切费用和货物灭失或损坏的风险，在合同规定的交货期内将货物在指定的地点交给买方指定的承运人，并办理了出口清关手续，即完成交货。

二、适用于海运和内河运输

CFR（Cost and Freight），即成本加运费，是指卖方负担货物越过船舷以前为止的一切费用和货物灭失或损坏的风险，在合同规定的装运期内，在装运港将货物交至运往指定目的港的船上，卖方办理出口清关手续。交货后货物灭失或损坏的风险，以及由于各种事件造成的任何额外费用由卖方转移到买方。

CIF（Cost, Insurance and Freight），即成本、保险费加运费，是指卖方必须在合同规定的装运期内在装运港将货物交至运往指定目的港的船上，负担货物越过船舷以前为止的一切费用和货物灭失或损坏的风险并办理货运保险，支付保险费，以及负责租船订舱，支付从装运港到目的港的正常运费。

FAS（Free Alongside Ship），即装运港船边交货，是指卖方将货物运至指定装运港的船边或驳船内交货，并在需要办理海关手续时，办理货物出口所需的一切海关手续，买方承担自装运港船边（或驳船）起的一切费用和风险。

FOB（Free on Board），即装运港船上交货，是指卖方负担货物越过船舷以前为止的一切费用和货物灭失或损坏的风险，在合同规定的装运期内在指定的装运港将货物交至买方指定的船上，要求卖方办理货物出口清关手续。

三、FOB、CFR 和 CIF 三种术语的换算

国际贸易术语种类较多，在我国常用的有 FOB、CFR 和 CIF 三种。实务中通常要进行三者之间的换算，它们的换算关系如下：

若是 FOB 价换算为其他价，则有，

CFR价=FOB价+国外运费

CIF价=（FOB价+国外运费）/（1−投保加成×保险费率）

若是 CFR 价换算为其他价，则有，

FOB价−CFR价－国外运费

CIF价=CFR价/（1−投保加成×保险费率）

若是 CIF 价换算为其他价，则有，

FOB价=CIF价×（1−投保加成×保险费率）−国外运费

CFR价=CIF价×（1−投保加成×保险费率）

在外贸会计核算中，贸易术语直接关系到进出口业务收入和成本的确认计量，形成收入和成本确认和计量的基础。在现行外贸会计实务中，对出口销售收入的确认，是以 FOB 价为基础；对进口商品成本的确认，是以 CIP 价为基础。

四、费用点

费用点是买卖双方承担有关费用的分界点。F 组的风险点和费用点重合，即风险点在交货港（地），费用点也在交货港（地）；C 组风险点和费用点分离，即风险点在装运港（地），费用点在目的港（地）；D 组风险点和费用点也是重合的，即风险点在目的港（地），费用点也在目的港（地）。

五、清关

清关（Customs Clearance），是指进口货物、出口货物和转运货物进入或出口一国海关关境或国境必须向海关申报，办理海关规定的各项手续，履行各项法律规定的义务。

第二章 外汇业务

本章导读

外汇作为国际结算的支付手段，是国际间经济交流不可缺少的工具，对促进国际经济贸易发展具有重要的意义。在对外贸易中，债权债务关系发生在不同国家之间，由于货币制度不同，一国货币不能在其他国家内流通，除了运送国际间共同确认的清偿手段——黄金以外，不同国家间的购买力是不可能转移的。随着银行外汇业务的发展，国际间大量利用代表外汇的各种信用工具（如汇票），使不同国家间的货币购买力的转移成为可能。外汇可以促进国际间的经济、贸易的发展，调剂国际间资金余缺，是一个国家国际储备的重要组成部分，也是清偿国际债务的主要支付手段。但由于国际汇率的不断波动，使用外币进行交易存在一定的风险，会产生汇兑损益。因而本章将重点学习以下内容：

1. 了解汇率的概念、分类和标价方法
2. 了解外汇的概念、种类和常用的货币及简写符号
3. 掌握外汇的作用
4. 了解外汇账户的概念及分类
5. 掌握设立外汇账户的条件、程序和对外汇账户的管理
6. 掌握外汇收入范围、核算和管理
7. 掌握外汇支出的方式、核算和管理
8. 了解外汇借款的概述并掌握外汇借款的核算
9. 掌握汇兑损益的相关内容和要求
10. 掌握外币交易的相关内容
11. 掌握外币财务报表的折算

第一节 外汇

一、汇率

（一）汇率的概念

外汇汇率，是两国不同货币的比价，也就是一国货币用另一国货币表示的价格，所以也称为汇价。如某日伦敦外汇市场 1 英镑 =1.9792 美元。

国际间政治、经济、文化的联系以及贸易和非贸易往来所引起的货币收支和债权债务，都要在有关国家间办理国际结算，而这种结算就是通过经常的、大量的外汇买卖来进行的。外汇买卖就是以一种货币购买另一种货币。外汇买卖必须有一个兑换比率，即汇率或汇价，才能使交易得以进行。所以，每一个国家都规定本国货币对其他国家货币的汇率。总之，汇率实质上是以一国货币表示的另一国货币的价格。

（二）汇率的分类

汇率的种类有许多，由于分类的角度不同，如汇率的构成、交割期的远近、汇兑方式的不同，而有不同的汇率分类。

1. 按国际货币制度的演变划分，有固定汇率和浮动汇率

（1）固定汇率。

固定汇率，是指两国的货币比价基本固定，或把此比价的波动规定在一定幅度之内。比如，人民币曾对美元采用固定汇率；港币对美元采用联系汇率，即规定美元汇率在一定的窄幅内波动。

（2）浮动汇率。

浮动汇率，是指对汇率不加以固定，也不规定上下波动的界限，根据外汇市场对外汇的供求情况，自行决定本国货币对外汇货币的汇率。外国货币供过于求时，其价格就下跌。反之，求过于供时，其价格就上涨。浮动汇率制度是从 1973 年开始的西方国家普遍实行的一种汇率制度。

2. 按制定汇率的方法划分，有基本汇率和套算汇率

（1）基本汇率。

各国在制定汇率时必须选择某一国货币作为主要对比对象，这种货币称之为关键货币。根据本国货币与关键货币实际价值的对比，制定出对它的汇率，这个汇率就是基本汇

率。一般美元是国际支付中使用较多的货币，各国都把美元当作制定汇率的主要货币，常把对美元的汇率作为基本汇率。

所谓关键货币，是指制定基本汇率时所选用的某一种外币，这种外币必须具备 3 个条件：

①该货币必须是本国国际收支中使用最多的货币。

②该货币必须是本国外汇储备中比重大的货币。

③该货币必须是国际上普遍接受的可兑换货币。

（2）套算汇率。

套算汇率是指各国按照对美元的基本汇率套算出的直接反映其他货币之间价值比率的汇率。套算汇率的计算，可以分为汇率中心货币相同、汇率中心货币不同、根据中间汇率计算 3 种方法，下面介绍根据中间汇率计算套算汇率的方法。

例如，据某日电讯行市：1 美元 =1.2138 ～ 1.2254 瑞士法郎，1 美元 =0.7785 ～ 0.7824 欧元，计算中间汇率：

1 美元 =1.2196 瑞士法郎

1 美元 =0.7804 欧元

那么，1 欧元对瑞士法郎的套算汇率为：1 欧元 =1.2196/0.7804=1.5628 瑞士法郎。

3. 按银行买卖外汇的角度划分，有买入汇率、卖出汇率、中间汇率和现钞汇率

（1）买入汇率。

买入汇率也称买入价，即银行向同业或客户买入外汇时所使用的汇率。采用直接标价法时，外币折合本币数较少的那个汇率是买入价，采用间接标价法时则相反。

（2）卖出汇率。

卖出汇率也称卖出价，即银行向同业或客户卖出外汇时所使用的汇率。采用直接标价法时，外币折合本币数较多的那个汇率是卖出价，采用间接标价法时则相反。

买入卖出之间有个差价，这个差价是银行买卖外汇的收益，一般为 1% ～ 5%。银行同业之间买卖外汇时使用的买入汇率和卖出汇率也称同业买卖汇率，实际上就是外汇市场买卖价。

（3）中间汇率。

中间汇率是买入价与卖出价的平均数。西方明刊报道汇率消息时常用中间汇率，套算汇率也用有关货币的中间汇率套算得出。

（4）现钞汇率。

一般国家都规定，不允许外国货币在本国流通，只有将外币兑换成本国货币，才能够购买本国的商品和劳务，因此产生了买卖外汇现钞的兑换率，即现钞汇率。按理现钞汇率应与外汇汇率相同，但因需要把外币现钞运到各发行国去，由于运送外币现钞要花费一定

的运费和保险费，因此，银行在收兑外币现钞时的汇率通常要低于外汇买入汇率。

4. 按银行外汇付汇方式划分，有电汇汇率、信汇汇率和票汇汇率

（1）电汇汇率。

电汇汇率是经营外汇业务的本国银行在卖出外汇后，即以电报委托其国外分支机构或代理行付款给收款人所使用的一种汇率。由于电汇付款快，银行无法占用客户资金头寸，同时，国际间的电报费用较高，所以电汇汇率较一般汇率高。但是电汇调拨资金速度快，有利于加速国际资金周转，因此电汇在外汇交易中占有绝大的比重。

（2）信汇汇率。

信汇汇率是银行开具付款委托书，用信函方式通过邮局寄给付款地银行转付收款人所使用的一种汇率。由于付款委托书的邮递需要一定的时间，银行在这段时间内可以占用客户的资金，因此，信汇汇率比电汇汇率低。

（3）票汇汇率。

票汇汇率是指银行在卖出外汇时，开立一张由其国外分支机构或代理行付款的汇票交给汇款人，由其自带或寄往国外取款所使用的汇率。由于票汇从卖出外汇到支付外汇有一段间隔时间，银行可以在这段时间内占用客户的头寸，所以票汇汇率一般比电汇汇率低。票汇有短期票汇和长期票汇之分，其汇率也不同。由于银行能更长时间运用客户资金，所以长期票汇汇率较短期票汇汇率低。

5. 按外汇交易交割期限划分，有即期汇率和远期汇率

（1）即期汇率。

即期汇率也叫现汇汇率，是指买卖外汇双方成交当天或两天以内进行交割的汇率。

（2）远期汇率。

远期汇率是在未来一定时期进行交割，而事先由买卖双方签订合同、达成协议的汇率。到了交割日期，由协议双方按预订的汇率、金额进行钱汇两清。远期外汇买卖是一种预约性交易，是由于外汇购买者对外汇资金需要的时间不同，以及为了避免外汇汇率变动风险而引起的。远期外汇的汇率与即期汇率相比是有差额的。这种差额叫远期差价，有升水、贴水、平价三种情况，升水是表示远期汇率比即期汇率贵，贴水则表示远期汇率比即期汇率便宜，平价表示两者相等。

6. 按对外汇管理的宽严区分，有官方汇率和市场汇率

（1）官方汇率。

官方汇率是指国家机构（财政部、中央银行或外汇管理当局）公布的汇率。官方汇率又可分为单一汇率和多重汇率。多重汇率是一国政府对本国货币规定的一种以上的对外汇率，是外汇管制的一种特殊形式。其目的在于奖励出口限制进口，限制资本的流入或流出，以改善国际收支状况。

（2）市场汇率。

市场汇率是指在自由外汇市场上买卖外汇的实际汇率。在外汇管理较松的国家，官方宣布的汇率往往只起中心汇率作用，实际外汇交易则按市场汇率进行。

7. 按银行营业时间划分，有开盘汇率和收盘汇率

（1）开盘汇率。

开盘汇率又叫开盘价，是外汇银行在一个营业日刚开始营业时进行外汇买卖使用的汇率。

（2）收盘汇率。

收盘汇率又称收盘价，是外汇银行在一个营业日的外汇交易终了时使用的汇率。

（三）汇率的标价方法

确定两种不同货币之间的比价，先要确定用哪个国家的货币作为标准。由于确定的标准不同，于是便产生了几种不同的外汇汇率标价方法。常用的标价方法包括直接标价法、间接标价法、美元标价法。

1. 直接标价法

直接标价法，又叫应付标价法，是以一定单位的外国货币为标准，折算成若干单位的本国货币的标价方法。或者说，以外国货币为标准，来计算应付多少本国货币。在直接标价法下，外国货币数额固定不变，汇率涨跌都以相对的本国货币的变化来表示。目前，世界上除了英国、美国外，都是用直接标价法表示外汇汇率的。我国人民币与外国货币的汇率是用直接标价法表示的。

例如，某日苏黎世外汇市场美元与瑞士法郎的汇率为：

US$1=SF1.2196

从以上标价法中我们可以看出，直接标价法总是以固定整数的外国货币折算为一定数额的本国货币。假定外国货币币值发生变动，变动后的汇率表示方法，仍以固定整数的外国货币来折算为一定数量的本国货币。

以美元贬值 10% 折算瑞士法郎为例：

US$1=SF1.2196 ×（1−10%）=SF1.0976

假定美元升值 10%，变动后美元折算为瑞士法郎的汇率为：

US$1=SF1.2196 ×（1+10%）=SF1.3416

在直接标价法下，如果外国货币折算为本国货币数额比以前增加了，就叫外汇汇率上涨，它说明外国货币币值上涨，本国货币币值下跌。相反地，如果外国货币折算成本国货币数额比以前减少了，就叫外汇汇率下跌，它说明外国货币币值下跌，本国货币币值上涨。因此，直接标价法的特点是：外汇汇率上涨或下跌的方向和用本国货币标价数额增减方向一致。

2. 间接标价法

间接标价法又称应收标价法。它是以一定单位（如 1 个单位）的本国货币为标准，来计算应收若干单位的外国货币。目前世界上只有英、美两国使用间接标价法。

例如，某日纽约外汇市场美元与欧元的汇率为：

US$1= ￡0.7804

以间接标价法标价，本国货币是一个不变量，而外国货币是一个可变量并且随着两国货币价值变动而变动。

例如，某日伦敦外汇市场 1 英镑 =1.9792 美元。

假定美元升值 10%，变动后的英镑折算为美元的汇率为：

￡1=US$1.9792 ×（1-10%）=US$1.7813

假定美元贬值 10%，变动后的英镑折算为美元的汇率为：

￡1=US$1.9792 ×（1+10%）=US$2.1771

在间接标价法下，如果本国货币折算为外国货币的数额比以前少了，就是外汇汇率下降，说明本国货币币值下跌，外国货币币值上涨。相反地，如果本国货币折算为外国货币的数量比以前多了，就叫外汇汇率上升，说明本国货币币值上涨，外国货币币值下跌。因此，间接标价法的特点是：外汇汇率上涨和下跌的方向与用外国货币标价的数量增减方向相反。

无论是直接标价法，还是间接标价法，其实质并无区别，但直接标价法下汇率涨跌的含义和间接标价法下汇率涨跌的含义完全相反。因此，在判断外汇汇率升降变化和进行计算时，必须先弄清楚是哪种标价法，否则就会发生错误。

3. 双向标价法

外汇市场上的报价一般为双向报价，即由报价方同时报出自己的买入价和卖出价，由客户自行决定买卖方向。买入价和卖出价的价差越小，对于投资者来说意味着成本越小。银行间交易的报价点差正常为 2 ～ 3 点，银行（或交易商）向客户的报价点差依各家情况差别较大，目前国外保证金交易的报价点差基本在 3 ～ 5 点，香港在 6 ～ 8 点，国内银行实盘交易在 10 ～ 50 点不等。

4. 美元标价法

用于外汇市场上交易行情表。美元标价法又称纽约标价法，在美元标价法下，各国均以美元为基准来衡量各国货币的价值（以一定单位的美元为标准来计算应该汇兑多少他国货币的表示方法），而非美元外汇买卖时，则是根据各自对美元的比率套算出买卖双方货币的汇价。这里注意，除英镑、欧元、澳元和纽币外，美元标价法基本已在国际外汇市场上通行。其特点是：所有外汇市场上的交易的货币都对美元报价，除英镑等极少数货币外，对一般货币均采用以美元为外币的直接标价。

二、外汇

（一）外汇的概念

外汇指的是外币或以外币表示的用于国际间债权债务结算的各种支付手段。外汇的概念具有双重含义，即有动态和静态之分。

外汇的动态概念，是指把一个国家的货币兑换成另外一个国家的货币，借以清偿国际间债权、债务关系的一种专门性的经营活动。它是国际间汇兑（Foreign Exchange）的简称。

外汇的静态概念，是指以外国货币表示的可用于国际之间结算的支付手段。这种支付手段包括以外币表示的信用工具和有价证券，如银行存款、商业汇票、银行汇票、银行支票、外国政府库券及其长短期证券等。

国际货币基金组织的解释为："外汇是货币行政当局（中央银行、货币管理机构、外汇平准基金组织和财政部）以银行存款、财政部国库券、长短期政府债券等形式保有的、在国际收支逆差时可以使用的债权。"按照我国 1997 年 1 月修正颁布的《外汇管理条例》规定：外汇，是指下列以外币表示的可以用作国际清偿的支付手段和资产：

（1）外国货币，包括纸币、铸币等。

（2）外币支付凭证，包括票据、银行存款凭证、银行卡等。

（3）外币有价证券，包括政府债券、公司债券、股票等。

（4）特别提款权、欧洲货币单位。

（5）其他外汇资产。

人们通常所说的外汇，一般都是就其静态意义而言。

（二）外汇的种类

1. 根据外汇是否可以自由兑换，划分为自由外汇和记账外汇

（1）自由外汇。

自由外汇是指无须管理当局批准，在国际金融市场上能自由兑换成其他国家货币，或可以向第三国办理支付的、以外币表示的支付手段。换句话说，凡在国际经济领域可自由兑换、自由流动、自由转让的外币或外币支付手段，均称为自由外汇。例如，美元、英镑、日元、欧元、瑞士法郎等货币以及以这些货币表示的支票、汇票、股票、公债等都是自由外汇。

凡属于"自由兑换"的货币，都必须要具备 3 个条件：

①对国际性经常往来的支付和资金移动，不能加以限制或实行任何歧视性货币措施。

②实行多种汇率制。

③其他国家提出要求时，有义务以对方可以接受的货币或黄金，购回对方经常项目往来所结存的本国货币。目前，属于自由外汇的货币很多，使用最广泛的是美元、英镑、欧

元等。

（2）记账外汇。

记账外汇，又称协定外汇或双边外汇，是与自由外汇相对而言的，又称不可自由兑换外汇。它是根据两国政府有关贸易清算（支付）协定所开立的清算账户，为贸易、货款、经济援助、经济技术合作等协定使用的外汇。记账外汇不经货币发行国家管理当局批准，不能自由兑换为其他国货币，也不允许支付给第三国，只能按照“支付协定”规定计价结算，用以清算两国间的贸易货款和从属费用，以及政府同意的其他非贸易结算。

2. 根据外汇的来源和用途不同，划分为贸易外汇和非贸易外汇

（1）贸易外汇。

它是指进出口贸易所收付的外汇，包括货物及相关的从属费用，如运费、保险费、宣传费、推销费用等。由于国际经济交往的主要内容就是国际贸易，贸易外汇是一个国家外汇的主要来源与用途。

（2）非贸易外汇。

它是指除进出口贸易和资本输出与输入以外的其他各方面所收付的外汇，包括劳务外汇、侨汇、捐赠外汇和援助外汇等。一般来说，非贸易外汇是一国外汇的次要来源与用途；也有个别国家例外，如瑞士，非贸易外汇是其外汇的主要来源与主要用途。

3. 根据外汇的交割期限，划分为即期外汇和远期外汇

（1）即期外汇。

又称现汇。即期外汇，是指外汇买卖成交后，在当日或在两个营业日内办理交割的外汇。所谓交割是指本币的所有者与外币所有者互相交换其本币的所有权和外币的所有权的行为，即外汇买卖中的实际支付。

（2）远期外汇。

又称期汇。远期外汇，是指买卖双方不需即时交割，而仅仅签订一纸买卖合同，预定将来在某一时间（在两个营业日以后）进行交割的外汇。远期外汇，通常是由国际贸易结算中的远期付款条件引起的；买卖远期外汇的目的，主要是为了避免或减少由于汇率变动所造成的风险损失。远期外汇的交割期限从 1 个月到 1 年不等，通常是 3 ～ 6 个月。

（三）常用的货币及简写符号（见表 2-1）

表 2-1 各种常用外币简写符号

外币名称	货币符号	简写	单位
英镑	£	GBP	镑
美元	US$	USD	元

续表

外币名称	货币符号	简写	单位
日元	¥	JPY	日元
欧元	€	EUR	欧元
德国马克	DM	DEM	马克
瑞士法郎	SF	CHF	法郎
法国法郎	FF	FRF	法郎
荷兰盾	F	NLG	盾
奥地利先令	ASCH	ATS	先令
比利时法郎	BF	BEF	法郎
意大利里拉	LIT	ITL	里拉
加拿大元	CAN$	CAD	元
澳大利亚元	A$	AUD	元
瑞典克朗	SKR	SEK	克朗
丹麦克朗	DKR	DKK	克朗
挪威克朗	NKR	NOK	克朗
芬兰马克	FMK	F1M	马克
韩国圆	WON	KRW	圆
泰国铢	B	THB	铢
菲律宾比索	P	PHP	比索
印度卢比	RS	INR	卢比
俄罗斯卢布	RBS	SUR	卢布
缅甸元	K	BUK	元
新西兰元	NZ$	NZD	元
新加坡元	S$	SGD	元

（四）外汇的作用

（1）外汇是国际间清偿债权与债务的工具。

（2）促进国际间的经济、贸易的发展。用外汇清偿国际间的债权债务，不仅能节省运送现金的费用，降低风险，缩短支付时间，加速资金周转，更重要的，是运用这种信用工具，可以扩大国际间的信用交往，拓宽融资渠道，促进国际经贸的发展。

（3）调剂国际间资金余缺。世界经济发展不平衡导致了资金配置不平衡。有的国家资金相对过剩，有的国家资金严重短缺，客观上存在着调剂资金余缺的必要。而外汇充当国际间的支付手段，通过国际信贷和投资途径，可以调剂资金余缺促进各国经济的均衡发展。

（4）外汇是一个国家国际储备的重要组成部分，也是清偿国际债务的主要支付手段。它跟国家黄金储备一样，作为国家储备资产，一旦国际收支发生逆差可以用来清偿债务。

第二节　外汇账户

一、外汇账户的概念及分类

（一）外汇账户的概念

外汇账户是指境内机构、驻华机构、个人对外贸易经营者及个体工商户在外汇指定银行开立的可自由兑换货币的账户。

（二）外汇账户的分类

（1）按外汇账户的性质或外汇资金来源划分为经常项目外汇账户和资本项目外汇账户。

经常项目外汇账户，收入来源于贸易、服务等经常项目外汇，如外汇结算账户、暂收待付账户、境外捐助账户等；经常项目外汇账户又分为单位经常项目外汇账户与个人外汇结算账户。

资本项目外汇账户，收入来源于资本项目外汇，如外商投资企业资本金账户、外债专户、外币股票专户等。资本项目外汇账户又分为资本金外汇账户、外债账户等。

（2）按账户的功能划分为外汇结算账户和专项账户。

外汇结算账户，用于经常项目项下频繁的收支结算，如中资企业外汇结算账户、外商投资企业外汇结算账户。

专项账户，用于存放特定外汇收入或用于特定外汇支出的账户，如境外捐助账户、还贷专户、临时账户等。

（3）按账户的资金形式划分为现钞账户和现汇账户。

（4）按开户期限划分为临时账户和长期账户。

（5）按开户区域划分为异地账户和本地账户。

（6）按账户的币别划分为美元账户、港元账户、日元账户等各种可自由兑换的外币币种账户。

二、外汇账户的设立

（一）设立外汇账户的条件

符合下列条件之一的境内机构可以向所在地国家外汇管理局及其分支局申请开立经常项目外汇账户：

（1）经有权管理部门核准或备案具有涉外经营权或有经常项目外汇收入。

（2）具有捐赠、援助、国际邮政汇兑等特殊来源和指定用途的外汇收入。

具体讲，有下列外汇业务的境内机构，可以向外汇管理部门提出申请，办理外汇账户开户手续：

①经有权管理部门核准或备案具有涉外经营权或有经常项目外汇收入的机构。

②经营境外承包工程，向境外提供劳务、技术合作及其他服务业务，在上述业务项目进行过程中收到业务往来外汇的机构。

③从事代理对外或境外业务代收代付外汇的机构。

④有暂收待付或暂收待结项下外汇（包括境外汇入的投标保证金、履行保证金，先收后支的转口贸易收汇，邮电部门办理国际汇兑业务的外汇汇兑款，一类旅行社收取的国外旅游机构预付的外汇，铁路部门办理境外保价运输业务收取的外汇，海关收取的外汇保证金、抵押金等）的机构。

⑤受理外汇保险，需向境外分保以及有尚未结算保费的保险机构。

⑥根据捐赠协议规定有用于境外支付捐赠外汇的机构。

⑦外商投资企业。

⑧在境外借款、发行外币债券、发行股票的机构。

⑨国外驻华机构。

（二）开立外汇账户的程序

（1）写出开立外汇账户的申请报告。

（2）准备必需的有关材料。企事业单位持工商行政管理部门颁发的营业执照；社会团体持民政部门颁发的社团登记证；其他单位持国家授权机关批准成立的有效批件；外商投资企业持外汇管理部门核发的《外商投资企业外汇登记证》；向境外借款、发行外币债券的单位持外汇管理部门核发的《外债登记证》或者《外汇（转）贷款登记证》。

（3）填写《国家外汇管理局开立外汇账户申请书》。

（4）经外汇管理部门批准后，在开户金融机构开立外汇账户。开户金融机构为境内机构开立外汇账户后，在开户回执上注明账号、币种和开户日期，并加盖金融机构戳记。

（5）境内机构凭开户回执向外汇管理部门领取《外汇账户使用证》，并按规定认真填写外汇账户的用途、账户的币种、收支范围、使用期限及相应的结汇方式等。

（6）经外汇管理部门对《外汇账户使用证》审核无误、盖章后，发给境内机构，外汇账户即生效。

（7）境内机构因经营需要在注册地以外开立经常项目外汇账户的，应当向注册地外汇管理部门备案，持注册地外汇部门的“异地开户备案件”及规定的材料向开户所在地外汇管理部门申请，凭开户所在地外汇管理部门核发的“账户开立核准件”，到开户金融机构办理开户手续。

（三）外汇账户的管理

（1）企业应严格按《外汇账户使用证》中注明的用途、币种、收支范围、使用期限及结汇方式收支外汇。

（2）不得出租、出借或者串用外汇账户，不得利用外汇账户非法代其他单位或个人收付、保存或者转让外汇。

（3）除外商投资企业的境外投资者和驻华机构以外，其他单位的外汇账户按规定关闭时，其外汇余额必须全部结汇。

（4）要正确核算外汇，建立严格的内部外汇收支管理制度，定期与外汇开户银行进行核对。

（5）企业要自觉接受外汇管理部门的监督检查，包括对外汇账户的年检及不定期检查。

三、外汇账户的核算体系

（1）外币现金及银行存款的收付。

（2）以外币结算的债权债务的发生及结算。

（3）企业外汇账户的开设、结汇和售汇及外币与外币的兑换业务。

（4）以外币计价的进出口业务和资本投入业务。

（5）外币借款的取得和偿还业务。

（6）汇兑损益的确认和处理业务。

第三节　外汇收入

一、外汇收入的范围

外汇收入范围一般包括如下项目：

（1）出口或先支后收转口货物及其他交易行为收入的外汇。

（2）经营境外承包工程、向境外提供劳务、技术合作及其他服务业务的公司，在上述业务项目进行过程中收到的业务往来外汇。

（3）从事代理对外或者境外业务的机构代收代付的外汇。

（4）境内机构暂收待付或者暂收待结项下的外汇，包括境外汇入的投标保证金、履约保证金，先收后支的转口贸易收汇，邮电部门办理国际汇兑业务的外汇汇兑款，一类旅行社收取的国外旅游机构预付的外汇，铁路部门办理境外保价运输业务收取的外汇，海关收取的外汇保证金、抵押金，等等。

（5）经交通部批准，从事国际海洋运输业务的远洋运输公司，经外经贸部批准从事国际货运的外运公司和租船公司在境内外经营业务所收入的外汇。

（6）境外贷款项下国际招标中标收入的外汇。

（7）海关监管下境内经营免税商品收入的外汇。

（8）交通运输（包括各种运输方式）及港口（包括海港、空港）、邮电（不包括国际汇兑款）、旅游、广告、咨询、展览、寄售、维修等行业及各类代理业务提供商品或服务收入的外汇。

（9）行政、司法机关收入的各项外汇规费、罚没款等。

（10）土地使用权、著作权、商标权、专利权、非专利技术、商誉等无形资产转让收入的外汇。

（11）出租房地产及其他资产收入的外汇。

（12）境外投资企业汇回的外汇利润、对外经援项下收回的外汇和境外资产外汇收入。

（13）对外索赔收入的外汇、退回外汇保险金等。

（14）保险机构受理外汇保险所得外汇收入。

（15）取得《经营外汇业务许可证》的金融机构经营外汇业务的收入。

（16）捐赠协议规定用于境外支付的捐赠外汇。

（17）其他外汇。

二、外汇收入的核算

2008年8月5日公布实施的《中华人民共和国外汇管理条例》规定，经常项目外汇收入，可以按照国家有关规定保留或者卖给经营结汇、售汇业务的金融机构。

外贸企业收到外汇收入时，如直接保留现汇，应按银行结汇水单记录的外币金额，进行账务处理。

【例2-1】某外贸企业2012年7月20日出口商品一批，货款扣除有关佣金及费用后的应收外汇账款余额为10万美元，记账汇率为1美元=6.85元人民币。7月31日，上述外汇款项收妥，企业直接保留现汇，当日汇率为1美元=6.84元人民币。会计分录如下：

借：外汇存款（$100 000×6.84）　　684 000

　　财务费用——汇兑损益　　1 000

　贷：应收外汇账款——××客户（$100 000×6.85）　　685 000

外贸企业收到外汇收入时，如向银行结汇，应按银行结汇水单记录的外币金额、当日银行外汇买入价及结汇人民币金额，进行账务处理。

【例2-2】某外贸企业2011年7月20日出口商品一批，货款扣除有关佣金及费用后的应收外汇账款余额为10万美元，记账汇率为1美元=6.85元人民币。7月31日，上述外汇款项收妥，企业结售给银行，当日银行外汇买入价为1美元=6.83元人民币。会计分录如下：

借：银行存款　　683 000

　　财务费用——汇兑损益　　2 000

　贷：应收外汇账款——××客户（$100 000×6.85）　　685 000

三、外汇收入的管理

（1）经常项目外汇收入应当具有真实、合法的交易基础。

（2）经常项目外汇收入，可以按照国家有关规定保留或者卖给经营结汇、售汇业务的金融机构。

（3）企业外汇收入可以根据自身需要，按照国家有关规定，决定调回境内或者存放境外。

（4）除国家另有规定外，在我国境内禁止企业以外汇计价、结算与流通。

（5）从2012年8月1日起我国取消出口收汇核销单（以下简称核销单），企业不再办理出口收汇核销手续。A 类企业出口收汇无须联网核查，银行办理收汇审核手续相应简化；B 类企业贸易外汇收入由银行实施电子数据核查；C 类企业贸易外汇收入须经外汇局逐笔登记后办理。

（6）企业外汇收入结汇后，为了考核企业出口收汇及净收汇情况，企业在收到结汇收入时，有必要在账外进行登记。

第四节　外汇支出

一、外汇支出的方式

2008 年 8 月 5 日公布实施的《中华人民共和国外汇管理条例》规定，经常项目外汇支出，应当按照国务院外汇管理部门关于付汇与购汇的管理规定，凭有效单证以自有外汇支付或者向经营结汇、售汇业务的金融机构购汇支付。

（一）直接从外汇账户支付

1. 凭有效商业单据和有效凭证即可对外支付的外汇支出

外贸企业下列贸易及非贸易经营性对外支付用汇，可以持与支付方式相应的有效商业单据和所列有效凭证从其外汇账户中支付：

（1）用跟单信用证或保函方式结算的贸易进口，如需在开证时购汇，持进口合同、进口付汇核销单、开证申请书；如需在付汇时购汇，还应当提供信用证结算方式要求的有效商业单据。核销时必须凭正本进口货物报关单办理。

（2）用跟单托收方式结算的贸易进口，持进口合同、进口付汇核销单、进口付汇通知书及跟单托收结算方式要求的有效商业单据。核销时必须凭正本进口货物报关单办理。

（3）用汇款方式结算的贸易进口，持进口合同、进口付汇核销单、发票、正本进口货物报关单、正本运输单据。若提单上的“提货人”和报关单上的“经营单位”与进口合同中列明的买方名称不一致，还应当提供两者间的代理协议。

（4）进口项下不超过合同总金额的 15% 或者虽超过 15% 但未超过等值 10 万美元的预付货款，持进口合同、进口付汇核销单。

（5）进口项下的运输费、保险费，持进口合同、正本运输费收据和保险费收据。

（6）出口项下不超过合同总金额 2% 的暗佣（暗扣）和 5% 的明佣（明扣）或者虽超过上述比例但未超过等值 1 万美元的佣金，持出口合同或者佣金协议、结汇水单或者收账通知；出口项下的运输费、保险费，持出口合同、正本运输费收据和保险费收据。

（7）进口项下的尾款，持进口合同、进口付汇核销单、验货合格证明。

（8）进出口项下的资料费、技术费、信息费等从属费用，持进口合同或者出口合同、进口付汇核销单或者出口收汇核销单、发票或者收费单据及进口或者出口单位负责人签字的说明书。

（9）从保税区购买商品以及购买国外入境展览展品的用汇，持（1）至（8）项规定的有效凭证和有效商业单据。

（10）专利权、著作权、商标、计算机软件等无形资产的进口，持进口合同或者协议。

（11）出口项下对外退赔外汇，持结汇水单或者收账通知、索赔协议、理赔证明和已冲减出口收汇核销的证明。

（12）境外承包工程所需的投标保证金持投标文件，履约保证金及垫付工程款项持合同。

2. 需经外汇管理部门审核后才能对外支付的外汇支出

（1）进口项下超过合同总金额 15% 或者超过等值 10 万美元的预付款。

（2）出口项下超过合同总金额 2% 的暗佣和 5% 的明佣或者超过等值 1 万美元的佣金。

（3）转口贸易项下先支后收的对外支付。

（4）偿还外债的利息。

（5）超过等值 1 万美元的现钞提取。

（二）购汇支付

1. 购汇的条件

外贸企业到银行购汇，应具备两个条件：一是必须是按规定可以进行购汇的事项；二是必须提供与支付方式相适应的有效商业单据和有效凭证。有效商业单据和有效凭证，如“直接从外汇账户中支付”部分所列。

除此以外的贸易及非贸易经营性对外支付，均需持外汇管理部门核发的售汇通知单，才能到外汇指定银行购汇。

2. 购汇程序

（1）将购汇所需的足够的人民币资金存放到企业开设的指定银行账户中。

（2）提供上述与支付方式相应的商业单据和有效凭证，如贸易合同、正本提单、发票、费用收据、进口许可证、进口登记表、特定商品进口登记证明等文件。除提供上述文件外，如属进口开证项下购汇，还需提供开证申请书；如属进口托收项下购汇，还需提供有关付款通知单；如属汇款项下购汇，还需提供汇款申请书和人民币支票。

（3）填写“购买外汇申请书”，并将填妥无误的“购买外汇申请书”连同有关证明文件交售汇银行。

（4）售汇银行对企业提供的资料核对无误，即办理售汇，并将“购买外汇申请书”的其中一联退外贸企业，购汇即告完成。

二、外汇支出的核算

（一）购汇的核算

1. 账户设置

为了全面反映和核算外贸企业购进外汇的情况，没有“外汇存款”科目的外贸企业应设置“外汇存款”科目，已有“外汇存款”科目（用于核算经外汇管理部门批准设立外汇账户的外贸企业的现汇）的外贸企业则应在该科目下，设置“购入外汇”专户，并实行复币记账。

2. 账务处理

【例 2-3】某外贸企业收到银行退回的“购买外汇申请书”及银行回单，计 10 万美元，汇率 1 美元 = 6.83 元人民币，据以作如下会计处理：

借：外汇存款——购入外汇专户（$100 000×6.83）　　683 000

　贷：银行存款　　683 000

支付手续费 2 000 元：

借：财务费用　　2 000

　贷：银行存款　　2 000

若以信用证方式支付，并先购汇开出信用证，再按合同规定付款，则会计分录如下：

借：其他货币资金——信用证保证金（$100 000×6.83）　　683 000

　贷：银行存款　　683 000

支付手续费 2 000 元：

借：财务费用　　2 000

　贷：银行存款　　2 000

（二）付汇的核算

【例 2-4】某外贸企业用自有现汇 10 万美元对外付汇，支付当日的银行市场汇价为 1 美元 = 6.83 元人民币，原应收外汇账款入账时的记账汇率为 1 美元 = 6.84 元人民币。会计分录如下：

借：应付外汇账款（$100 000×6.84）　　684 000

　贷：外汇存款（$100 000×6.83）　　683 000

汇兑损益　　1 000

若用例 2-4 中向银行购买的 10 万美元对外付汇，则会计分录如下：

借：应付外汇账款（$100 000×6.84）　　684 000

　贷：外汇存款——购入外汇专户（$100 000×6.83）　　683 000

　　汇兑损益　　1 000

若用例 2-3 中开立的信用证对外支付，则会计分录如下：

借：应付外汇账款（$100 000×6.84）　　684 000

　贷：其他货币资金——信用证保证金（$100 000×6.83）　　683 000

　　汇兑损益　　1 000

三、外汇支出的管理

（一）购汇的管理

（1）外贸企业的购汇，必须符合规定的条件，并按规定的要求提供合法的资料或凭证，不得伪造资料或凭证，更不得非法套取外汇。

（2）外贸企业易货项下进口不得购汇，也不能用外汇账户支付。

（3）外贸企业购入的外汇，期末余额应根据有关规定，按期末外汇价格调整记账本位币金额，产生的差额记入企业的“汇兑损益”。

（4）为避免汇率风险，使用远期支付合同或偿债协议的外贸企业，可按有关规定向指定外汇银行办理人民币与外币的远期买卖及其他保值业务。

（二）付汇的管理

（1）经常项目外汇支出应当具有真实、合法的交易基础。

（2）企业对外支付外汇时，有外汇账户，且支付用途符合外汇账户规定的使用范围的，应首先使用其外汇账户余额。

（3）企业向银行购汇支付和从外汇账户中直接支付，须在有关结算方式或合同规定的日期办理，不得提前。

（4）A 类企业进口付汇可凭进口报关单、合同或发票等任何一种能够证明交易真实性的单证在银行直接办理付汇，B 类企业贸易外汇支出由银行实施电子数据核查，C 类企业贸易外汇支出须经外汇局逐笔登记后办理。

（5）企业对外付汇后，应及时对账外外汇备查簿作出调整，以便掌握外汇的结存情况。

第五节　外汇借款

一、外汇借款的概述

（一）外汇借款种类

外贸企业向中国银行和其他可以办理外汇借款的金融机构申请外汇贷款的种类目前有外汇现汇贷款、特种外汇贷款、外汇转贷款、外汇质押贷款、外汇打包放款、备用信用证担保贷款、买方信贷、政府贷款、混合贷款和国际银团贷款等，借款的货币目前有美元、日元、英镑、港元、欧元等。买方信贷和政府贷款的项目还可以选择对方国家的货币。

外汇现汇贷款是外汇专业银行按照国家核准的外汇信贷计划和向国外借款计划，将从国际金融市场上筹措的外汇和在国内吸收的外汇存款用于发放企业的外汇贷款。现汇贷款在整个外汇贷款中占很高的比重。

目前，中国银行等外汇专业银行办理的现汇贷款主要有浮动利率贷款、优惠利率贷款、特优利率贷款、机电产品流动资金外汇贷款、对外承包外汇贷款、短期周转流动资金外汇贷款和外商投资企业外汇贷款等。

（二）外汇借款的特点

（1）借外汇必须还外汇，用外汇支付利息。

（2）外汇借款主要以美元作为借贷货币。

如使用其他国货币，使用借款和还本利息时，都要按当日外汇牌价折成美元计算。特殊情况经银行批准，也可以用其他货币作为借贷货币。买方信贷，原则上借什么货币还什么货币，并用相应的货币支付利息。

（3）外汇借款实行浮动利率和支付承担费的办法。

银行的短期外汇贷款按浮动利率计收利息。企业按借款计划申请的外汇贷款未使用的，银行要收取一定的费用作为承担费，以弥补临时调度外汇的损失。

（三）外汇借款的条件

申请外汇借款的单位必须是有外汇收入或有外汇来源的单位：

（1）生产出口商品、能增加外汇收入的单位。

（2）不属于生产出口商品，但能给国家直接或间接创造外汇收入的单位。

（3）本单位不直接创造外汇，但有外汇来源归还贷款的单位。

（四）外汇借款的使用范围

外贸企业应按银行及其他有关金融机构的规定使用外汇借款。目前，外汇借款的使用范围有以下一些：

（1）用于引进先进技术、设备（包括进口国内短缺机器设备的材料），由国内加工成机器设备，用来增加生产能力，提高产品质量，增加花色品种，改进包装装潢，增加出口商品在国际市场上的售价和竞争能力。

（2）进口国内短缺的原料、辅助材料、包装材料等，加工生产出口产品，换取外汇。

（3）用于能源、交通和旅游事业的发展。

（4）用于对外加工、补偿贸易等灵活贸易的发展。

（5）用于直接或间接创造外汇收入项目所需周转外汇，以及有外汇来源单位需要临时周转外汇。

（6）用于外汇借款项下的出国费用，包括对外订货考察费，在商务合同中明确规定我方出国学习、培训或外国专家来华安装、培训费。

（7）用于支付外汇借款项下的进口运费和保险费。

（8）国家允许的其他用汇。

（五）外汇借款的偿还

外贸企业的外汇借款，实行“谁借谁还”的原则。借款单位必须按借款合同在规定的期限内还本付息；借款到期，借款单位无力偿还的，应由担保单位偿还。

借款单位如在规定的期限内不能归还贷款本息，可向银行申请延期。如未经批准，能按期归还本息的，银行将作为逾期贷款处理，并加收利息。

外汇借款的偿还方式，主要有以下几种：

（1）用创汇收入直接偿还。

即用企业经国家批准并经外汇管理部门审核的在外汇指定银行开立外汇账户的不结汇的外汇收入偿还。

（2）按贷款协议规定，用人民币向外汇指定银行购汇偿还。

（3）用偿债基金偿还。

根据有关规定，国家鼓励和支持各地区、有关部门和外债较多的企业按债务余额的一定比例建立偿债基金，将国家批准的专项还贷出口收汇直接存入在外汇指定银行开立的现汇账户，专项用于归还外汇借款的本息。

二、外汇借款的核算

1. 借入外汇借款的核算

【例 2-5】某外贸企业借入短期外汇借款 20 万美元，用于支付进口商品货款和国外运保费，当日外汇牌价为 1 美元 = 6.85 元人民币。会计分录为：

借：商品采购——进口商品采购　　1 370 000

　贷：短期外汇借款（$200 000×6.85）　　1 370 000

【例 2-6】某外贸企业借入长期外汇借款 100 万美元，用于购买设备或在建工程，对外支付外汇时外汇牌价为 1 美元 = 6.85 元人民币。会计分录为：

借：固定资产（或在建工程）　　6 850 000

　贷：长期外汇借款（$100 000×6.85）　　6 850 000

【例 2-7】季末，计算短期外汇借款利息为 3 000 美元，长期外汇借款利息为 20 000 美元，外汇牌价为 1 美元 = 6.84 元人民币。会计分录为：

借：财务费用——利息　　157 320

　贷：短期外汇借款（$3 000×6.84）　　20 520

　　　长期外汇借款（$20 000×6.84）　　136 800

2. 归还外汇借款的核算

【例 2-8】该外贸企业用创汇收入直接偿还上述短期外汇借款 20 万美元及利息 3 000 美元，偿还当日外汇牌价为 1 美元 = 6.83 元人民币。会计分录为：

借：短期外汇借款（$203 000×6.84）　　1 390 520

　贷：外汇存款（$203 000×6.83）　　1 386 490

　　　汇兑损益　　4 030

【例 2-9】该外贸企业用购入外汇偿还到期的长期外汇借款 100 万美元及利息 2 万美元，偿还当日外汇牌价为 1 美元 = 6.83 元人民币。会计分录为：

借：长期外汇借款（$1 002 000×6.84）　　6 986 800

　贷：外汇存款——购入外汇专户（$1 002 000×6.83）　　6 966 600

　　　汇兑损益　　20 200

【例 2-10】某外贸企业经国家批准用出口收汇建立偿债基金，收到外汇收入 55 万美元，全部作为偿债基金。企业记账汇率为 1 美元 = 6.85 元人民币，企业应在“外汇存款”科目下增设“偿债基金”明细科目单独核算。会计分录为：

借：外汇存款——偿债基金（$550 000×6.85）　　3 767 500

　贷：应收外汇账款（$550 000×6.85）　　3 767 500

同时经批准购入外汇 50 万美元，用于建立偿债基金。会计分录为：

借：外汇存款——偿债基金（$500 000×6.85）　　3 425 000

　贷：银行存款（$500 000×6.85）　　3 425 000

经批准从现汇账户中划出 15 万美元建立偿债基金。会计分录为：

借：外汇存款——偿债基金（$150 000×6.85）　　1 027 500

　贷：外汇存款（$150 000×6.85）　　1 027 500

用上述偿债基金偿还外汇借款 120 万美元。会计分录为：

借：长期外汇借款（$120 000×6.85）　　8 220 000

　贷：外汇存款——偿债基金（$120 000×6.85）　　8 220 000

第六节　汇兑损益

一、汇兑损益核算内容及要求

（一）汇兑损益核算内容

1. 汇兑损益的含义

汇兑损益是汇兑损失和收益的简称，它是指进出口企业在进行外币业务核算时，一定数额的外币因汇率的不断变化，在不同的时点上所对应的记账本位币数额的差额。

汇兑损益在企业的外币核算业务中是不可避免的业务类型，所不同的是它有时使企业获得汇兑收益，有时则使企业产生汇兑损失。具体说来，当汇率上升时，外币货币性资产产生汇兑收益，反之，则产生汇兑损失；同理，当汇率下降时，外币货币性负债产生汇兑收益，反之，则产生汇兑损失。

2. 汇兑损益的内容

汇兑损益包括外币折算差额和外币兑换差额两个部分。

（1）外币折算差额是指企业各外币账户的记账本位币由于折算的时间不同，采用的折算汇率不同而产生的差额。该差额产生的原因是外币业务要采用复币记账，除了以其原币金额反映外，还需按当日汇率将其折算为记账本位币反映。发生外币计价的商品购销业务的时间与收回或偿付外币债权债务的时间往往不一致，届时因汇率不同会产生外币折算差额。

（2）外币兑换差额是指外币与记账本位币之间的兑换和不同外币之间的兑换，由于实际兑换的汇率与记账汇率不同而产生的差额。其中，实际兑换汇率与记账汇率不同而产生的差额，是指在外币兑换中将一定数量的外币结汇时，银行买入价和市场汇率的中间价不同，折算成记账本位币后形成的差额，也就是按银行买入价乘以结汇外币的积与市场汇率中间价乘以结汇外币的积之间的差额。同理，由于进口需要从银行购入外汇时，银行的卖出价和市场汇率的中间价不同，折算成记账本位币后也形成一定的差额，也就是按银行的卖出价乘以购入外币的积和市场汇率中间价乘以购入外币的积之间的差额。

（二）汇兑损益核算的要求

1. 汇兑损益的确认方法

汇兑损益的确认要符合权责发生制的要求，在会计核算中及时确认，以便充分反映外汇风险。这里的及时包括外币兑换业务发生时、债权债务清偿时和会计期末根据当日汇率确认两个方面。确认的方法可分为以下两种：

（1）逐笔结转法是指外贸企业平时发生的外币业务按当日的市场汇率或银行的买入价、卖出价进行折算时，如与账面汇率不同时，就立即计算并结转该笔业务的汇兑损益的一种方法。采用这种方法确认汇兑损益时，月末、季末不再确认和结转汇兑损益，到年底再将外币账户中的银行存款、债权和债务中的原币按当日市场汇率折算为人民币，当该人民币的数额与该原币账面上对应的人民币数额存在差额时，即将该差额确认为汇兑损益。

（2）集中结转法是指外贸企业平时发生的外币业务除结汇和购汇外，均接着市场汇率登记原币和折算的人民币数额，不确认汇兑损益，月末再将外币账户中的银行存款、债权和债务中的原币按当日市场汇率折算为人民币，当该人民币的数额与该原币账面上对应的人民币数额之间存在差额时，即将该差额确认为汇兑损益。采用这种方法确认为汇兑损益时，除结汇和购汇外，每个月底都要确认一次汇兑损益。而结汇和购汇存在差额时，即将该差额确认为汇兑损益。采用这种方法确认汇兑损益时，除结汇和购汇因涉及银行的买入价、卖出价和市场汇率以及账面原币数和折合的人民币数，为防止遗漏，因此按笔结转汇兑损益。

逐步结转和集中结转法虽月末、季末结果不一样，但年末两种方法的结果是一样的。企业可以自行选定一种，但选定后一个会计年度内不得变更。究竟采用哪种方法好，应视企业外汇业务量的大小和财会人员的习惯，按避繁就简的原则来定。一般来说，外汇业务不多、笔数比较集中、金额又大的企业宜采用逐笔结转法；外汇业务量大且零星的企业宜采用集中结转法。本书中如无特别说明，均采用逐笔结转法。

2. 汇兑损益核算的要求

《企业会计准则》，对各种情况下汇兑损益的处理作出了明确的规定。

（1）项目筹建期间发生的汇兑损益应计入长期待摊费用，并在投入生产经营的当月起，一次性计入当月损益。

（2）与购建固定资产有关的外币专门借款产生的汇兑损益，按照借款费用的处理原则进行处理，符合资本化条件的，应当予以资本化，计入该项目固定资产的购建成本。

（3）企业经营期间因从事生产经营活动而发生的汇兑损益应作为当期损益处理，计入财务费用账户。

（4）因银行结售汇或者不同币种之间的兑换而产生的银行买入价、卖出价与企业折算汇率之间的差额，应计入当期财务费用。

二、汇兑损益核算应设置的主要账户、结构和对应账户

为了正确地核算企业因各种原因产生的汇兑损益的增加、减少和结转情况，企业应设置“财务费用——汇兑损益”“银行存款——外币户”“应收账款——应收外汇账款”“应付账款——应付外汇账款”“短期借款——短期外汇借款”“本年利润”等账户。

1.“财务费用——汇兑损益”账户

该账户是一个损益类账户中的期间费用账户，用来核算外贸企业在国际贸易中因汇兑损益而产生的财务费用的增加、减少及其结转情况。该账户无期初余额。本期发生的增加额登记在借方，本期发生的减少额和结转额登记在贷方。期末无余额。该账户的结构和主要对应账户用 T 型账户列示，如图 2-1 所示。

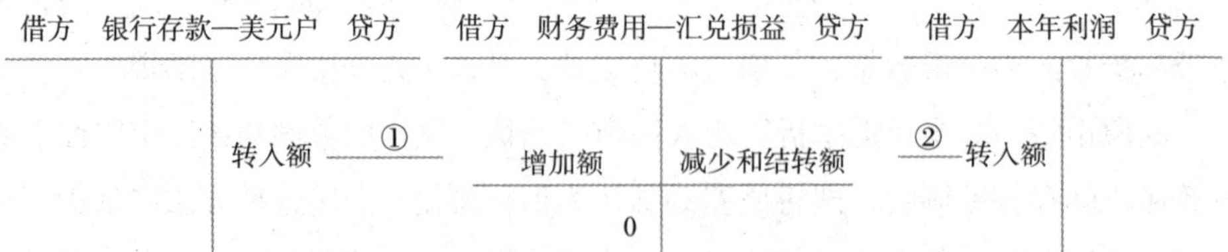

图2-1　“财务费用——汇兑损益”T型账户

图 2-1 中，①为期末汇率低于账面汇率形成的汇兑损益，会计分录为：

借：财务费用——汇兑损益

　　贷：银行存款——美元户

②为期末将汇兑损益转入本年利润账户，会计分录为：

借：本年利润

　　贷：财务费用——汇兑损益

2.“本年利润”账户

该账户是一个所有者权益类账户，用来核算企业在会计年度实现的净利润及其结转情况。该账户一般无期初余额，若有期初余额一般在贷方。借方登记由成本费用类账户贷方转入的数额，贷方登记由收入类账户借方转入的数额。期末余额若在贷方则为利润，若为借方则为亏损。年度终了，应将其净利润或亏损转入“利润分配——未分配利润”账户，结转后无余额。该账户的结构和主要对应账户用T型账户列示如图2-2所示。

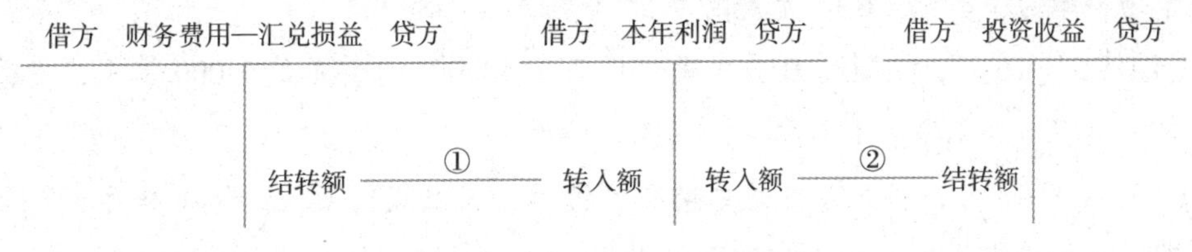

图2-2　“本年利润”T型账户

图2-2中，①为将汇兑损益转入本年利润，会计分录为：

借：本年利润

　贷：财务费用——汇兑损益

②为将投资收益转入本年利润，会计分录为：

借：投资收益

　贷：本年利润

因“应收账款——应收外汇账户”“应付账款——应付外汇账款”“银行存款——外币户”“短期借款——短期外汇借款”账户的结构和对应账户已在本章第二节外币业务的核算中进行了讲解和列示，在此不再赘述。

三、汇兑损益核算业务的会计处理

【例2-11】

（一）核算资料

宏达外贸公司2012年12月1日涉及汇兑损益账户的期初余额如表2-2所示。

表2-2　宏达外贸公司汇兑损益账户期初余额

账户名称	外币余额	汇率	人民币余额
银行存款——美元户	$200 000	6.20	1440 000
应收账款——A公司	$50 000	6.15	357 500
应付账款——B公司	$30 000	6.16	214 800
短期借款——短期外汇借款	$100 000	6.18	718 000

该公司12月发生涉及汇兑损益的业务如下：

（1）12月5日，上月国外A公司所欠货款5万美元收到入账，当日市场汇率1美元＝6.13元人民币。

（2）12月10日，又向国外A公司出口产品一批，CIF价6万美元，货款尚未收到，当日的市场汇率为1美元＝6.13元人民币。

（3）12月12日，从银行存款美元户中支付上月所欠国外B公司货款3万美元，当日市场汇率为1美元＝6.13元人民币。

（4）12月16日，从国外B公司进口甲商品40件，每件单价1 000美元，货款尚未支付，当日市场汇率为1美元＝6.13元人民币。

（5）12月18日，将5万美元兑换成人民币，当日银行买入价为1美元＝7.12元人民币，市场汇率为1美元＝6.13元人民币。

（6）12月20日，从银行存款美元户中支付外方工作人员工资12 000美元，当日的市场汇率为1美元＝6.13元人民币。

（7）12月25日，收到国外A公司所欠货款6万美元，当日的市场汇率为1美元＝6.12元人民币。

（8）12月25日，向银行购入1万美元，当日的市场汇率为1美元＝6.12元人民币，银行卖出价为1美元＝6.13元人民币。

（9）12月26日，用7万美元归还短期借款，当日的市场汇率为1美元＝6.12元人民币。

（10）12月27日，用4万美元归还16日所欠B公司货款，当日的市场汇率为1美元＝6.12元人民币。

（11）12月28日，向国外A公司出口产品一批，CIF价58 000美元，货款尚未收到，当日市汇率为1美元＝6.12元人民币。

（12）12月29日，从国外B公司进口甲产品20件，CIF每件价1 000美元，货款尚未支付，当日的市场汇率为1美元＝6.11元人民币。

（13）12月31日，市场汇率为1美元＝6.10元人民币。

（二）要求

根据上述资料分别用逐笔结转法和集中结转法分别编制会计分录，登记T型账户，并确认汇兑损益。

1. 逐笔结转法汇兑损益的确认

（1）根据2012年12月经济业务的内容，该公司在进行会计处理时，编制会计分录如下：

①借：银行存款——美元户（\$50 000×6.13）　　306 500
　　财务费用——汇兑损益　　1 000
　贷：应收账款——应收外汇账款——A 公司（\$50 000×6.15）307 500
②借：应收账款——应收外汇账款——A 公司（\$60 000×6.13）367 800
　贷：主营业务收入——自营出口销售收入　　367 800
③借：应付账款——应付外汇账款——B 公司（\$30 000×6.16）184 800
　贷：银行存款——美元户（\$30 000×6.13）　　183 900
　　　财务费用——汇兑损益　　900
④借：物资采购——进口物资采购（\$40 000×6.13）　　245 200
　贷：应付账款——应付外汇账款——B 公司　　245 200
⑤借：银行存款——人民币户（\$50 000×6.12）　　306 000
　　财务费用——汇兑损益　　500
　贷：银行存款——美元户（\$50 000×6.13）　　306 500
⑥借：应付职工薪酬（\$12 000×6.13）　　73 560
　贷：银行存款——美元户　　73 560
⑦借：银行存款——美元户（\$60 000×6.12）　　367 200
　　财务费用——汇兑损益　　600
　贷：应收账款——应收外汇账款——A 公司（\$60 000×6.13）367 800
⑧借：银行存款——美元户（\$10 000×6.12）　　61 200
　　财务费用——汇兑损益　　100
　贷：银行存款——人民币户（\$10 000×6.13）　　61 300
⑨借：短期借款——短期外汇借款（\$70 000×6.18）　　432 600
　贷：银行存款——美元户（\$70 000×6.12）　　428 400
　　　财务费用——汇兑损益　　4 200
⑩借：应付账款——应付外汇账款——B 公司（\$40 000×6.13）245 200
　贷：银行存款——美元户（\$40 000×6.12）　　244 800
　　　财务费用——汇兑损益　　400
⑪借：应收账款——应收外汇账款——A 公司（\$58 000×6.12）354 960
　贷：主营业务收入——自营出口销售收入　　354 960
⑫借：物资采购——进口物资采购（\$20 000×6.11）　　122 200
　贷：应付账款——应付外汇账款——B 公司　　122 200

（2）根据期初余额和本期经济业务的会计分录，用复币登记涉及汇兑损益的“T”型账户，分账户确认汇兑损益，并编制复合会计分录，见图 2-3 至图 2-6。

借方		银行存款——美元户			贷方
期初余额 $200 000	6.20	1 240 000			
①$50 000	6.13	306 500	③$30 000	6.13	183 900
⑦$60 000	6.12	367 200	⑤$50 000	6.13	306 500
⑧$10 000	6.12	61 200	⑥$12 000	6.13	73 560
			⑨$70 000	6.12	428 400
			⑩$40 000	6.12	244 800
$118 000		737740			

图2-3 “银行存款——美元户”T型账户

期末汇率人民币：$118 000×6.10 = 719 800（元）

期末人民币差额：719 800−737 740 = −17 940（元）

该账户损益分录为：

借：财务费用——汇兑损益　　17 940

　贷：银行存款——美元户　　17 940

借方		应收账款——应收外汇账款——A公司			贷方
期初余额$50 000	6.15	307 500			
②$60 000	6.13	367 800	①$50 000	6.15	307 500
⑪$58 000	6.12	354 960	⑦$60 000	6.13	367 800
$58 000		354 960			

图2-4 “应收账款——应收外汇账款——A公司”T型账户

期末汇率人民币：$ 58 000×6.10 = 353 800（元）

期末人民币差额：353 800−354 960 = −1 160（元）

该账户损益分录为：

借：财务费用——汇兑损益　　1 160

　贷：应收账款——应收外汇账款——A 公司　　1 160

借方		应付账款——应付外汇账款——B公司			贷方
			期初余额$30 000	6.16	184 800
③$30 000	6.16	184 800	④$40 000	6.13	245 200
⑩$40 000	6.13	245 200	⑫$20 000	6.11	122 200
			$20 000		122 200

图2-5 “应付账款——应付外汇账款——B公司”T型账户

期末汇率人民币：$20 000×6.10＝122 000（元）

期末人民币差额：122 000−122 200＝−200（元）

该账户损益分录为：

借：应付账款——应付外汇账款——B公司　　200

　贷：财务费用——汇兑损益　　200

借方	短期借款——短期外汇借款	贷方
⑨$70 000　6.18　432 600		期初余额$100 000　6.18　618 000
		$30 000　185 400

图2-6　“短期借款——短期外汇借款”T型账户

期末汇率人民币：$30 000×6.10＝183 000（元）

期末人民币差额：183 000−185 400＝−2 400（元）

该账户损益分录为：

借：短期借款——短期外汇借款　　2 400

　贷：财务费用——汇兑损益　　2 400

确认汇兑损益的复合会计分录为：

借：财务费用——汇兑损益　　15 500

　　应付账款——应付外汇账款　　200

　　短期借款——短期外汇借款　　2 400

　贷：银行存款——美元户　　16 940

　　　应收账款——应收外汇账款　　1 160

2. 集中结转法汇兑损益的确认

（1）根据2012年12月经济业务的内容，该公司在进行会计处理时编制会计分录如下：

①借：银行存款——美元户（$50 000×6.13）　　306 500

　　贷：应收账款——应收外汇账款——A公司　　306 500

②借：应收账款——应收外汇账款——A公司（$60 000×6.13）367 800

　　贷：主营业务收入——自营出口销售收入　　367 800

③借：应付账款——应付外汇账款——B公司（$30 000×6.13）183 900

　　贷：银行存款——美元户　　183 900

④借：物资采购——进口物资采购（$40 000×6.13）　　245 200

贷：应付账款——应付外汇账款——B公司 245 200

⑤借：银行存款——人民币户（$50 000×6.12） 306 000

财务费用——汇兑损益 500

贷：银行存款——美元户（$50 000×6.13） 306 500

⑥借：应付职工薪酬（$12 000×6.13） 73 560

贷：银行存款——美元户 73 560

⑦借：银行存款——美元户（$ 60 000×6.12） 367 200

贷：应收账款——应收外汇账款——A公司 367 200

⑧借：银行存款——美元户（$10 000×6.12） 61 200

财务费用——汇兑损益 100

贷：银行存款——人民币户（$10 000×6.13） 61 300

⑨借：短期借款——短期外汇借款（$70 000×6.12） 428 400

贷：银行存款——美元户 428 400

⑩借：应付账款——应付外汇账户——B公司（$40 000×6.12）244 800

贷：银行存款——美元户 244 800

⑪借：应收账款——应收外汇账款——A公司（$58 000×6.12）354 960

贷：主营业务收入——自营出口销售收入 354 960

⑫借：物资采购——进口物资采购（$20 000×6.11） 122 200

贷：应付账款——应付外汇账款——B公司 122 200

（2）根据期初余额和本期经济业务的会计分录，用复币登记涉及汇兑损益的T型账户，分账户确认汇兑损益，并编制复合会计分录，见图2-7至图2-10。

借方			银行存款——美元户		贷方
期初余额$200 000	6.20	1 240 000			
①$50 000	6.13	306 500	③$30 000	6.13	183 900
⑦$60 000	6.12	367 200	⑤$50 000	6.13	306 500
⑧$10 000	6.12	61 200	⑥$12 000	6.13	73 560
			⑨$70 000	6.12	428 400
			⑩$40 000	6.12	244 800
$118 000		737 740			

图2-7 “银行存款——美元户”T型账户

期末汇率人民币：$118 000×6.10＝719 800（元）

期末人民币差额：719 800－737 740＝−17 940（元）

该账户损益分录为：

借：财务费用——汇兑损益　　17 940

　贷：银行存款——美元户　　17 940

借方	应收账款——应收外汇账款——A公司				贷方
期初余额$50 000	6.15	307 500			
②$60 000	6.13	367 800	①$50 000	6.13	306 500
⑪$58 000	6.12	354 960	⑦$60 000	6.12	367 200
$58 000		356 560			

图2-8　“应收账款——应收外汇账款——A公司”T型账户

期末汇率人民币：$ 58 000×6.10 = 353 800（元）

期末人民币差额：353 800 - 356 560 = -2 760（元）

该账户损益分录为：

借：财务费用——汇兑损益　　2 760

　贷：应收账款——应收外汇账款——A 公司　　2 760

借方	应付账款——应付外汇账款——B公司				贷方
			期初余额$30 000	6.16	184 800
③$30 000	6.13	183 900	④$40 000	6.13	245 200
⑩$40 000	6.12	244 800	⑫$20 000	6.11	122 200
			$20 000		123 500

图2-9　“应付账款——应付外汇账款——B公司”T型账户

期末汇率人民币：$20 000×6.10 = 122 000（元）

期末人民币差额：122 000 -123 500 = -1 500（元）

该账户损益分录为：

借：应付账款——应付外汇账款——B 公司　　1 500

　贷：财务费用——汇兑损益　　1 500

借方	短期借款——短期外汇借款				贷方
			期初余额$100 000	6.18	618 000
⑨$70 000	6.12	428 400			
			$30 000		189 600

图2-10　“短期借款——短期外汇借款”T型账户

期末汇率人民币：$30 000×6.10＝183 000（元）

期末人民币差额：183 000－189 600＝－6 600（元）

该账户损益分录为：

借：短期借款——短期外汇借款　　6 600

　贷：财务费用——汇兑损益　　6 600

集中结转法下确认汇兑损益的复合会计分录为：

借：财务费用——汇兑损益　　11 600

　　应付账款——应付外汇账款　　1 500

　　短期借款——短期外汇借款　　6 600

　贷：银行存款——美元户　　16 940

　　　应收账款——应收外汇账款　　2 760

逐笔结转法和集中结转法下财务费用——汇兑损益比较见图2-11和图2-12。

逐笔结转下的财务费用

借方　　财务费用——汇兑损益	贷方
①1 000 ⑤500 ⑦600 ⑧100 复15 500	③900 ⑨4 200 ⑩400
12 200	

图2-11　“财务费用——汇兑损益”T型账户

集中结转法下的财务费用

借方　　财务费用——汇兑损益	贷方
⑤500 ⑧100 复11 600	
12 200	

图2-12　“财务费用——汇兑损益”T型账户

第七节 外币交易

外币交易包括买入或者卖出以外币计价的商品或者劳务；借入或者借出外币资金；其他以外币计价或者结算的交易。

买入或者卖出以外币计价的商品或者劳务，通常情况下指以外币买卖商品，或者以外币结算劳务合同。这里所说的商品是一个泛指的概念，可以是有实物形态的存货、固定资产等，也可以是无实物形态的无形资产、债权或股权等。例如，以人民币为记账本位币的国内甲公司向国外乙公司出口商品，以美元结算货款；再如，甲企业购买境内某公司发行的B股股票，或者购买海外某公司发行的欧元债券等，上述交易均属于甲公司的外币交易。企业与银行发生货币兑换业务，包括与银行进行结汇或售汇，也属于外币交易。

借入或者借出外币资金，指企业向银行或非银行金融机构借入以记账本位币以外的货币表示的资金，或者银行或非银行金融机构向人民银行、其他银行或非银行金融机构借贷以记账本位币以外的货币表示的资金，以及发行以外币计价或结算的债券等。

其他以外币计价或者结算的交易，指以记账本位币以外的货币计价或结算的其他交易。例如，接受外币现金捐赠等。

外币交易折算的会计处理主要涉及两个环节，一是在交易日对外币交易进行初始确认，将外币金额折算为记账本位币金额；二是在资产负债表日对相关项目进行折算，因汇率变动产生的差额计入当期损益。

一、折算汇率

无论是在交易日对外币交易进行初始确认时，还是在资产负债表日对外币交易余额进行处理，抑或对外币财务报表进行折算时，均涉及折算汇率的选择。外币折算准则规定了两种折算汇率：即期汇率和即期汇率的近似汇率。

（一）即期汇率

即期汇率是相对于远期汇率而言的，远期汇率是在未来某一日交付时的结算价格。为方便核算，准则中企业用于记账的即期汇率一般指当日中国人民银行公布的人民币汇率的中间价。但是，在企业发生单纯的货币兑换交易或涉及货币兑换的交易时，仅用中间价不能反映货币买卖的损益，需要使用买入价或卖出价折算。

中国人民银行每日仅公布银行间外汇市场人民币兑美元、欧元、日元、港元的中间价。企业发生的外币交易只涉及人民币与这四种货币之间折算的，可直接采用公布的人民币汇率的中间价作为即期汇率进行折算；企业发生的外币交易涉及人民币与其他货币之间折算的，以国家外汇管理局公布的各种货币对美元折算率采用套算的方法进行折算；发生的外币交易涉及人民币以外的货币之间折算的，可直接采用国家外汇管理局公布的各种货币对美元折算率进行折算。

（二）即期汇率的近似汇率

当汇率变动不大时，为简化核算，企业在外币交易日或对外币报表的某些项目进行折算时，也可以选择即期汇率的近似汇率折算。即期汇率的近似汇率是“按照系统合理的方法确定的、与交易发生日即期汇率近似的汇率”，通常是指当期平均汇率或加权平均汇率等。以人民币兑美元的周平均汇率为例，假定人民币兑美元每天的即期汇率为：周一 7.8，周二 7.9，周三 8.1，周四 8.2，周五 8.15，周平均汇率为（7.8+7.9+8.1+8.2+8.15）/ 5＝8.03。月平均汇率的计算方法与周平均汇率的计算方法相同。月加权平均汇率需要采用当月外币交易的外币金额作为权重进行计算。

无论是采用平均汇率，还是加权平均汇率，抑或其他方法确定的即期汇率的近似汇率，该方法应在前后各期保持一致。如果汇率波动使得采用即期汇率的近似汇率折算不适当时，应当采用交易发生日的即期汇率折算。至于何时不适当，需要企业根据汇率变动情况及计算即期汇率的近似汇率的方法等进行判断。

二、交易日的会计处理

企业发生外币交易的，应当在初始确认时采用交易日的即期汇率或即期汇率的近似汇率将外币金额折算为记账本位币金额。

【例 2-12】国内甲公司的记账本位币为人民币。2019 年 7 月 25 日，向国外乙公司出口商品一批，货款共计 80 000 美元，尚未收到，当日汇率为 1 美元＝6.85 元人民币。假定不考虑增值税等相关税费。甲公司应进行以下账务处理：

借：应收外汇账款——有（无）证出口——美元——乙公司（$80 000×6.85）548 000

　贷：主营业务收入——自营出口销售收入——×× 商品　548 000

【例 2-13】国内某公司的记账本位币为人民币，属于增值税一般纳税企业。2019 年 7 月 31 日，从国外购入某原材料，共计 50 000 美元，当日的即期汇率为 1 美元＝6.84 元人民币，按照规定计算应缴纳的进口关税为 39 000 元人民币，支付的进口增值税为 55 770 元人民币，货款尚未支付，进口关税及增值税已由银行存款支付。相关会计分录如下：

借：材料物资——×× 物资 381 000

应交税费——应交增值税（进项税额） 55 770

贷：应付外汇账款——美元——×× 国外客户（$50 000×6.84）342 000

银行存款 94 770

【例 2-14】国内某企业选定的记账本位币是人民币。2019 年 6 月 28 日从中国工商银行借入欧元 12 000 元，期限为 6 个月，年利率为 6%，当日的即期汇率为 1 欧元 = 10.76 元人民币。假定借入的欧元暂存银行，相关会计分录如下：

借：外汇存款——欧元（€12 000×10.76） 129 120

贷：短期外汇借款——欧元（€12 000×10.76） 129 120

企业收到投资者以外币投入的资本，无论是否有合同约定汇率，均不得采用合同约定汇率和即期汇率的近似汇率折算，而是采用交易日即期汇率折算。这样，外币投入资本与相应的货币性项目的记账本位币金额相等，不产生外币资本折算差额。

【例 2-15】国内甲公司的记账本位币为人民币。2019 年 6 月 12 日，与某外商签订投资合同，当日收到外商投入资本 20 000 美元，当日汇率为 1 美元 = 6.90 元人民币。假定投资合同约定汇率为 1 美元 = 7.00 元人民币，甲公司应进行以下账务处理：

借：银行存款（$20 000×6.9） 138 000

贷：实收资本 138 000

三、会计期末或结算日外币交易

资产负债表日，企业应当分外币货币性项目和外币非货币性项目进行处理。

（一）货币性项目的处理

货币性项目是企业持有的货币和将以固定或可确定金额的货币收取的资产或者偿付的负债。货币性项目分为货币性资产和货币性负债，货币性资产包括现金、银行存款、应收账款和应收票据以及准备持有至到期的债券投资等，货币性负债包括应付账款、其他应付款、短期借款、应付债券、长期借款、长期应付款等。

对于外币货币性项目，资产负债表日或结算日，因汇率波动而产生的汇兑差额作为财务费用处理，同时调增或调减外币货币性项目的记账本位币金额。汇兑差额指的是对同样数量的外币金额采用不同的汇率折算为记账本位币金额所产生的差额。例如，资产负债表日或结算日，以不同于交易日即期汇率或前一资产负债表日即期汇率的汇率折算同一外币金额产生的差额即为汇兑差额。

【例 2-16】国内甲公司的记账本位币为人民币。2019 年 12 月 4 日，向国外乙公司出口商品一批，货款共计 80 000 美元，货款尚未收到，当日即期汇率为 1 美元 = 6.39 元人民币。假定 2019 年 12 月 31 日的即期汇率为 1 美元 = 6.31 元人民币（假定不考虑增值税等相关税费）。

那么，对该笔交易产生的外币货币性项目“应收外汇账款”采用 2019 年 12 月 31 日的即期汇率 1 美元 = 6.31 元人民币折算为记账本位币为 504 800 元人民币（80 000×6.31），与其交易日折算为记账本位币的金额 511 200 元人民币的差额为 6 400 元人民币，应当计入当期损益，同时调整货币性项目的原记账本位币金额。相应的会计分录为：

借：财务费用——汇兑损益　　6 400
　贷：应收外汇账款　　6 400

假定 2019 年 1 月 31 日收到上述货款（结算日），当日的即期汇率为 1 美元 = 6.30 元人民币，甲公司实际收到的货款 80 000 美元折算为人民币应当是 504 000（80 000×6.30）元人民币，与当日应收账款中该笔货币资金的账面金额 504 800 元人民币的差额为 -800 元人民币。当日甲公司应作会计分录：

借：银行存款（$80 000×6.30）　　504 000
　　财务费用——汇兑损益　　800
　贷：应收外汇账款（$80 000×6.31）　　504 800

【例 2-17】国内 A 公司的记账本位币为人民币。2019 年 5 月 15 日，向国外 B 供货商购入商品一批，商品已经验收入库。根据双方供货合同，货款共计 100 000 美元，货到后 10 日内 A 公司付清所有货款。当日即期汇率为 1 美元 = 7.00 元人民币。假定 2019 年 5 月 31 日的即期汇率为 1 美元 = 6.95 元人民币（假定不考虑增值税等相关税费）。

那么，对该笔交易产生的外币货币性项目“应付外汇账款”采用 2019 年 5 月 31 日即期汇率 1 美元 = 6.95 元人民币折算为记账本位币为 695 000 元人民币（100 000×6.95），与其交易日折算为记账本位币的金额 700 000 元人民币（100 000×7.00）的差额为 5 000 元人民币，应计入当期损益。相应的会计分录为：

借：财务费用——汇兑损益　　5 000
　贷：应付外汇账款　　5 000

2019 年 7 月 3 日，A 公司根据供货合同以自有美元存款付清所有货款（结算日）。当日的即期汇率为 1 美元 = 6.85 元人民币。A 公司应作会计分录：

借：应付外汇账款（$100 000×6.95）　　695 000
　贷：外汇存款（$100 000×6.85）　　685 000
　　　汇兑损益　　10 000

【例 2-18】沿用例 2-14，假定 2019 年 6 月 30 日的即期汇率为 1 欧元 = 10.83 元人民币，则“外汇存款——欧元”产生的汇兑差额为 840 元人民币 [12000×（10.83-10.76）]，“短期外汇借款——欧元”产生的汇兑差额为 840 元人民币 [12000×（10.83-10.76）]，由于借贷方均为货币性项目，产生的汇兑差额相互抵销，相应会计分录为：

借：外汇存款——欧元　　840

　贷：短期外汇借款——欧元　　840

2019 年 7 月 14 日以人民币归还所借欧元，当日银行的欧元卖出价为 1 欧元 = 10.85 元人民币。假定借款利息在到期归还本金时一并支付，则当日应归还银行借款利息 360（12 000×6% / 12×6）欧元，按当日欧元卖出价折算为人民币为 3 906（360×10.85）元。相关会计分录如下：

借：短期外汇借款——欧元（$12 000×10.83）　　129 960

　　财务费用——汇兑损益　　240

　贷：银行存款——人民币　　130 200

借：财务费用　　3 906

　贷：银行存款——人民币　　3 906

（二）非货币性项目的处理

非货币性项目是货币性项目以外的项目，如存货、长期股权投资、交易性金融资产（股票、基金）、固定资产、无形资产等。

（1）对于以历史成本计量的外币非货币性项目，已在交易发生日按当日即期汇率折算，资产负债表日不应改变其原记账本位币金额，不产生汇兑差额。

【例 2-19】某外商投资企业的记账本位币是人民币。2019 年 7 月 15 日，进口一台机器设备，设备价款 500 000 美元，尚未支付，当日的即期汇率为 1 美元 = 6.83 元人民币。2019 年 7 月 31 日的即期汇率为 1 美元 = 6.84 元人民币。假定不考虑其他相关税费，该项设备属于企业的固定资产，在购入时已按当日即期汇率折算为人民币 3 415 000 元。由于“固定资产”属于非货币性项目，因此，2019 年 7 月 31 日，不需要按当日即期汇率进行调整。

但是，存货在资产负债表日采用成本与可变现净值孰低计量。因此，在以外币购入存货并且该存货在资产负债表日的可变现净值以外币反映的情况下，在计提存货跌价准备时应当考虑汇率变动的影响。

【例 2-20】甲公司以人民币为记账本位币。2019 年 11 月 20 日以每台 2 000 美元的价格从美国某供货商手中购入国际最新型号H商品10台，并于当日支付了相应货款（假定甲公司有美元存款）。2019年12月31日，已售出H商品2台，国内市场仍无H商品供应，但H商品在国际市场价格已降至每台1 950美元。

2019年11月20日的即期汇率是1美元＝6.87元人民币，12月31日的汇率是1美元＝6.31元人民币。假定不考虑增值税等相关税费，甲公司应作会计分录如下：

2019年11月20日，购入H商品：

借：库存商品——库存进口商品——H商品　　137 400

　贷：外汇存款（$20 000×6.87）　　137 400

2019年12月31日，由于库存8台H商品市场价格下跌，表明其可变现净值低于成本，应计提存货跌价准备：

借：资产减值损失　　11 484

　贷：存货跌价准备　　11 484

2 000×8×6.87-1 950×8×6.31= 11 484元（人民币）

本例中，期末，在计算“库存商品——库存进口商品——H商品”的可变现净值时，在国内没有相应产品的价格。因此，只能依据H商品的国际市场价格为基础确定其可变现净值，但需要考虑汇率变动的影响。期末，以国际市场价格为基础确定的可变现净值应按照期末汇率折算，再与库存H商品的记账本位币成本相比较，确定其应提的跌价准备。

（2）对于以公允价值计量的股票、基金等非货币性项目，如果期末的公允价值以外币反映，则应当先将该外币按照公允价值确定当日的即期汇率折算为记账本位币金额，再与原记账本位币金额进行比较，其差额作为公允价值变动损益，记入当期损益。

【例2-21】国内甲公司的记账本位币为人民币。2019年12月5日以每股1.5美元的价格购入乙公司B股10 000股作为交易性金融资产，当日即期汇率为1美元＝6.38元人民币，款项已付。2019年12月31日，由于市价变动，当月购入的乙公司B股的市价变为每股2美元，当日即期汇率为1美元＝6.31元人民币。假定不考虑相关税费的影响。2019年12月5日，该公司对上述交易应作以下账务处理：

借：交易性金融资产——成本　　95 700

　贷：外汇存款（$15 000×6.38）　　95 700

根据《企业会计准则第22号——金融工具》规定，交易性金融资产以公允价值计量。由于该项交易性金融资产是以外币计价，在资产负债表日，不仅应考虑美元市价的变动，还应一并考虑美元与人民币之间汇率变动的影响。上述交易性金融资产在资产负债表日的人民币金额为126 200（2×10 000×6.31）元，与原账面价值95 700元（1.5×10 000×6.38）的差额为30 500元人民币，应计入公允价值变动损益。相应的会计分录为：

借：交易性金融资产——公允价值变动　　30 500
　贷：公允价值变动损益　　30 500

30 500元人民币既包含甲公司所购乙公司B股股票公允价值变动的影响，又包含人民币与美元之间汇率变动的影响。

2020年2月29日，甲公司将所购乙公司B股股票按当日市价每股2.2美元全部售出（结算日），所得价款为22 000美元，按当日汇率为1美元＝6.12元人民币折算为人民币金额为134 640元，与其原账面价值人民币金额126 200元的差额为8 440元人民币。对于汇率的变动和股票市价的变动不进行区分，均作为投资收益进行处理。因此，售出当日，甲公司应作会计分录为：

借：外汇存款（$22 000×6.12）　　134 640
　贷：交易性金融资产——成本　　95 700
　　　　　　　　　——公允价值变动　　30 500
　　投资收益　　8 440

（三）货币兑换的折算

企业发生的外币兑换业务或涉及外币兑换的交易事项，应当以交易实际采用的汇率，即银行买入价或卖出价折算。由于汇率变动产生的折算差额计入当期损益。

【例2-22】甲公司的记账本位币为人民币，2019年6月19日以人民币向中国银行买进5 000美元，甲公司以中国人民银行公布的人民币汇率中间价作为即期汇率，当日的即期汇率为1美元＝6.87元人民币，中国银行当日美元卖出价为1美元＝6.88元人民币。甲公司当日应作会计分录为：

借：外汇存款——美元（$5 000×6.87）　　34 350
　　财务费用——汇兑损益　　50
　贷：银行存款——人民币　　34 400

第八节　外币财务报表的折算

一、境外经营的概念

境外经营是指企业在境外的子公司、合营企业、联营企业、分支机构，选定的记账本位币不同于企业的记账本位币。当企业在境内的子公司、合营企业、联营企业或者分支机构选定的记账本位币不同于企业的记账本位币时，也应当视同境外经营。会计准则中所说的境外经营是个广义的概念，子公司、合营企业、联营企业、分支机构是否属于境外经营，不是以位置是否在境外为判定标准，而是要看其选定的记账本位币是否与企业相同。

二、境外经营财务报表的折算

企业的子公司、合营企业、联营企业和分支机构如果采用与企业相同的记账本位币，即便是设在境外，其财务报表也不存在折算问题。但是，如果企业境外经营的记账本位币不同于企业的记账本位币，在将企业的境外经营通过合并、权益法核算等纳入到企业财务报表中时，需要将企业境外经营的财务报表折算为以企业记账本位币反映的财务报表。

在对企业境外经营财务报表进行折算前，应当调整境外经营的会计期间和会计政策，使之与企业会计期间和会计政策相一致，根据调整后会计政策及会计期间编制相应货币（记账本位币以外的货币）的财务报表，再按照以下方法对境外经营财务报表进行折算。

（1）资产负债表中的资产和负债项目，采用资产负债表日的即期汇率折算，所有者权益项目除“未分配利润”项目外，其他项目采用发生时的即期汇率折算。

（2）利润表中的收入和费用项目，采用交易发生日的即期汇率或即期汇率的近似汇率折算。

（3）产生的外币财务报表折算差额，在编制合并财务报表时，应在合并资产负债表中所有者权益项目下单独作为“外币报表折算差额”项目列示。

比较财务报表的折算比照上述规定处理。

第三章

国际贸易结算

本章导读

国际贸易结算是指国际之间由于商品买卖、提供劳务、资金调拨和国际借贷等活动所发生的国际货币收支和国际债权债务的清偿。国际贸易结算在实际操作中有记账结算和现汇结算两种类型，具体可采用信用证结算、汇付结算、托收结算等结算方式。不同的结算方式对应着不同的核算方法。因而本章主要涵盖了如下任务：

1. 了解国际贸易结算的概述
2. 掌握国际贸易结算的方式
3. 掌握国际贸易结算方式的核算

第一节　国际贸易结算概述

一、国际贸易结算的概念

国际贸易结算是指国际之间由于商品买卖、提供劳务、资金调拨和国际借贷等活动所发生的国际货币收支和国际债权债务的清偿。国际贸易结算相对于国内贸易结算而言，尽管两者都主要是货币收支和债权债务的清偿，但存在着明显的区别，即货币的活动范围不同、货币的种类不同、汇兑损益有所不同、适用的法律不同等。对于外贸企业来说，主要是指从事国际贸易活动所涉及的国际贸易结算。

二、国际贸易结算的类型

国际贸易结算在实际操作中有记账结算和现汇结算两种类型。记账结算是指贸易双方按照两国政府两国银行间开立的清算账户记账办理，平时结算不必动用现汇支付，至协定年度终了，对账户的差额再进行清算。现汇结算是指以两国贸易部门签订的贸易合同为依据，在办理进出口业务时，双方均采用一定的结算方式，用现汇逐笔进行清偿。

第二节　国际贸易结算的方式

一、信用证结算方式

1. 信用证的概念

信用证是指由开证行根据开证申请人（进口商）的要求和指示向受益人（出口商）开立一定金额，并在一定期间内凭规定的单据承诺付款的凭证。

2. 信用证的分类

（1）信用证按是否附有货运单据分类。

①光票信用证，是指仅凭汇票而不附货运单据的信用证。有的信用证要求出具汇票并

附有非货运单据，如发票、垫款清单等，这也属于光票信用证。由于不附货运单据，出口商可在商品装运并取得提单以前就开出汇票，请求银行议付。因此，对于出口商来说，光票信用证实际上具有预先取得货款的作用。

②跟单信用证，是指附有货运单据的汇票或仅凭货运单据付款的信用证。货运单据一般是指代表商品所有权或证明商品已发运的凭证。采取跟单信用证结算时，银行以自己的信用担保进口商可在支付货款时一定能够得到代表商品所有权的单据；同时也担保进口商在运出商品，交出货运单据后就一定能收到货款。采取跟单信用证结算为购销双方的利益提供了一定程度的安全保障，因此，跟单信用证在国际贸易结算中被广泛地采用。

（2）信用证按开证行承担的责任分类。

①可撤销信用证，是指开证行不必事先通知受益人，在议付行议付之前，随时可修改信用证内容或撤销的信用证。

②不可撤销信用证，是指开证行一经开立信用证，在信用证有效期内，未经受益人同意，不得单方面撤销或修改所规定的各项条件的信用证。

（3）信用证按对汇票支付的期限分类。

①即期信用证，是指开证行或付款行在收到符合信用证条件规定的汇票和单据后，立即履行付款义务的信用证。

②远期信用证，是指开证行或付款行收到符合信用证条件规定的汇票和单据后，不立即履行付款义务，待汇票到期时才能支付票款的信用证。远期信用证对于出口商来说，其将要先垫付款项，并承担汇票有效期内汇率变动的风险，收汇的安全程度也低于即期信用证。

（4）信用证按是否保兑分类。

①保兑信用证，是指由开证行开出，并经另一家银行保证兑付的信用证。保兑行一旦参与保兑，就和开证行共同承担信用证所规定的付款责任。因此保兑信用证具有双重银行的保证。只有不可撤销信用证才能进行保兑。

②不保兑信用证，指未经另一家银行保证兑付的信用证。

（5）其他种类的信用证。

①可转让信用证，是指受益人有权指示通知行或议付行将信用证金额的部分或全部转让给他人的信用证。可转让信用证必须在信用证上注明“可转让”字样。它通常是开给中间商的，中间商再转让给实际供货人。

②循环信用证，指每次使用后又可以恢复到原金额再次使用，进行循环，直到规定的次数或总金额用完为止的信用证。循环信用证通常是在进出口双方订立长期贸易合同、分批交货，并且商品大宗单一的情况下采用，采用循环信用证可以简便手续，节省手续费。

3. 信用证的基本内容

信用证应该具有下列各项内容：

①证行名称、地址和开证日期。

②信用证的性质及号码。

③开证申请人的名称。

④受益人名称、通知行名称和地址。

⑤信用证的最高金额和采用的货币。

⑥开证的依据。

⑦信用证的有效期限和到期地点。有效期限是指银行承担信用证付款的期限。出口商交单时间如果超过了规定的有效期限，银行可因信用证逾期而解除其付款责任。到期地点是指在哪个国家及地区到期。

⑧汇票和单据条款。受益人（出口商）应凭汇票取款，信用证应列明汇票的付款人、汇票是即期还是远期，以及汇票应附的单据、单据份数及单据所列商品的名称、品质、数量、单价、金额、包装等。

⑨商品装运条款。它包括装运港、目的港、装运期限、运输方式、能否分批装运和转运等。

4. 信用证结算方式的当事人

①开证申请人，是指向银行申请开立信用证的单位，也就是进口商。

②开证行，是指接受开证申请人的申请，开立并签发信用证的银行。开证行通常在开证申请人的所在地。

③通知行，是指收到开证行的信用证，核实其真实性，并通知受益人的银行。通知行通常在受益人的所在地。

④受益人，是指信用证的权利拥有者，也就是出口商。

⑤议付行，是指应受益人的请求，买入或贴现信用证项下票据及单据的银行。

⑥付款行，是指由开证行指定的在单据相符时付款给受益人的银行。

5. 信用证结算方式的基本程序

信用证结算方式流程图，如图 3-1 所示。

6. 信用证结算方式的特点

①开证行负第一性付款责任。信用证是一种银行信用，开证行以自身的信用作出付款的承诺，对受益人承担第一性的付款责任，是首先付款人。

②信用证是一项独立文件。信用证的开立虽然是以贸易合同为依据的，但是它与贸易合同是两种不同性质的文件，银行只对信用证负责，不受贸易合同的约束，也不对贸易合同负任何责任。

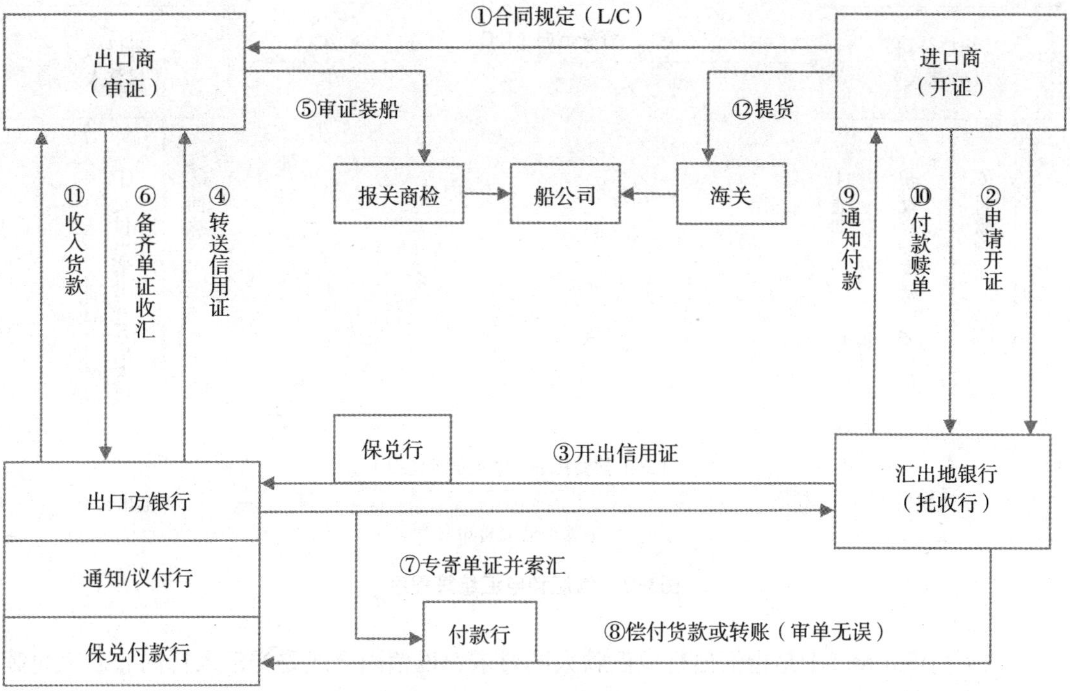

图3-1　信用证结算方式流程图

③信用证结算业务以单据为依据。根据国际惯例，信用证的当事人只对信用证负责，受益人提交的单据只有符合信用证条款的规定，开证行才能凭此付款，以维护开户申请人和受益人各方的权益。

二、汇付结算方式

1. 汇付的概念

汇付是指汇款人（进口商）主动将款项交给汇出行，由该汇出行委托收款人所在地的汇入行将款项转交收款人（出口商）的一种结算方式。汇付结算方式按采用通知的方式不同可分为电汇、信汇和票汇三种。

（1）电汇（T/T）是指汇出行应汇款人的要求，以电讯方式委托汇入行向收款人付款的结算方式。在汇付的三种方式中，电汇是最主要的方式。操作的步骤是由汇款人填写付款申请书，并将汇款金额和电报费、手续交给汇出行，并取得电汇回执，汇出行根据申请书中指示的汇款途径，将汇款金额、收款人和汇款人及汇款人附言等以电报或电传形式通知汇入行，并由汇入行将款项划转给收款人。采用电汇方式，收款人能迅速收取款项，但电汇费用较高，因此只有在金额较大或时间紧急时采用。电汇、信汇结算程序，如图 3-2 所示。

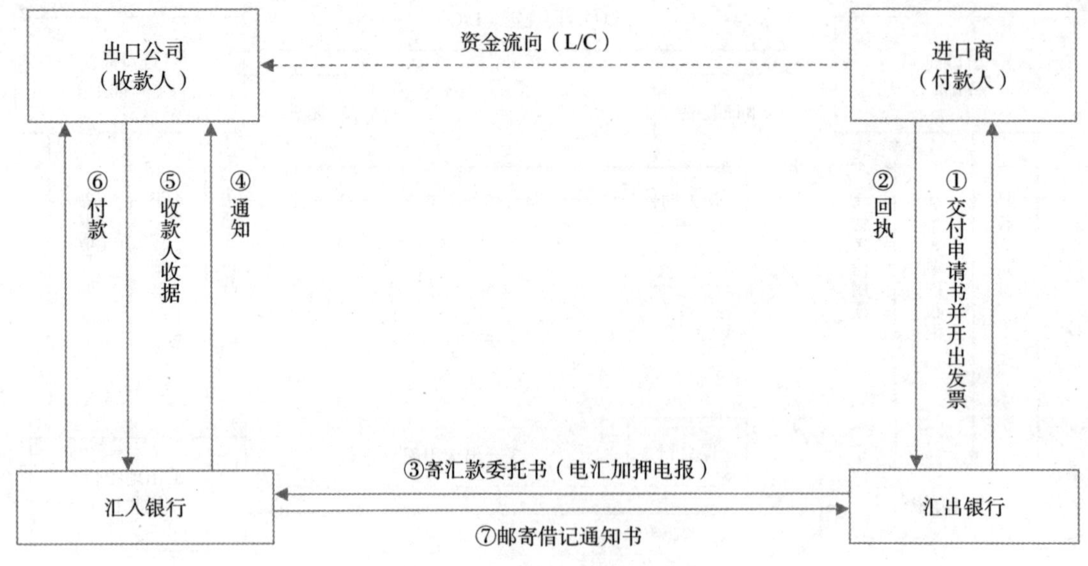

图3-2 信汇和电汇结算程序

（2）信汇（M/T）是指汇出行应汇款人的要求，以信函方式委托汇入行向收款人付款的结算方式。信汇的单证是汇款申请书和信汇通知。该结算方式的银行费用要由汇款人支付，但费用率是所有结算方式中最低的一种。信汇的主要缺点是结算时间较长，出口方不能及时收到货款。由于现代电子网络技术的发展，许多银行已对进出口企业停办该项业务。信汇的流程与电汇相似，所不同的只是用信汇通知书（或付款命令）代替了电子通信，以签字代替了密押作为证实。

（3）票汇（D/D）是指汇款人向汇出行购买银行汇票寄给收款人，由收款人据以向汇票上指定的银行收取款项的结算方式。票汇是信汇的另一种典型。它与信汇的不同点在于其结算工具是银行汇票，是由汇出行根据汇款人的申请，开出以汇入行为付款人的银行汇票，交由汇款人自行寄给收款人，由收款人凭汇票自行到汇入行领取款项的一种汇款方式。也就是说，发送结算工具的是汇款人而不是银行，它的特点是收款人在必要时可把汇票进行背书转让，比起信汇委托书不能流通转让来说有其便利之处。票汇的单证是银行汇票与汇票通知书。票汇结算程序，如图 3-3 所示。

2. 汇付结算方式的当事人

（1）汇款人，即付款方，也就是进口商。

（2）汇出行，是指受汇款人即进口商的委托将款项付给收款人的银行。

（3）汇入行，指受汇出行的委托将款项付给收款人的银行。

（4）收款人，即受益人，也就是出口商。

3. 汇付结算方式的特点及适用性

汇付结算方式完全是建立在商业信用基础上的结算方式，交易双方根据合同或经济事项采用预付货款或货到付款的方式。预付货款，进口商有收不到商品的风险；而货到付款，则出口商有收不到货款的风险。由于汇付结算方式的风险较大，这种结算方式只有在进出口双方高度信任的基础上才适用。此外，结算货款尾差、支付佣金、归还垫款、索赔理赔、出售少量样品等也可以采用。

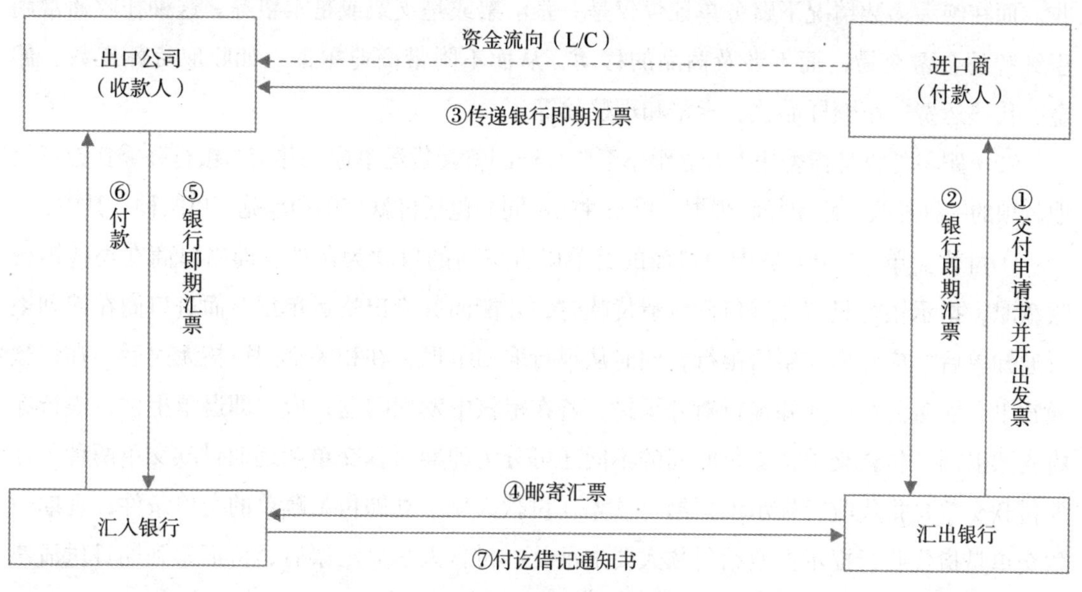

图3–3　汇票结算程序

三、托收结算方式

1. 托收的概念

托收是指由债权人（出口商）开立汇票或者连同货运单据，委托托收行通过其在付款人所在地的分行或代理行向债务人（进口商）收取款项的结算方式。其基本做法是出口商先行发货，然后备妥包括运输单据（通常是海运提单）在内的货运单据并开出汇票把全套跟单汇票交出口地银行（托收行），委托其通过进口地分行或代理行（代收行）向进口方收取货款。可见在这种结算方式下，一般涉及四个方面关系人，即委托人，它是开立汇票连同单据委托银行向付款人办理托收的单位。也就是出口商；托收行，它是接受委托人的委托，再转托付款人所在地银行办理托收的银行。它通常在委托人所在地；代收行，它是接受托收行的委托，参与处理托收代向付款人收款的银行。它通常是付款人的往来银行；付款人，又称受票人，是根据托收指示被指示并被要求付款或承兑汇票的单位。也就是进口商。

2. 托收结算方式的当事人

（1）出票人也称委托人，是开立汇票委托银行向国外付款方收款的人。

（2）托收行又称出口方银行，是接受委托人的委托，代向付款方收款的银行。

（3）代收行又称进口方银行，是接受托收行的委托，代向付款方收款的银行。

（4）付款人，汇票指定的付款方。

3. 托收的种类

托收包括光票托收和跟单托收两种。

（1）光票托收是指出口商仅开具汇票，不随附任何商业单据，单凭财务单证的一种托收。而在绝大多数情况下财务单证仅仅是一张汇票或是支票或是本票等。这种托收通常用于纯粹的金融交易，而不涉及商品的移动，从而不附带商业单证，如收取货款尾数、佣金、代垫运费、小额样品款、索赔和理赔款等。

（2）跟单托收是指委托人开立跟单汇票，连同整套货运单据一并交给银行并委托银行收取款项的一种托收。跟单托收根据交单条件的不同又包括付款交单和承兑交单两种。其中：

①付款交单（D/P）是指出口商的交单以进口商的付款为条件。即出口商在委托银行收款时，指示银行只有在进口商付清货款时，才能向其交出货运单据。而进口商在接到银行通知单后，应开出支票给银行，同时从银行取回单据，在相关部门审核无误后，在付款通知书上加盖公章，通知银行对外承付。若在审核中发现问题，应立即退单拒付，银行亦将支票退回。付款交单按支付时间的不同还可分为即期付款交单和远期付款交单两种。即期付款交单是指代收行提示汇票给付款人，付款人见票立即付款赎单的交单条件；远期付款交单是指代收行提示汇票给付款人要求承兑，付款人承兑汇票后，待汇票到期日付清票款，赎取货运单据的交单条件。

②承兑交单（D/A）是指代收行待付款人承兑汇票后，就将货运单据交给付款人，于汇票到期日由付款人履行付款义务的一种交单条件。

4. 托收结算方式的基本程序

（1）付款交单托收结算程序，如图 3-4 所示。

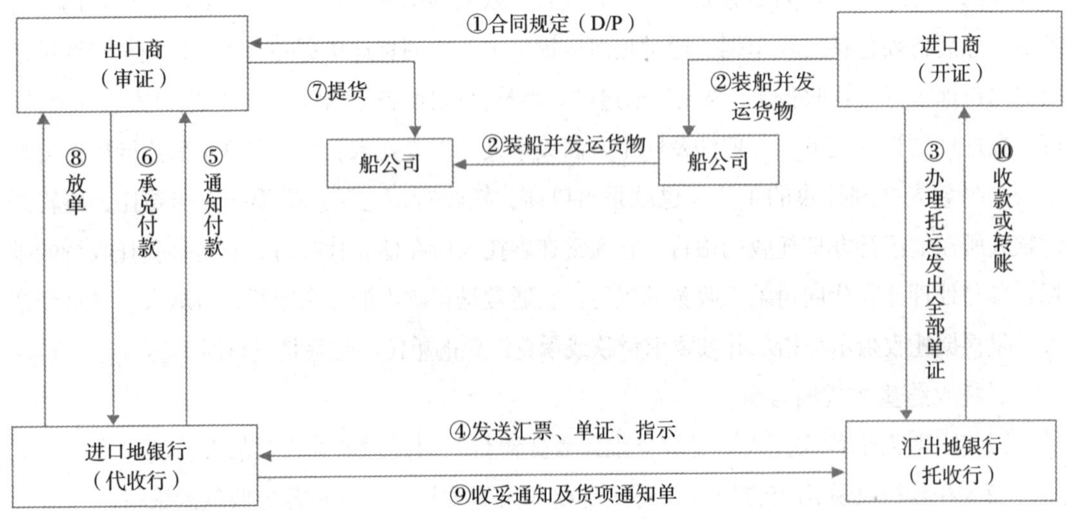

图3-4　付款交单托收结算程序

（2）承兑交单托收结算程序，如图 3-5 所示。

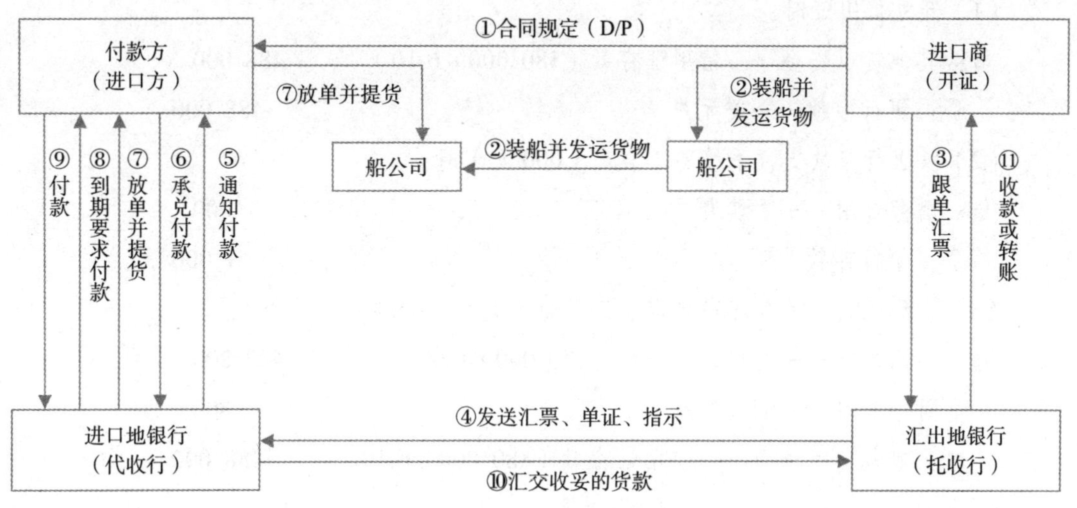

图3-5 承兑交单托收结算程序

5. 托收结算方式的特点

托收结算方式手续比较简单，银行费用较低，出口商必须先将商品装运上船后，才能向银行办理托收。收汇较有把握，不易发生钱货两空。然而，托收毕竟是建立在商业信用基础上的，如果进口商由于某种原因，不按合同履行付款义务，出口商将蒙受损失。即使跟单托收，也有可能承担风险，即发货后进口地的货价下跌，进口商不愿付款，就借口货物规格不符合或包装不良等原因而要求减价；因政治或经济原因，进口国家改变进口政策，进口商没有领到进口许可证，或是申请不到进口所需的外汇，以致货物运抵进口地而无法进口，不能付款等。

第三节 国际贸易结算方式的核算

一、信用证结算方式的核算

1. 进口商的核算

【例 3-1】宏达外贸公司从美国 D 公司进口商品一批，货款 8 万美元，合同约定采用信用证方式付款。该公司向银行开立信用证 8 万美元。当日的市场汇率为 1 美元 =

6.10 元人民币。该公司对该项业务进行会计处理时，编制会计分录如下：

（1）开立信用证时：

借：其他货币资金——信用证存款（$80 000×6.10） 488 000

　贷：银行存款——美元户 488 000

（2）以银行存款支付手续费（假定 1 000 元）时：

借：财务费用——手续费 1 000

　贷：银行存款 1 000

（3）收到商品时（假定当日市场汇率为 1 美元 = 6.09 元人民币）：

借：商品采购——进口商品采购（$80 000×6.09） 487 200

　　财务费用——汇兑损益 800

　贷：其他货币资金——信用证存款（$80 000×6.10） 488 000

2. 出口商的核算

【例 3-2】宏达外贸公司向美国 E 公司出口商品一批，货款 6 万美元，合同约定采用信用证方式结算。该公司在商品发运后，连同全套单证送交银行办妥议付手续，当日的市场汇率为 1 美元 = 6.10 元人民币。该公司在对该项业务进行会计处理时，编制会计分录如下：

（1）确认销售收入时：

借：应收账款——应收外汇账款（$60 000×6.10） 366 000

　贷：主营业务收入——自营出口销售收入 366 000

（2）支付议付手续费时（假定为 1 000 元人民币）：

借：财务费用——手续费 1 000

　贷：银行存款 1 000

（3）收到外汇时（当日市场汇率为 1 美元 = 6.09 元人民币）：

借：银行存款——美元户（$60 000×6.09） 365 400

　　财务费用——汇兑损益 600

　贷：应收账款——应收外汇账款（$60 000×6.10） 366 000

二、汇付结算方式的核算

1. 出口预收货款的核算

【例 3-3】宏达外贸公司出口商品一批，售价 5 万美元，该批商品成本 20 万元人民币。根据与美国D公司签订的合同规定，美国D公司采取预付货款的方式，现预付款已收到存入银行，当日市场汇率为1美元＝6.10元人民币。汇兑损益采用集中结转法，下同。根据电汇或信汇的汇入汇款通知书（付款行开出）和电汇或信汇的外汇结汇证明（结汇水单或收款通知），该公司在进行会计处理时，编制会计分录如下：

（1）收到D公司的预付款时：

借：银行存款——美元户（$50 000×6.10） 305 000

贷：预收账款——预收外汇账款 305 000

（2）将商品发运给D公司时：

借：预收账款——预收外汇账款（$50 000×6.10） 305 000

贷：主营业务收入——自营出口销售收入 305 000

（3）结转出口商品成本时：

借：主营业务成本——自营出口销售成本 200 000

贷：库存商品 200 000

2. 进口预付货款的核算

【例3-4】宏达外贸公司向美国C公司进口电器商品一批，货款4万美元。根据与美国C公司签订的合同约定，采用预先汇付的方式。现货款已汇出，当日的市场汇率为1美元＝6.10元人民币。该公司根据电汇或信汇申请书的四联单和相关单据，编制会计分录如下：

（1）预付货款时：

借：预付账款——预付外汇账款（$ 40 000×6.10） 244 000

贷：银行存款——美元户 244 000

（2）收到进口商品时：

借：库存商品——库存进口商品 244 000

贷：预付账款——预付外汇账款 244 000

【例3-5】承【例3-4】，只是将预付货款改为货到付款，其他条件不变。该公司根据出口商寄来的商品提单和发票等单据，编制会计分录如下：

（1）收到单证时：

借：商品采购——进口商品采购（$40 000×6.10） 244 000

贷：应付账款——应付外汇账款 244 000

（2）商品验收入库时：

借：库存商品——进口库存商品　　244 000

　贷：商品采购——进口商品采购　　244 000

（3）汇付货款时（当日的市场汇率为 1 美元 = 6.09 元人民币）：

借：应付账款——应付外汇账款（$40 000×6.09）　　243 600

　贷：银行存款——美元户　　243 600

三、托收结算方式的核算

1. 进口商的核算

【例 3-6】宏达外贸公司从美国 E 公司进口家用电器一批，货款 3 万美元，合同约定采用托收的方式付款。宏达外贸公司收到银行转来的跟单托收付款交单凭证及全套货运单据，审核相符予以支付，当日的市场汇率为 1 美元 = 6.10 元人民币。该公司在进行会计处理时，编制会计分录如下：

借：商品采购——进口商品采购（$30 000×6.10）　　183 000

　贷：银行存款——美元户　　183 000

2. 出口商的核算

【例 3-7】宏达外贸公司向美国 F 公司出口商品一批，货款 35 000 美元，合同约定先发货，后托收。现商品已装运上船，并向银行办妥跟单托收手续。当日的市场汇率为 1 美元 = 7.10 元人民币。编制会计分录如下：

（1）确认出口销售收入时：

借：应收账款——应收外汇账款（$35 000×6.10）　　213 500

　贷：主营业务收入——自营出口销售收入　　213 500

（2）收到外汇存入银行时（市场汇率为 1 美元 = 6.09 元人民币）：

借：银行存款——美元户（$35 000×6.09）　　213 150

　贷：应收账款——应收外汇账款　　213 150

第四章

出口商品贸易业务

本章导读

出口贸易是指外贸企业组织产品在国际市场上销售，取得外汇的业务。按其性质的不同，可分为自营山口业务、代理出口业务和加工补偿出口业务等。不同的出口业务其账户设置不同，会计核算要求和方法也不同。外贸企业根据国际市场的相关信息，为了出口、内销或加工后出口而取得国产商品所有权的交易行为叫作出口商品购进，需要进行相应的账务处理。为了符合进口商或国际市场的需求，提高产品竞争力，有时外贸企业在商品出口前需要进行一定的挑选整理或加工。而出口收汇核销是指对境内企业的出口货款（包括服务贸易收入等）的外汇资金，是否及时汇入境内的一种跟踪监督措施。本章的学习任务如下：

1. 了解出口贸易业务的概述

2. 了解出口商品购进业务的内容，并掌握出口商品购进业务的核算和账务处理

3. 了解出口商品存储及加工业务的概述，并掌握出口商品存储及加工业务的核算

4. 了解自营出口销售的概述，并掌握自营出口销售的账户设置和会计处理

5. 了解代理出口销售的概述，并掌握代理出口销售的核算

6. 了解出口收汇核销制的概述，并掌握出口收汇核销制单、出口核销方式和核销的基本流程

第一节　出口贸易业务概述

一、出口贸易业务的含义

出口贸易是指外贸企业组织产品在国际市场上销售，取得外汇的业务。它是外贸企业的一项重要的业务。商品出口收汇是我国外汇收入的主要来源，它为进口我国经济发展所需要的先进生产设备和用于满足提高人民生活水平的商品创造了条件。

一个国家的进口贸易和出口贸易是相辅相成的，没有出口贸易，也就没有了进口贸易。出口贸易大于进口贸易，外汇收支表现为顺差，构成了外汇储备的来源，它标志着一个国家的支付能力和经济实力。

二、出口贸易业务的种类

出口贸易业务按其性质的不同，可分为自营出口业务、代理出口业务和加工补偿出口业务等。

（一）自营出口业务

自营出口是指外贸企业自己经营出口贸易，并自负出口贸易盈亏的业务。企业在取得出口销售收入、享受出口退税的同时，要承担出口商品的进价成本以及与出口贸易有关的一切外国费用、佣金支出，并且还要对索赔、理赔、罚款等事项加以处理。

按照上述定义，凡出口企业以贸易方式对境外自营出口和转口销售的商品、进口原材料经加工复制后出口的商品和出售出国展品、样品、小卖品，以及批准供应境内销售（外轮和远洋国轮、贸易中心等）收取以外汇（或部分跨境贸易的人民币）计价支付的商品等所有经营业务，都属于自营出口销售。

（二）代理出口业务

代理出口业务是外贸企业的中介服务业务，而不是主体购销行为，是指外贸企业代理国内委托方办理对外洽谈、签约、托运、交单和结汇等全过程的出口贸易业务。代理企业收取一定比例的手续费。

（三）加工补偿出口业务

加工补偿出口业务也称“三来一补”业务，即来料加工、来件装配、来样生产和补偿贸易业务。“三来业务”是指外商提供一定的原材料、零部件、元器件，必要时提供某些设备，由我方按对方的要求进行加工或装配成产品交给对方销售，我方收取外汇加工费的业务。补偿贸易业务是指由外方提供生产技术、设备和必要的材料，由我方生产，然后用生产的产品分期归还外商的业务。

第二节　出口商品购进业务

一、出口商品购进业务概述

出口商品购进是指外贸企业根据国际市场的相关信息，为了出口、内销或加工后出口而取得国产商品所有权的交易行为。为出口而购进的商品从内容上说，主要包括两个方面，即工业产品和农业产品。如果从产业上说就是第一产业和第二产业提供的商品。所以，购进的商品既有家用电器、家具用具、纺织产品、日用百货，也有粮食、肉食、水果和蔬菜等。只要国际有需求，国内有货源的商品均属出口购进的范畴。

（一）出口商品购进的方式

出口商品的流转过程主要包括收购、调拨、储存和出口等环节。收购是为出口做物质准备的。所谓出口商品收购，是指外贸企业从外贸系统以外的工业、农业、商业企业或个人处购进出口商品。

出口商品的购进按照收购方式不同，可分为直接购进和间接收购两种。

（1）直接购进，是指外贸企业与生产单位和有关部门通过签订购销合同，直接收购工矿产品和农副土特产品。实际操作时工矿产品向生产单位收购，而农副土特产品则是通过设立门市部进行收购。外贸企业统一经营的或重要的农副土特产品、鲜活商品，如蚕茧、丝绸、茶叶等，供应我国港澳地区的新鲜蔬菜、水果、塘鱼等，也采取直接收购方式。

（2）间接收购，也称委托代购，是指外贸企业以支付一定手续费的形式委托商业、粮食和供销社代为收购出口商品。它是进出口企业收购农副土特产品的一种主要形式，这是因为农副土特产品的货源分散在各地农村，而且数量零星，不便于进出口企业直接收购。

（二）出口商品购进的交接方式

出口商品购进要用合同约定交接的方式，以便明确责任、缩短购进的时间、确保购进商品的质量。出口商品购进的交接方式通常有送货制、提货制、发货制和就地代管四种。

（1）送货制，是由供货单位将商品直接送到收购单位仓库或指定地点交货，由外贸企业验收入库的一种方式。在这种方式下，供货单位与外贸企业在指定的地点办理交接，凭收货单向外贸企业办理货款结算。送货费用和运输途中的商品损耗由供货单位负担。它是本地直接收购所采取的主要方式。

（2）提货制，是由收购单位在接到供货单位的仓库或指定地点提取并验收商品的一种方式。在这种方式下，一般先由外贸企业向供货单位办理货款结算后，凭提货单提货。提货过程中发生的费用和商品损耗由外贸企业负担。这种方式主要适用于本地采购出口商品。

（3）发货制，是由供货单位根据购销合同规定的发货日期、品种、规格和数量等条件，将商品发运到购货单位所在地车站，码头或指定地点，交货并验收的一种方式。在这种方式下，由供货单位发运商品，取得运输凭证，向外贸企业办理货款结算。有关费用的负担在双方签订的购销合同中有明确规定，主要取决于采用的价格条件。该方式主要适用于异地采购。

（4）就地代管，是指外贸企业委托供货厂商代为保管商品，到时凭保管凭证办理商品交接的一种方式。在这种方式下，购销双方凭保管凭证办理商品交接。寄存过程中发生的仓储保管费用由外贸企业负担，供货单位应负责妥善保管。这种交接方式对本地和异地采购均适用。

（三）出口商品购进的程序

（1）签订购销合同。

外贸企业应根据国际市场的需求，按照《合同法》的有关规定，及时与供货单位签订购销合同，明确规定商品的名称、规格、型号、商标、等级和质量标准；商品的数量、计量单位、单价和金额；商品的交货日期、方式、地点、运输和结算方式，以及费用负担、违约责任和索赔条件等，以明确购销双方的权利和义务。

（2）验收出口商品。

外贸企业对购进的出口商品，应按双方签订的合同或协议的有关规定进行验收，具体内容如下：

①一般的、技术性不强的出口商品，主要对商品的品种、数量、规格、等级、花色、款式、质量和包装等方面进行验收。

②技术复杂、规格特殊、外贸企业没有条件鉴定验收的出口商品，如机器、仪器、电器、成套设备和化工产品等，通常按合同或协议规定，由生产单位出具检验证明书，对商品的规格和质量负责，外贸企业只点验数量，查验包装。

③根据国家规定由商品检验局检验的出口商品，外贸企业应凭商品检验局签发的合格证明书验收，并点清数量，查验包装。

外贸企业对购进的出口商品要严格验收，把好质量关。凡是质量、规格、花色不符合出口要求的商品，一律不予验收。同时，还要防止为抓住货源，不管商品质量、规格、花色而盲日收购或超购的现象。

（3）支付商品货款。

外贸企业应按合同约定的结算方式，信守承诺，在收购商品验收入库后，及时进行货款结算，规范会计核算，提高管理水平。收购出口商品的货款结算应遵循起运托收、单货同行、钱货两清的原则，不得相互拖欠，特别是恶意拖欠。对于质量或规格等不符合合同约定的，可以拒付，但要按相关规定办理；对于需退补价，应及时沟通完善手续，按价退补；对于购进商品发生长余或短缺的，应根据实际情况，多发的及时退回或按购进处理，短缺的及时补足或追回相应货款。

二、出口商品购进业务的核算

（一）账户设置

1.“商品采购”账户

“商品采购”账户专门用来核算企业购入商品的采购成本。企业购入的商品，凡是通过本企业结算货款的，不论其是否进入本企业仓库，都应通过“商品采购”账户进行核算。

该账户的借方记录购入商品的采购成本；贷方记录结转库存商品的采购成本；余额在借方，反映企业在途商品的采购成本。企业应按“进口商品采购”和“国产商品采购”进行明细核算。

2.“库存商品”账户

“库存商品”账户用来核算企业全部自有的库存商品（包括出口和内销的国产商品及进口商品）的增减变动情况。该账户借方登记已取得商品所有权并已验收入库的商品进价；贷方登记已发出销售等出库商品结转的进价；余额在借方，表示期末库存商品的进价。

本账户应按外贸企业的特点分别设置“库存出口商品”“库存进口商品”“库存其他商品”三个二级明细账户，并按商品的种类、名称、规格和存放地点等分设三级明细账户，进行明细核算。

3.“应交税费——应交增值税（进项税额）”账户

“应交税费——应交增值税（进项税额）”账户用来核算企业购入货物或接受应税劳务而支付的，准予从销项税额中抵扣的增值税税额。企业购入货物或接受应税劳务支付的进项税额，以蓝字记入借方；退回所购货物应冲销的进项税额，以红字记入借方。

（二）出口商品采购成本的构成

出口商品的采购成本，按以下两种情况分别确定：

（1）国内购进的出口商品，除直接收购或委托代购的农副产品外，一律以进货原价（增值税专用发票上记载的应计入采购成本的价格）作为采购成本。专用发票上注明的增值税税额，作为增值税的进项税额反映，不计入商品的采购成本。如果购入的商品应缴纳消费税，应以含税的买价作为商品的采购成本。

（2）企业直接收购或委托代购的农副产品，以收购原价加收购税金作为采购成本。企业从农业生产者手中购买的自产农业产品，免征增值税。但按规定，购进免税农业产品内销时准予抵扣一部分进项税额，抵扣额按买价和13%的扣除率计算。这里的“免税农业产品”，是指直接从事植物的种植、收割和动物的饲养、捕捞的单位和个人销售的自产初级农业产品。

下列同购进商品有关的支出，也列作商品的采购成本：购进商品发生的进货费用，包括购进出口商品到达交货地车站、码头以前支付的各项费用及手续费；购进商品在运输途中发生的毁损短缺或溢余；自提商品发生的运输费、装卸费及其他费用；商品入库以前发生的整理费用；为购入商品筹集资金而发生的利息费用等。

（三）入账时间

出口商品的购进，由于结算凭证和商品到达企业的时间不一致，可能会出现以下三种情况，在会计核算上应采用不同的方法：

（1）结算凭证先到，商品后到，以收到结算凭证或开出、承兑商业汇票的时间，作为商品购进的入账时间。

凡结算凭证已到并已付款或承诺付款的商品，无论该商品是否到货或验收入库，均应根据有关凭证借记“商品采购”账户，已经验收入库的商品，从“商品采购”账户的贷方转入“库存商品”账户。

（2）商品先到，结算凭证后到，仍以收到结算凭证的时间作为商品购进的入账时间。但是，对于月终企业尚未付款或尚未开出、承兑商业汇票的入库商品，按应付给供货单位的价款暂估入账，借记“库存商品”账户，贷记“应付账款”账户。下月初用红字冲回，以便下月付款或开出、承兑商业汇票后，按正常程序通过“商品采购”账户核算。

（3）结算凭证和商品同时到达，以该时间作为商品购进的入账时间，办理付款和商品验收入库同时进行，分别在账面上记录付款业务和商品验收入库的业务，借记“商品采购账户”，贷记“银行存款”账户；同时，借记“库存商品”账户，贷记“商品采购”账户。

三、出口商品收购业务账务处理

出口商品收购业务核算包括本地购进的核算和外地购进的核算。

（一）本地购进的核算

本地购进一般采用送货制和提货制交接商品，通常是结算凭证和商品同时到达。

【例4-1】甲进出口公司从本市C服装厂购进男式衬衫1 000件，增值税专用发票上注明衬衫每件价格30元，增值税税率为13%，货已送到仓库验收，财会部门签发转账支票支付全部款项。其会计分录如下：

借：商品采购——国产商品采购　　30 000
　　应交税费——应交增值税（进项税额）　　3 900
　贷：银行存款——人民币户　　33 900
借：库存商品——库存出口商品——男衬衫　　30 000
　贷：商品采购——国产商品采购　　30 000

【例 4-2】甲进出口公司从本市郊区农民手中收购红枣 2 000 千克，买价共计 12 000 元，以现金支票付讫。若购进红枣用于出口，其会计分录如下：

借：商品采购——国产商品采购　　12 000
　贷：银行存款——人民币户　　12 000

若购进红枣用于内销，其会计分录如下：

借：商品采购——国产商品采购　　10 920
　　应交税费——应交增值税（进项税额）　　1 080
　贷：银行存款——人民币户　　12 000

【例 4-3】例 4-2 中的红枣已运达企业并验收入库，共发生运费 200 元，财会部门签发转账支票付款。其会计分录如下：

借：商品采购——国产商品采购　　182
　　应交税费——应交增值税（进项税额）　　18
　贷：银行存款——人民币户　　200
借：库存商品——库存出口商品——红枣　　11 102
　贷：商品采购——国产商品采购　　11 102

【例 4-4】甲进出口公司购入 1 000 瓶化妆品准备出口，购入价每瓶 20 元（含消费税），增值税税率为 13%，款项已通过银行支付，货到并验收入库。其会计分录如下：

借：商品采购——国产商品采购　　20 000
　　应交税费——应交增值税（进项税额）　　2 600
　贷：银行存款——人民币户　　22 600
借：库存商品——库存出口商品——化妆品　　20 000
　贷：商品采购——国产商品采购　　20 000

（二）外地购进的核算

外贸企业从外地购进出口商品，一般采用发货制交接方式，由供货单位或调出单位按照合同或协议规定，将商品委托运输部门发运到外贸企业所在地车站或码头办理交接。货款结算一般采用异地托收承付或委托银行收款等结算方式。

由于外地购进的商品由运输部门运送，而托收凭证由银行邮寄，尽管贯彻单货同行原则，实际上商品与结算凭证到达外贸企业有先后之别，或是结算凭证先到而商品后到（称为单到货未到），或是商品先到而结算凭证后到（称为货到单未到）。现将这两种情况下的会计核算举例如下。

1. 结算凭证和商品同时到达的会计处理

【例 4-5】宏达外贸公司从本地购进出口服装一批，采用提货制交接商品。增值税专用发票上注明男衬衫 800 件，单价 60 元，共计 48 000 元。增值税税率 13%，增值税额 6 240 元，价税合计 54 240 元。衬衫验收入库，款项以转账支票支付。该公司在进行会计处理时，编制的会计分录为：

借：商品采购——国产商品采购　　48 000
　　应交税费——应交增值税（进项税额）　　6 240
　贷：银行存款——人民币户　　54 240
借：库存商品——库存出口商品——男衬衫　　48 000
　贷：商品采购——国产商品采购　　48 000

2. 结算凭证先到商品后到的会计处理

【例 4-6】宏达外贸公司从外地购进出口服装一批，采用发货制交接商品。增值税专用发票上注明男衬衫 1 000 件，单价 70 元，共计 7 万元。增值税税率 13%，增值税额 9 100 元，价税合计 79 100 元。另供货方代垫运费 1 000 元。合同约定验单付款，结算凭证已收到，商品尚未到达。款项以银行存款支付。该公司在进行会计处理时，编制的会计分录为：

（1）验单付款时：
借：商品采购——国产商品采购　　70 910
　　应交税费——应交增值税（进项税额）　　9 190
　贷：银行存款　　80 100

（2）验收入库时：
借：库存商品——库存出口商品　　70 910
　贷：商品采购——出口商品采购　　70 910

3. 商品先到、结算凭证后到的会计处理

对于这类业务月中不记账，月末暂估入账，下月初红字冲回，待结算凭证到达后，按单货同到处理。

【例 4-7】宏达外贸公司从外地购进出口运动服一批，采用发货制交接商品。合同约定验单付款，现商品已验收入库，结算凭证月末尚未收到，按 5.8 万元暂估入账。该公司在进行会计处理时，编制的会计分录为：

（1）月末暂估入账时：

借：库存商品——库存出口商品　　58 000

　贷：应付账款——暂估应付账款　　58 000

（2）下月初红字冲回时：

借：库存商品——库存出口商品　　58 000

　贷：应付账款——暂估应付账款　　58 000

（3）收到结算凭证，增值税专用发票上注明运动服600件，单价100元，共计6万元。增值税税率 13%，增值税额 7 800 元，价税合计 67 800 元，另供货单位代垫运费 800 元，款项以银行存款支付。该公司在进行会计处理时，编制的会计分录为：

借：商品采购——国产商品采购　　60 728

　　应交税费——应交增值税（进项税额）　　7 872

　贷：银行存款　　68 600

借：库存商品——库存出口商品　　60 728

　贷：商品采购——国产商品采购　　60 728

（三）共同运费的会计处理

【例 4-8】宏达外贸公司购进出口商品 5 万元，其中甲商品 2 000 公斤，单价 15 元，乙商品 1 000 公斤，单价 20 元。进货运费 600 元。增值税税率 13%，增值税额 6 500 元，款项以银行存款支付。该公司在进行会计处理时，编制的会计分录为：

（1）支付款项时：

借：商品采购——国产商品采购——甲商品　　30 000

　　　　　　　　　　　　　　——乙商品　　20 000

　　应交税费——应交增值税（进项税额）　　6 554

　　待摊费用　　546

　贷：银行存款　　57 100

（2）分配运费时：

分配率 = 546 ÷（2 000 +1 000）= 0.182（元 / 公斤）

甲商品应分摊的运费 = 2 000 × 0.182= 364（元）

乙商品应分摊的运费 = 1 000 × 0.182= 182（元）

分摊运费的会计分录为：

借：商品采购——国产商品采购——甲商品　　364

　　　　　　　　　　　　　——乙商品　　182

　贷：待摊费用　　546

（3）商品验收入库时：

借：库存商品——库存出口商品——甲商品　　30 364

　　　　　　　　　　　　　——乙商品　　20 182

　贷：商品采购——国产商品采购——甲商品　　30 364

　　　　　　　　　　　　　　——乙商品　　20 182

（四）收购农副产品的会计处理

【例 4–9】宏达外贸公司向外地农业生产者购入大豆 20 吨，每吨 3 000 元，增值税税率 9%，发生运费 2 000 元，先取得结算凭证，款项用银行存款支付后大豆也验收入库。假设该公司为内销购进大豆，该公司在进行会计处理时，编制的会计分录为：

（1）支付款项时：

借：商品采购——国产商品采购　　56 420

　　应交税费——应交增值税（进项税额）　　5 580

　贷：银行存款　　62 000

（2）验收入库时：

借：库存商品——库存出口商品　　56 420

　贷：商品采购——国产商品采购　　56 420

四、出口商品收购中其他业务的核算

（一）购进商品采购费用的处理

购进商品过程中发生的运输费、装卸费、保险费以及其他可归属于存货采购成本的费用等进货费用，应当计入存货采购成本，也可以先进行归集，期末根据所购商品的存销情况进行分摊。

【例 4-10】甲进出口公司从外地购进大豆 50 吨，每吨 2 300 元，发生运输费、装卸费等共计 7 600 元（假设该公司为内销购进大豆）。

单到货未到，根据结算凭证承付货款，应作会计分录如下：

借：商品采购——国产商品采购　　122 600

　　应交税费——应交增值税（进项税额）　　14 950

　贷：银行存款——人民币户　　137 550

（二）购进商品发生溢余或短缺的处理

外贸企业购进商品发生短缺或溢余的主要原因有：在运输途中由于不可抗拒的自然条件和商品性质等因素，使商品发生合理的损耗或溢余；运输单位的失职造成事故或丢失商品；供货单位工作上的疏忽造成少发或多发商品；不法分子贪污、盗窃等。

外贸企业除了按实收数量验收入库并将溢缺部分记入“待处理财产损益”账户外，必须查明原因，及时处理。如果在运输过程中发生件数短少或商品损坏，应向承运部门索赔；如果属供货单位的问题，则向供货单位索赔（溢余部分应退货或补付货款）；如果属于自然损耗，在定额范围之内的部分，直接作为“销售费用”，超定额部分，按规定权限报批后才能转作“销售费用”；自然升溢作冲减“销售费用”处理。如果购进商品发生的损失为非正常损失（自然灾害损失、因管理不善造成货物被盗窃、发生霉烂变质等损失），其购进税额不能从销项税额中抵扣，而应列入“应交税费——应交增值税（进项税额转出）”账户的贷方。

企业购进材料发生短缺或溢余，如属运输途中的正常损耗和溢余，应计入商品的采购成本。届时相应调整商品的单位成本。

1. 购进商品发生短缺的处理

【例 4-11】承【例 4-10】，货到验收入库，发现短缺 1.5 吨，原因待查。财会部门根据商品入库单和短缺报告单，作会计分录如下：

借：库存商品——库存其他商品——大豆　　118 922

　　待处理财产损益　　4 126.5

　贷：商品采购——国产商品采购　　122 600

　　　应交税费——应交增值税（进项税额转出）　　448.5

其中：118 922= 122 600 ÷ 50 × 48.5；4 126.5= 122 600−118 922+448.5。

经查明，其中 1 吨系运输部门造成的，应向其索赔，另 0.5 吨为定额内自然损耗。其会计分录如下：

借：其他应收款——×× 运输单位　　2 751

销售费用　　　　　　　　　　　　　　　　　　　　　　1 375.5

贷：待处理财产损益　　　　　　　　　　　　　　　　　　4 126.5

其中：2 751= 4 126.5 ÷ 1.5 × 1；1 375.5= 4 126.5 ÷ 1.5 × 0.5。

2. 购进商品溢余的会计处理

【例 4-12】假定例 4-10 为内销购进大豆，货到验收入库时发生溢余 3 吨，原因待查，其他条件不变。其会计分录如下：

借：库存商品——库存其他商品——大豆　　　　　　　　129 500

贷：商品采购——国产商品采购　　　　　　　　　　　　122 600

待处理财产损益　　　　　　　　　　　　　　　　6 900

经查明，商品溢余原因为自然损益。其会计分录如下：

借：待处理财产损益　　　　　　　　　　　　　　　　　6 900

贷：销售费用　　　　　　　　　　　　　　　　　　　　6 900

如果购进商品短缺属于运输途中定额范围内的合理损耗，借记“销售费用——商品损耗”；如果购进商品短缺是由于自然灾害造成的非常损失，应将扣除残值和保险公司赔偿后的净损失借记“营业外支出——非常损失”，而应由保险公司赔偿的部分，则借记“其他应收款——保险赔偿款”，道理同上，故不再列示完整的会计分录。

（三）购进商品退、补价处理

由于供货单位疏忽，发生单价开错，价格计算错误，外贸企业购进的商品需要调整商品货款，因此就发生了商品退补价的核算。在发生商品退、补差价时，一般由供货单位开具发票（退价填制红字发票，补价填制蓝字发票），加盖退价或补价的戳记送外贸购货企业，经业务部门核对无误后，转财会部门办理收款或付款手续。如果退、补价的商品已有一部分销售出去，应按这部分商品的退、补价调整销售成本。

1. 购进商品退价的会计处理

购进商品退价是指原先结算货款的进价高于实际进价，应由供货单位将高于实际进价的差额退还给外贸企业。

【例 4-13】上海日化进出口公司向上海牙膏厂购进美加净牙膏 2 000 箱，每箱 35.40 元，已钱货两讫。今收到上海牙膏厂开来红字更正发票，列明每箱应为 34.50 元，应退货款 1 800 元，增值税额 234 元，退货和退税款尚未收到。作分录如下：

借：应收账款——上海牙膏厂　　　　　　　　　　　　　2 034

贷：库存商品——库存出口商品　　1 800

　　应交税费——应交增值税（进项税额）　　234

2. 购进商品补价的会计处理

购进商品补价是指原先结算货款的进价低于实际进价，应按外贸企业将低于实际进价的差额补付给供货单位。

【例 4-14】上海玩具进出口公司日前向上海童车厂购进向阳牌童车 1 200 辆，每辆 35 元，已钱货两讫。今收到上海童车厂更正发票，列明每辆应为 36 元，应补付货款 1 200 元，增值税额 156 元，作分录如下：

借：库存商品——库存出口商品　　1 200

　　应交税费——应交增值税（进项税额）　　156

贷：应付账款——上海童车厂　　1 356

“应付账款”是负债类账户，用以核算企业因购买商品、原材料和接受劳务供应等而应付给供应单位的款项。发生时，记入该账户的贷方；偿还时，记入该账户的借方；期末余额在贷方，表示企业尚欠供应单位的款项。该账户应按供应单位进行明细分类核算。

（四）拒付货款和拒收商品的处理

拒付货款和拒收商品不是外贸企业经常发生的业务，但是在采用委托收款和托收承付结算方式下，在收到供货单位发来的商品时，如果发现商品不符合合同或协议规定的品种、规格、花色、质量、数量和价格时，可以拒付货款和拒收商品。

外贸企业采购出口商品，在单到货未到的情况下，如果发现银行转来的托收凭证，与合同约定不相符时，可以在承付期内填制拒付理由书，拒绝承付部分或全部货款。

（1）若拒付全部贷款时，应将全套托收凭证和单据及拒付理由书，在承付期内退回银行，不作账务处理。以后拒付货款的商品到达时，应单独保存，妥善保管，作为代管商品处理。

（2）若拒付部分货款时，即只对不符合合同约定的商品拒付货款，在办理部分拒付手续的同时，应办理部分承付的手续。待商品运抵企业后对于承付部分的商品验收入库，而对于拒付货款对应的商品作代管商品处理，并在“收货单”上加盖“代管商品”戳记。可见，外贸企业接受的商品是符合合同约定，同意承付货款的商品。而拒收的商品则是不符合合同约定，拒付货款的商品，也就是代管商品。

财会部门根据仓库转来的代管商品入库单借记表外账户“代管物资”。拒付商品在代管期间发生的装卸、运输、保管等费用可先由代管单位垫付，由财会部门列专户记录，以后向供货单位收回。如果问题得到解决，将商品退回供货单位时，应填制代管商品出库单，贷记“代管物资”表外账户，并及时收回代垫款项。

（3）如果货款已付，在收到商品验收后发现与合同规定不符时，应予拒收商品。对拒收的商品作代管物资处理；对已承付的货款应从“商品采购”账户转入“其他应收款”账户。待双方协商确定处理办法后，财会部门再按具体情况作转账处理。

【例 4-15】宏达外贸公司从外地甲公司购进黑木耳 2 000 公斤，每公斤单价 40 元，增值税税率 13%，增值税额 10 400 元，验单付款，款项已通过银行存款支付。该公司在进行会计处理时编制的会计分录为：

（1）验单付款时：

借：商品采购——国产商品采购　　80 000

　　应交税费——应交增值税（进项税额）　　10 400

　贷：银行存款　　90 400

（2）商品到达后，经验收有 500 公斤不符合要求，拒付货款，会计分录为：

借：应收账款——甲公司　　22 600

　贷：商品采购——国产商品采购　　20 000

　　　应交税费——应交增值税（进项税额）　　2 600

（3）拒付货款部分的商品，根据代管物资入库单，待甲公司交来款项取回 500 公斤木耳时，会计分录为：

借：银行存款　　22 600

　贷：应收账款——甲公司　　22 600

（4）1 500 公斤黑木耳验收合格入库的会计分录为：

借：库存商品——库存出口商品　　60 000

　贷：商品采购——国产商品采购　　60 000

（五）购进商品退回和调换的处理

外贸企业在购进出口商品时，应该严格组织验收入库。但是，商品到货大都数量较多，或是原装包装，并附有装箱单、商品检验合格证等，不可能逐一拆包检验。只能是抽查检验和清点数量即收入仓库。如果事后发现商品的品种、规格、型号、质量等与合同规定不符，应该迅速与供货单位协商解决。供货单位同意退货时，直接减少企业的库存商品，然后由供货单位退回货款或调换合格商品。究竟采用哪种方式，由双方协商确定。

1. 购货退回的核算

【例 4-16】甲进出口公司经供货单位同意退货 6 000 元，增值税税率为 13%，退货时，应作会计分录如下：

借：其他应收款——×× 供货单位　　6 780

　贷：库存商品——库存出口商品　　6 000

　　　应交税费——应交增值税（进项税额）　　780

供货单位收到退货，汇来货款和退货发票时，应做会计分录如下：

借：银行存款——人民币户　　6 780

　贷：其他应收款——×× 供货单位　　6 780

2. 购货调换的核算

【例 4-17】承例 4-16，如果双方协商确定以换货方式解决，供货单位调换商品到货验收后，凭商品入库单入账。作会计分录如下：

借：库存商品——库存出口商品——× 商品　　6 000

　　应交税费——应交增值税（进项税额）　　780

　贷：其他应收款——×× 供货单位　　6 780

（六）购货折扣和购货折让

1. 购货折扣的核算

外贸企业在赊购商品时，赊销方为了促使赊购方尽快清偿账款而给予一定的折扣优惠，从而产生了购货折扣。购货折扣是指赊购方在赊购商品后，因迅速清偿赊购账款而从赊销方取得的折扣优惠，是购买存货时供货方给予的现金折扣。

外贸企业赊购商品，当出现以付款日期为条件而发生购货折扣时，应采用总价法。总价法是以商品的发票价格作为其买价入账，当企业取得购货折扣时，再冲减当期的财务费用。

【例 4-18】上海电器进出口公司向上海电视机厂赊购电视机，厂方给予的付款条件为：10 天内付清货款，购货折扣为 1%，超过 10 天支付的为全价。

（1）8 月 1 日，赊购电视机 200 台，每台 1 000 元，货款 200 000 元，增值税额为 26 000 元，电视机已验收入库。

A. 根据专用发票，作分录如下：

借：商品采购——国产物资采购　　200 000
　　应交税费——应交增值税（进项税额）　　26 000
　贷：应付账款——上海电视机厂　　226 000

B. 根据收货单，作分录如下：

借：库存商品——库存出口商品　　200 000
　贷：商品采购——国产物资采购　　200 000

（2）8 月 11 日，签发转账支票一张，金额为 220 000 元，支付本月 1 日赊购电视机的货款及增值税额，作分录如下：

借：应付账款——上海电视机厂　　226 000
　贷：银行存款　　220 000
　　　财务费用　　6 000

2. 购货折让的核算

购货折让是指外贸企业购进的商品，因品种、规格和质量等原因，从销货单位所取得的价格上的减让。

外贸企业在发生购货折让时，应以商品的买价扣除购货折让后的净额入账，而且增值税额与货款同步，享有购货折让。

【例 4-19】上海针织品进出口公司向上海毛巾厂购进毛巾被 4 000 条，每条 20 元，计货款 80 000 元、增值税额 10 400 元。

（1）签发转账支票 93 600 元支付货款及增值税额，作分录如下：

借：商品采购——国产物资采购　　80 000
　　应交税费——应交增值税（进项税额）　　10 400
　贷：银行存款　　90 400

（2）验收商品时，发现质量不符要求，与对方联系后，同意给予 10% 的购货折让。

A. 收到厂方的销货折让发票，并收到对方退回的折让款 8 000 元及增值税额 1 360 元，存入银行，作分录如下：

借：银行存款　　9 040
　贷：商品采购——国产物资采购　　8 000
　　　应交税费——应交增值税（进项税额）　　1 040

B. 将商品验收入库，作分录如下：

借：库存商品——库存出口商品　　72 000
　贷：商品采购——国产物资采购　　72 000

第三节　出口商品存储及加工业务

一、出口商品挑选整理和加工业务的概述

（一）出口商品挑选整理

出口商品挑选整理是外贸企业对所购进的出口商品按一定的标准进行分类、分级，以提高出口商品档次和出口创汇水平的一种工业性活动。外贸企业之所以要对所购进的出口商品进行挑选整理，是因为所购进出口商品，特别是农副土特产品，不论大小，色泽、品质、口感完全一致是没有的，往往都是混合在一起，有的含有杂质，有的水分过高等，难以符合进口商的要求。因此，就需要在购进和销售出口商品的过程中，增加挑选整理这个环节，以便提高出口商品的经济效益。

（二）出口商品加工业务

出口商品加工业务是指将一种商品或原材料按一定的标准加工成另一种商品的工业性活动。外贸企业之所以要将某种商品或原材料加工成一种新的商品，有时是为了符合进口商或国际市场的需求，有时是为了增加出口商品的花色品种，有时是为了提高商品的附加值，有时是为了延长商品的保鲜期，有时是为了提高商品内在质量和竞争力等。因此，在商品购进和销售过程中，需要增加出口商品加工这个环节。外贸企业的出口商品加工可以分为作价加工、委托加工和自营加工三种。其中：

作价加工是指外贸企业和加工生产企业按购销关系签订合同，并将需加工的商品或材料按既定价格转让给加工企业，然后再将成品购回的加工方式。

委托加工是指外贸企业和加工生产企业按委托加工关系签订合同，将需要加工的商品或材料拨给企业，加工完毕收回成品和余料，并支付加工费和相关费用的一种加工方式。

自营加工是指外贸企业将需加工的商品或材料交由本企业所属的非独立核算的加工生产车间进行加工，加工后入库的一种加工方式。

（三）出口商品挑选整理和加工业务的核算要求

1. 出口商品挑选整理的要求

（1）商品挑选整理作为库存商品内部移库处理，但需在“库存商品”总分类账户下设明细账户进行核算。

（2）挑选整理商品发生等级、规格、数量变化时，按挑选整理后的等级、数量调整商品单价，但不改变原有进货总值。

（3）挑选整理后发生的商品溢余或损耗，应计入挑选整理商品的成本，即按新等级数量调整单价，不作商品的溢缺处理。

（4）挑选整理过程中发生的费用，不计入挑选整理商品的成本，而将其计入“销售费用——整理费”账户。

2. 出口商品加工业务的要求

（1）作价加工发出商品取得的收入，通过“其他业务收入”账户核算，结转其对应的成本时计入“其他业务成本”账户。收回加工产品要按采购业务进行账务处理。

（2）委托加工要按合同约定支付加工费用和应承担的增值税进项税额。如果委托加工物资是应纳消费税的商品，外贸企业应将加工企业代扣代缴的消费税额计入委托加工的应税消费品成本中。

（3）自营加工时外贸企业将商品或材料交由所属的加工车间，通过“生产成本”账户核算。加工完毕后将实际发生的费用全额转入“库存商品”账户。

二、出口商品挑选整理和加工业务的核算

（一）账户设置

为了正确的核算出口商品挑选整理和加工业务的增减及其结果情况，外贸企业应设置“库存商品”“销售费用”“银行存款”“其他业务收入”“其他业务支出”“应交税费——应交增值税”“商品采购”“委托加工物资”“生产成本”“应付职工薪酬”等账户。

（二）账务处理

1. 挑选整理业务的会计处理

【例 4-20】宏达外贸公司拨出 2 000 公斤红枣进行挑选整理，每公斤单价 6 元，计价 12 000 元。经过挑选后实收一级红枣 1 765 公斤，支付挑选整理费用 500 元。该公司在进行会计处理时，编制如下会计分录：

（1）拨出挑选整理时：

借：库存商品——红枣——挑选整理　　12 000

　贷：库存商品——红枣　　12 000

（2）整理完毕入库（假定 235 公斤为杂质）：

借：库存商品——红枣　　12 000

　贷：库存商品——红枣——挑选整理　　12 000

一级红枣的入账单价 = 12 000 ÷ 1 765= 6.80（元 / 公斤）

（3）整理完毕入库（假定235公斤仍可按每公斤2元出售）：

借：库存商品——一级红枣　　11 530

　库存商品——残次红枣　　470

　贷：库存商品——红枣——挑选整理　　12 000

一级红枣的入账单价＝11 530÷1 765＝6.50（元）

（4）支付挑选整理费用时：

借：销售费用——挑选整理费　　500

　贷：库存现金　　500

【例4-21】宏达外贸公司拨出5 000公斤混级绿茶进行挑选整理，每公斤单价30元，计15万元。经过挑选整理后得到一级绿茶2 000公斤，二级绿茶2 900公斤，杂质损耗100公斤，支付挑选整理费用750元。该公司在进行账务处理时，编制如下会计分录：

（1）拨出挑选整理时：

借：库存商品——绿茶——挑选整理　　150 000

　贷：库存商品——混级绿茶　　150 000

（2）整理完毕入库时：

假设一级绿茶售价每公斤50元，二级绿茶每公斤40元，则：一级绿茶应分摊的进价总额＝挑选前商品的原进价总额/全部新等级商品购价或售价总额×该新等级商品的购价或售价总额＝150 000÷（2 000×50＋2 900×40）×2 000×50＝69 444.44（元）

一级绿茶入账单价＝69 444. 44÷2 000＝34.74（元）

同理：

二级绿茶应分摊的进价总额＝150 000÷（2 000×50＋2 900×40）×2 900×40＝80 555.56（元）

二级绿茶入账单价＝80 555.56÷2 900＝27.78（元）

据此，该公司编制如下会计分录：

借：库存商品——一级绿茶　　69 444.44

　　　　　——二级绿茶　　80 555.56

　贷：库存商品——绿茶——挑选整理　　150 000

（3）支付挑选整理费用时：

借：销售费用——挑选整理费　　750

　贷：库存现金　　750

2. 作价加工业务的会计处理

【例 4-22】宏达外贸公司与本市某罐头加工厂签订作价加工合同，按约定将5 000公斤苹果加工成罐头，苹果每公斤5元，计25 000元，并将全部罐头以3万元购回。该苹果进价每公斤4元，增值税税率13%，现苹果已运抵罐头厂。该公司在进行会计处理时，编制如下会计分录：

（1）发售苹果并收取款项时：

借：银行存款　　28 250

　贷：其他业务收入　　25 000

　　　应交税费——应交增值税（销项税额）　　3 250

（2）结转发售苹果的成本时：

借：其他业务成本　　20 000

　贷：库存商品——苹果　　20 000

（3）收到购回单据并付款时：

借：商品采购——国产商品采购　　30 000

　　应交税费——应交增值税（进项税额）　　3 900

　贷：银行存款　　33 900

（4）收到罐头入库时：

借：库存商品——出口罐头　　30 000

　贷：商品采购——国产商品采购　　30 000

3. 委托加工业务的会计处理

【例 4-23】宏达外贸公司与本市某罐头加工厂签订委托加工合同，按约定将5 000公斤苹果运抵罐头厂，该苹果进价每公斤4元。来回运杂费用现金支付300元，用银行存款支付加工费5 000元。该公司在进行会计处理时，编制如下会计分录：

（1）发出委托加工苹果时：

借：委托加工物资——苹果罐头　　20 000

　贷：库存商品——苹果　　20 000

（2）支付运费和加工费时：

借：委托加工物资——苹果罐头　　5 300

　　应交税费——应交增值税（进项税额）　　650

　贷：银行存款　　5 650

库存现金　　300

（3）收回罐头入库时：

借：库存商品——苹果罐头　　25 300

　贷：委托加工物资——苹果罐头　　25 300

4. 自营加工业务的会计处理

【例 4-24】宏达外贸公司本月将 2 万元苹果拨付所属罐头加工公司加工苹果罐头。发生生产工人工资 3 000 元，以现金 1 000 元支付其他费用。当月生产加工完成，罐头全部验收入库。该公司在进行会计处理时，编制如下会计分录：

（1）发出加工罐头的苹果时：

借：生产成本——苹果罐头　　20 000

　贷：库存商品——苹果　　20 000

（2）确认应付工资时：

借：生产成本——苹果罐头　　3 000

　贷：应付职工薪酬　　3 000

（3）支付其他费用时：

借：生产成本——苹果罐头　　1 000

　贷：库存现金　　1 000

（4）加工的罐头入库时：

借：库存商品——苹果罐头　　24 000

　贷：生产成本——苹果罐头　　24 000

第四节　自营出口销售

一、自营出口销售概述

（一）自营出口销售

出口商品销售是指外贸企业根据国际市场的需求和国家的相关规定，将采购的出口商品或代理其他企业将商品转让给国外客户并收取款项的交易行为。出口商品销售可分为自营出口销售、代理出口销售、加工补偿出口销售等。本节所阐述的是自营出口销售业务的内容。

自营出口销售是指外贸企业自主经营商品的出口，并自负出口销售盈亏的国际贸易行为。它的销售收入归出口企业所有，出口商品进价和出口业务有关的国内外一切费用，以及佣金、索赔、理赔、罚款等均由出口企业自己负担，经营的盈亏也归属出口企业纳入其总损益额内。其中出口包括直接出口、转口出口、托售出口、进料加工复出口以及出售样展品、小卖品等。

（二）自营出口销售的业务程序

（1）出口前的准备工作。

为了使出口贸易得以顺利进行，外贸企业应利用网络信息等，充分了解国际市场的需求情况和进口商的自然情况以及相关的外贸政策、贸易惯例、运输条件等，以便规避风险，降低成本，提高效益。

（2）出口事宜的磋商。

在依据既定的标准选定进口商后，就要进行必要的接触和磋商。接触是为了进一步了解和沟通。磋商是指通过询盘、发盘、还盘与反盘和接受等环节，确定出口商品的品种、规格、性能、价格条件、交货日期和付款条件等。

（3）签订出口贸易合同。

外贸企业在与进口商磋商达成一致意见后，按照惯例要签订贸易合同，以明确双方的权利、义务和违约责任等，贸易合同通常由出口商填制，经双方审核无误后签字生效。

（4）履行出口贸易合同。

履行出口合同，结束该项交易行为。在实际操作中要按以下步骤，相继完成各项工作：①组织出口货源，办理相关手续和批件；②催证、审批及通知派船或租船；③办理托运手续，向海关申报出口；④交单收汇即持全套出口单证交银行审批收汇；⑤索赔或理赔。本项工作不是每一次出口都有，只有双方中的一方出现违约时才会进行。

二、自营出口销售核算的内容和要求

（一）核算内容

（1）自营出口销售收入的确认和收款。

（2）自营出口销售成本的计算和结算。

（3）自营出口佣金的确定和支付。

（4）国外运费和保险费的预估和支付。

（5）自营出口销售的索赔和理赔等。

（二）核算要求

1. 商品销售收入的确认条件

（1）企业已将商品所有权的主要风险和报酬转移给购货方。

（2）企业既没有保留通常与所有权相联系的继续管理权，也没有对已售出商品实施控制。

（3）与交易相关的经济利益能够流入企业。

（4）相关的收入和成本能够可靠计量。

上列4条标准在进出口贸易实务中，自营出口销售收入的实现，不论是海、陆、空运，还是邮寄出口，原则上均应以取得运单并向银行办理交单后作为出口销售收入的实现。在一般情况下，出口企业已开具销售发票，并已将其与提货单等所有权凭证交给购买方的同时，即意味着将商品所有权的风险和报酬转移给了进口方。

2. 自营出口销售收入的计价原则

（1）有合同协议的情况下，按合同协议金额确定。

（2）无合同协议的情况下，按购销双方都同意或都能接受的价格确定。

（3）不考虑各种预计发生的现金折扣和销售折让。

为了使记账口径一致，正确计量销售收入，不论出口成交是使用哪一种价格条款，出口商品销售收入的入账金额一律以离岸价（FOB价）为基础，按离岸价以外的价格条件成交的出口商品，其发生的境外运输费、保险费及其佣金连同以外汇支付的银行手续费等费用支出，均应冲减商品出口销售收入。因此，凡是以CIF价和CFR价对外成交的，要将所支付的海外运输费、保险费和佣金，以及用外汇的银行手续费冲减出口销售收入。

3. 佣金的核算

佣金是指按价格条件或合同规定应支付给中间商的推销报酬。由于佣金的表示方式不同，可分为明佣、暗佣和累计佣金三种。

（1）明佣。

明佣是指在出口销货发票上明确注明价格条件中规定的佣金。采取明佣时，外贸企业根据扣除佣金后的销货净额收取货款，不再另付佣金，但在会计核算上仍要如实反映佣金金额，以红字冲减销售收入。

（2）暗佣。

暗佣是指价格条件中没有规定佣金，出口销货发票上只列销货总额，但在合同中规定的佣金。采用暗佣时，外贸企业在根据销货总额确认实现收入的同时，应按发票金额及合同规定的佣金率，计算应付佣金并予以入账，以红字冲减销售收入。暗佣根据具体的支付方式不同，分为汇付和议付两种方式。采用汇付暗佣时，外贸企业根据销货总额收取货款后，再另行申请汇付佣金；采用议付暗佣时，外贸企业在收取的货款总额中将应付佣金直接扣除，无须再另付。

（3）累计佣金。

累计佣金是指外贸企业同国外包销、代销客商订立协议，在一定时期内按其销售成绩支付的佣金。由于累计佣金间隔一定时期支付一次，支付时一般不容易具体认定到各种出口商品，在进行会计核算时一般不冲减销售收入，而是作为销售费用处理。如果能够具体认定到各种出口商品，也应以红字冲减销售收入。

三、自营出口销售的账户设置

在对自营出口销售进行会计处理时，需要设置如下账户。

1.“主营业务收入——自营出口销售收入”账户

“主营业务收入——自营出口销售收入”账户属于损益类账户，核算企业以自营方式出口商品的销售收入。贷方记录企业实现的销售收入和以外汇支付的红字冲减收入的数额；借方记录发生销货退回冲减收入数；期末将余额转入“本年利润”账户。本账户应按照商品类别或品种设置明细账。

2.“主营业务成本——自营出口销售成本”账户

“主营业务成本——自营出口销售成本”账户属于损益类账户，核算企业自营出口商品的销售成本。借方记录结转出口商品的成本；贷方记录销货退回而转回的成本及取得的退税收入；期末将余额转入“本年利润”账户。本账户应按商品类别或品种设置明细账。

3.“应收外汇账款”账户

“应收外汇账款”账户属于资产类账户，核算企业因销售商品、提供劳务等业务，应向国外客户收取的外汇款项，还包括以外币结算的利息、进口佣金、进口索赔等其他应收外汇账款。“应收外汇账款”账户采用复币记录，并应按不同的购货单位及接受劳务的单位设置明细账。

4.“应付外汇账款”账户

“应付外汇账款”账户属于负债类账户，核算企业因购买商品、材料物资和接受劳务供应等而应付给国外客户的进口货款，还包括出口理赔款、出口佣金和运杂费等款项。本账户也采用复币记录，并应按不同客户名称设置明细账。

5.“待运和发出商品”账户

“待运和发出商品”账户属于资产类账户，核算企业所有运往港口、车站、码头等候装船、装车的出口商品及从仓库发出尚未向银行交单结汇的出口商品。借方记录待运和发出商品的数额；贷方记录取得装运提单、向银行办妥交单结汇和开单结算后结转出口成本、办理退库等的数额。如果等待装运的时间不长，可以不设该账户，在办理交单时直接冲减“库存商品——库存出口商品”。

6."外汇收入"账户

"外汇收入"账户是表外账户，核算企业出口取得的外汇。贷方记录外汇收入增加数；借方记录冲减的外汇收入额；贷方余额表示取得的外汇净收入。

四、自营出口销售业务的会计处理

（一）货物托运及出口

外贸企业将出口商品从仓库发出，交运输部门装运，取得装运提单后向银行交单，实现商品销售。

【例 4-25】甲进出口公司以 L/C 方式向国外乙客户出口 A 商品 500 件，每件进价为 100 元。收到甲客户开来的信用证后，业务部门即开出商品出仓凭证，连同出口发票等单证，通过储运部门向外运公司办理托运手续。

财会部门凭出库单作会计分录如下：

借：待运和发出商品——A 商品　　50 000

　贷：库存商品——库存出口商品——A 商品　　50 000

【例 4-26】承上例，财会部门收到储运部门送来的有关装运提单及出口销货发票副本，所列销货总额为 CIF 纽约 14 000 美元，出口佣金为明佣，按 4% 计算，向银行办理交单，当日美元汇率为 1 美元 = 6.59 元人民币。作会计分录如下：

借：应收外汇账款——甲客户（$13 440×6.59）　　88 569.6

　　主营业务收入——自营出口销售收入——佣金（$560×6.59）　3 690.4

　贷：主营业务收入——自营出口销售收入——A 商品（$14 000×6.59）92 260

同时，结转销售成本时，作会计分录如下：

借：主营业务成本——自营出口销售成本——A 商品　　50 000

　贷：待运和发出商品——A 商品　　50 000

【例 4-27】宏达外贸公司对美国出口甲商品一批计 5 000 打，成本单价为每打 35 元，合计人民币 17.5 万元（不含增值税），根据发票所列对美出口甲商品 CIF 纽约 3.6 万美元，佣金为暗佣，佣金率为 4%，且采用汇付的形式支付。当日的美元汇率为 1 美元 = 6.15 元人民币。在进行会计处理时，编制如下会计分录：

商品出库时：

借：待运和发出商品——甲商品　　175 000

　贷：库存商品——甲商品　　175 000

出口交单时：

借：应收外汇账款（$36 000×6.15） 221 400

主营业务收入——自营出口销售收入——佣金（$1 440×6.15） 8 856

贷：主营业务收入——自营出口销售收入——甲商品（$36 000×6.15） 221 400

应付外汇账款——佣金（$1 440×6.15） 8 856

结转销售成本时：

借：主营业务成本——自营出口销售成本——甲商品 175 000

贷：待运和发出商品——甲商品 175 000

【例 4-28】承上例，若宏达外贸公司某日确认的累计佣金为 500 美元，当日的市场汇率 1 美元 = 7.15 元人民币，该公司在确认累计佣金时，编制如下会计分录：

借：销售费用——累计佣金（$500×6.15） 3 175

贷：应付外汇账款——佣金 3 175

（二）支付国内费用

国内费用一般包括商品出仓后的国内运费及外运公司的定额费用和劳务费，以人民币支付，作为销售费用处理。

【例 4-29】企业收到外运公司转来的 A 商品出仓后的国内费用结算单，共计 500 元，经审核后予以转账支付，作会计分录如下：

借：销售费用 500

贷：银行存款——人民币户 500

（三）支付国外费用

（1）运输费。

应据国内承运机构的费用原始凭证经审核无误后，办理国内外汇转账结算予以支付，财会部门根据银行国内外汇转账结算凭证、银行付款通知及费用原始凭证进行账务处理。

【例 4-30】宏达外贸公司收到外运公司开来海运发票，支付出口甲商品的境外运费 900 美元。当日的市场汇率 1 美元 = 6.15 元人民币。该公司在进行会计处理时，编制如下会计分录：

借：主营业务收入——自营出口销售收入——甲商品（$900×6.15） 5 535

贷：银行存款——美元户 5 535

（2）保险费。

凡按包括保险费在内的价格条款成交的，根据合同规定应投保的险别向保险公司投保，财会部门应根据银行付款凭证及费用原始凭证作会计处理。

【例 4-31】宏达外贸公司按甲商品发票金额 3.6 万美元的 110% 向保险公司投保，保费率为 2‰，保险费 79.20 美元，当日市场汇率 1 美元 = 6.15 元人民币。该公司在进行会计处理时，编制如下会计分录：

借：主营业务收入——自营出口销售收入——甲商品（\$79.2×6.15）487.08

　　贷：银行存款——美元户　　487.08

（四）出口商品关税

出口关税的相关计算公式如下：

出口商品完税价格=离岸价格（FOB）×外汇汇率÷（1+出口关税税率）

应纳出口关税额=出口商品完税价格×出口关税税率

如出口货物的成交价格不是 FOB 价，应将成交价格调整为 FOB 价。当 FOB 价不确定时，完税价格由海关评估确定。

【例 4-32】甲进出口公司出口铝丝一批，离岸价格为 121.5 万美元，出口税率为 20%。当日美元汇率的中间价为 6.58 元，计算应缴纳的出口关税税额如下：

铝丝完税价格 = 121.5×6.58÷（1+20%）= 666.225（万元）

应纳出口关税额 = 666.225×20%= 133.245（万元）

根据计算的结果，作会计分录如下：

借：税金及附加　　1 332 450

　　贷：应交税费——应交出口关税　　1 332 450

（五）预估国外费用

为了符合权责发生制的记账基础及配比的理念，正确核算出口当期的损益，应当在每季度结算或年度结算时，对已确认了出口销售收入，但该销售收入相对应的尚未支付的境外运输费、保险费，以及应付的佣金等尚未确认时，应分别预估入账。

【例 4-33】假设在季度结算时，估计有应付未付的境外运费 500 美元，保险费 200 美元。当日的汇率 1 美元 = 6.12 元人民币，该公司进行会计处理时，编制如下会计分录：

借：主营业务收入——自营出口销售收入——× 商品（\$500×6.12） 3 060

主营业务收入——自营出口销售收入——× 商品（\$200×6.12）1 224

贷：应付账款——应付外汇账款——预估境外运费 3 060

应付账款——应付外汇账款——预估境外保险费 1 224

【例 4-34】承上例，季度预估后，在下季度实际支付运保费时，假设实际支付境外运输费 520 美元。保险费 150 美元，当日的市场汇率 1 美元 = 6.10 元人民币，据此，该公司编制如下会计分录：

（1）实际支付境外运输费时：

借：应付账款——应付外汇账款——预估境外运费（\$500×6.12） 3 060

主营业务收入——自营出口销售收入——× 商品（\$20×6.10） 122

贷：银行存款——美元户（\$520×6.10） 3 172

财务费用——汇兑损益 10

（2）实际支付境外保险费时：

借：应付账款——应付外汇账款——预估境外保险费（\$200×6.12）1 224

贷：银行存款——美元户（\$150×6.10） 915

主营业务收入——自营出口销售收入——× 商品（\$50×6.12） 306

财务费用——汇兑损益 3

【例 4-35】承【例 4-33】，季度预估后恰逢年末。下年度实际支付运保费时，假定实际支付境外运输费 520 美元，保险费 150 美元，当日的市场汇率 1 美元 = 6.10 元人民币。该公司在进行会计处理时，编制如下会计分录：

（1）实际支付境外运输费时：

借：应付账款——应付外汇账款——预估境外运费（\$500×6.12） 3 060

以前年度损益调整（\$20×6.10） 122

贷：银行存款——美元户（\$520×6.10） 3 172

财务费用——汇兑损益 10

（2）实际支付境外保险费时：

借：应付账款——应付外汇账款——预估境外保险费（\$ 200×6.12） 1 224

贷：银行存款——美元户（\$150×6.10） 915

以前年度损益调整（\$50×6.12） 306

财务费用——汇兑损益 3

五、自营出口销售其他业务的核算

（一）出口销售退回

【例 4-36】承例 4-27，假设该商品外商验货后发现规格不符，经确认作退货处理。在业务部门收到对方退运提单时，即交由储运部门办理收货及验收入库等手续，财务部门凭退货通知单进行会计处理时，编制如下会计分录：

（1）冲销已确认的收入及佣金：

借：主营业务收入——自营出口销售收入

——甲商品（$36 000×6.15） 221 400

贷：应收账款——应收外汇账款（$34 560×6.15） 212 544

主营业务收入——自营出口销售收入——佣金（$1 440×6.15） 8 856

（2）冲销原结转的销售成本。

借：商品采购——国外退货 175 000

贷：主营业务成本——自营出口销售成本——甲商品 175 000

（3）承例 4-30 和例 4-31 转销境外运费和保险费。另假定该业务已确认国内运费 500 元。

借：待处理财产损益——待处理流动资产损益 6 524.08

贷：主营业务收入——自营出口销售收入——甲商品（$900×6.15） 5 537

主营业务收入——自营出口销售收入——甲商品（$79.2×6.15）487.08

销售费用 500

（4）确认退回商品的境外运费 600 美元，当日的市场汇率为 1 美元＝6.10 元人民币。

借：待处理财产损益——待处理流动资产损益（$600×6.10） 3 660

贷：银行存款——美元户 3 660

（5）退回的商品运抵企业、验收入库。

借：库存商品——甲商品 175 000

贷：商品采购——国外退货 175 000

（6）上述退货发生的新老费用是外贸企业本身责任造成的，报请企业领导及经主管税务机关批准后，在进行会计处理时，编制如下会计分录：

借：营业外支出——出口退货费用 10 184.08

贷：待处理财产损益——待处理流动资产损益 10 184.08

如果退货属供货单位责任或国内运输部门的责任，外贸企业应向其索赔，并转销“待处理财产损益”的记录。其会计分录如下：

借：其他应收款——×× 单位　　10 184.08

　贷：待处理财产损益　　10 184.08

（二）索赔

自营出口索赔是指外贸企业在商品交易过程中因对方违反合同规定遭受损失时，根据约定向对方提出的经济赔偿。届时经与外商沟通确认后，借记“应收账款”账户，贷记“营业外收入”账户。

【例 4-37】宏达外贸公司在自营出口过程中，因外商未能履约提出赔偿要求，经沟通后确认赔偿金额为 3 000 美元。当日的市场汇率为 1 美元 = 6.12 元人民币。该公司在进行会计处理时，编制如下会计分录：

（1）确认索赔时：

借：应收外汇账款——出口索赔（$3 000×6.12）　　18 360

　贷：营业外收入——出口索赔　　18 360

（2）收到索赔款时（当日市场汇率为 1∶6.10）：

借：银行存款——美元户（$3 000×6.10）　　18 300

　　财务费用——汇兑损益　　60

　贷：应收外汇账款——出口索赔（$3 000×6.12）　　18 360

（三）理赔

自营出口理赔是指外贸企业在商品交易过程中，因违反合同规定使对方遭受损失，受理对方根据规定提出的经济赔偿。外贸企业在确认理赔时，借记“待处理财产损益”账户；贷记“应付账款”账户。然后查明原因，区分不同情况进行相应的处理。若该理赔属于运输单位赔偿或应由保险公司赔偿的，借记“其他应收款”账户；若属于外贸企业管理不善所致，借记“管理费用”账户；若属于外贸企业少发，且商品仍在库中，则作销货退回处理，借记“主营业务收入”账户等。

【例 4-38】宏达外贸公司在自营出口过程中，因未能完全履约，外商提出索赔。经确认应赔偿 2 000 美元，当日的市场利率为 1 美元 = 6.12 元人民币。该公司在进行会计处理时，编制如下会计分录：

（1）确认理赔时：

借：待处理财产损益——待处理流动资产损益（$2 000×6.12）12 240

　贷：应付外汇账款——出口理赔　　12 240

（2）查明处理时：经查理赔的2 000美元中有500美元是由于运输部门所为，有300美元是因外贸企业自身管理不善所致，有1 200美元属于外贸企业少发，现商品仍在库中，因此编制如下会计分录：

借：其他应收款——运输部门（\$500×6.12）　3 060

　　管理费用（\$300×6.12）　1 836

　　主营业务收入——自营出口销售收入（\$1 200×6.12）　7 344

　贷：待处理财产损益——待处理流动资产损益（\$2 000×6.12）　12 240

（3）整销售成本时（设原结转的对应数为5 000元人民币）：

借：库存商品——×× 商品　5 000

　贷：主营业务成本——自营出口销售成本　5 000

（4）收到运输部门的款项时（当日汇率1∶6.10）：

借：银行存款——美元户（\$500×6.10）　3 050

　　财务费用——汇兑损益　10

　贷：其他应收款——运输部门（\$500×6.12）　3 060

（5）支付外商理赔款时（当日汇率1∶6.10）：

借：应付外汇账款——出口理赔（\$2 000×6.12）　12 240

　贷：银行存款——美元户（\$2 000×6.10）　12 200

　　　财务费用——汇兑损益　40

第五节　代理出口销售

一、代理出口销售概述

（一）含义

代理出口销售是指外贸企业代替国内委托单位办理对外销售、托运、交单和结汇等全过程的出口销售业务，或者仅代替办理对外销售、交单和结汇的出口销售业务。如果只代理部分出口销售业务，而未代理交单、结汇业务的，只能称为代办出口销售业务。

（二）类型

1. 视同买断方式

在这种方式下，委托方与受托方在所订立的代销协议中明确约定，委托方按协议价收取代销商品的价款，而不过问实际出口的销售价。对受托方来说，商品出口的实际价格自行决定，可多赚也可少赚。由此可见，对受托方来说是出口之后再向委托方按协议价“购进”，受托方的收益是实际出口价与协议价之间的差额。所以，在这种方式下受托方委托代销商品销售收入的实现和账务处理，与本企业货物对外出口销售收入的实现和账务处理相同，而委托方则相当于按协议价内销。

2. 收取手续费方式

在这种方式下，委托方与受托方在所订立的代销协议中明确约定，受托方按要求将货物外销出口后，开具已销货物清单交委托方，委托方在收到受托方代销货物清单时确认销售收入，而受托方则在货物出口销售后，根据协议规定的方法按应收取的手续费金额确认销售收入。

（三）代理出口销售外汇汇款的结算方法

1. 异地结汇法

异地结（收）汇法是指受托外贸企业在商品出口销售过程中办妥必要手续向银行办理交单收汇时，由银行在收到外汇时扣除国外运费、保险费、佣金及代理手续费后，将外汇余额原币划拨给委托方，由委托方到所在地银行去办理结汇的一种结算方法。

2. 全额结汇法

全额结（收）汇法是指受托外贸企业在商品出口销售过程中办妥必要手续，向银行办理交单收汇时，由银行在收到外汇时，全额向受托外贸企业办理收（结）汇，然后由受托方扣除各种代垫费用后，再将人民币余额划拨给委托方的一种结算方法。

二、代理出口销售的核算

（一）账户设置

代理出口销售业务的核算需要设置的主要账户有：“受托代销商品”账户、“应付账款”账户、“应收账款”账户、“主营业务收入”账户、“主营业务成本”账户。“其他业务收入”账户、“其他业务成本”账户和“应交税费——应交增值税”等账户。

1. “受托代销商品”账户

该账户是一个资产类的账户，用来核算外贸企业接受委托代理出口销售业务过程中，代理出口销售商品的收到、结存和结转的实际成本。该账户若有期初余额，则期初余额在借方。本期发生的增加额登记在借方，结转代理出口销售成本时登记在贷方。期末若有余额在借方，表示外贸企业代理出口销售商品的实际成本。该账户的结构和主要对应账户用T型账户列示，如图4-1所示。

图4-1中，①为收到代销商品，会计分录为：

借：受托代销商品

贷：应付账款

②为结转代销商品成本，会计分录为：

借：主营业务成本

贷：受托代销商品

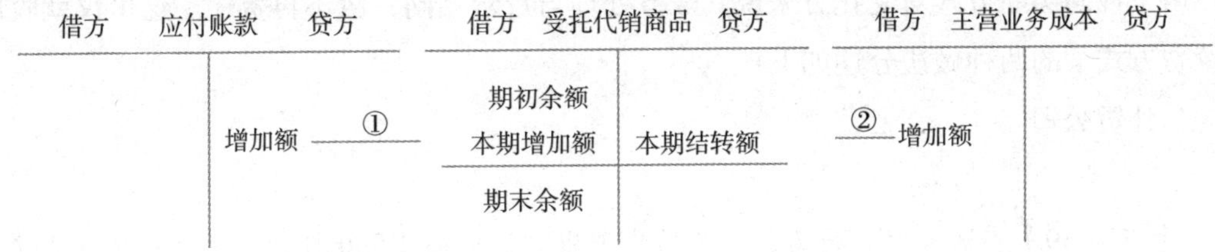

图4-1　“受托代销商品”账户T型账

2.“应交税费——应交增值税”

该账户是一个负债类的账户，用来核算外贸企业接受委托代理出口销售业务过程中，将代理收入确认为其他业务收入情况下，“应交税费——应交增值税”的应交未交和应交已交的实际数额。该账户一般无期初余额。借方登记应交已交数额，贷方登记应交未交数额。期末一般无余额，若有贷方余额则表示应交未交增值税的实际数额。该账户的结构和主要对应账户用T型账户列示，如图4-2所示。

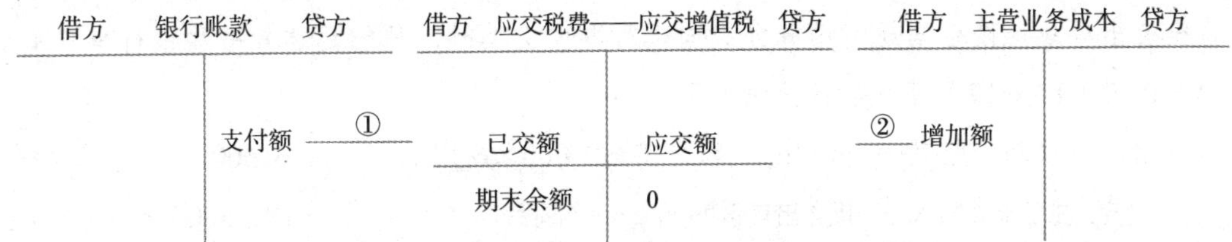

图4-2　“应交税费——应交增值税”账户T型账

图4-2中，①为缴纳增值税业务，会计分录为：

借：应交税费——应交增值税（已交税金）

贷：银行存款

②为确认应交增值税业务，会计分录为：

借：其他业务成本

贷：应交税费——应交增值税

（二）核算内容

（1）收到代理出口商品和代办出口托运的记录。

（2）代办出口交单收汇的确认和记录。

（3）结转代理出口商品成本的计算和记录。

（4）代理出口销售收汇的确认和记录。

（5）代付境内外费用的确认和记录。

（6）代理出口销售款项的清算和记录。

（三）代理出口销售业务的会计处理

由于视同买断方式对受托方来说其账务处理与自营相同，故不再赘述。这里仅就收取手续费方式下的两种做法分述如下：

1. 外贸公司

【例 4-39】宏达外贸公司为伟达公司代理出口乙商品 1 500 打，合同金额为 3 万美元（CIF）。代理手续费率为 2%，收到委托单位交来代理出口商品时，根据业务或储运部门开具的盖有“代理业务”戳记的入库单，按合同规定金额扣除手续费后按当时银行买入价入账，当日银行买入价为 1 美元 = 6.12 元人民币。该公司在进行会计处理时，编制会计分录如下：

（1）收到代理出口商品时：

借：受托代销商品——伟达公司——乙商品（$29 400×6.12）　179 928

　贷：应付账款——伟达公司（代理出口货款）　179 928

（2）代办出口交单收汇。受托方在代理商品装运出口后，在信用证规定日期内，将全套出口单证按合同规定结算方式向银行办理交单时，凭储运通知书和银行当日美元买入价（1∶6.12）编制会计分录如下：

借：应收外汇账款——国外 × 客户（$30 000×6.12）　183 600

　贷：主营业务收入——代理出口销售收入——乙商品　183 600

同时结转代理出口进价。

借：主营业务成本——代理出口销售成本——乙商品（$29 400×6.12）179 928

　贷：受托代销商品——伟达公司——乙商品　179 928

（3）代付境外费用。对于代理出口所发生的境外运输费、保险费和佣金等，应凭有关单据及银行购汇水单支付。假定境外运输费为 1 200 美元，保险费为 400 美元，代付境外佣金 500 美元，当日银行卖出价为 1 美元 = 6.15 元人民币，则该公司据此编制会计分录如下：

借：主营业务收入——代理出口销售收入

　　——乙商品运输费（$1 200×6.15）　7 380

　　——乙商品保险费（$400×6.15）　2 460

　　——乙商品佣金（$500×6.15）　3 075

　贷：银行存款——人民币户（$2 100×6.15）　12 915

同时将上列境外费用转回国内伟达公司。

借：应付账款——伟达公司（境外费用） 12 915

贷：主营业务成本——代理出口销售成本——乙商品 12 915

（4）出口收汇。银行收妥货款后，扣除银行手续费（假定30美元），受托方根据银行结汇水单，按当日银行买入价1美元＝6.11元人民币入账。该公司据此编制会计分录如下：

借：银行存款——人民币户（$29 970×6.11） 183 116.70

应付账款——伟达公司（银行手续费）（$30×6.11） 183.30

应付账款——伟达公司（汇兑损益） 300

贷：应收账款——应收外汇账款——国外某客户（$30 000×6.12）183 600

（5）代付国内费用。假定受托方在代理过程中，支付国内运杂费1 000元人民币，该公司根据相关单据编制会计分录如下：

借：应付账款——伟达公司（代理出口） 1 000

贷：银行存款 1 000

（6）清算代理款项。

结算数＝应付账款贷方数－应付账款借方数＝179 928－（12 915＋183. 30＋300＋1 000）＝165 529.70（元）

据此该公司编制会计分录如下：

借：应付账款——伟达公司 165 529.70

贷：银行存款 165 529.70

该公司该笔业务收入数＝主营业务收入－主营业务成本＝（183 600－12 915）－（179 928－12 915）＝3 672（元）

该公司该笔业务合同收入数＝30 000×2%×6.12＝3 672（元）

经计算可知实际收入与合同收入数相符。

2. 非外贸公司

【例4－40】承例4-39资料不变，只是做法改变。收到委托方发来的出口货物时只在备查账上作单式登记。具体步骤和编制的会计分录如下：

（1）办理出口交单时：

借：应收外汇账款——国外×客户（$30 000×6.12） 183 600

贷：应付外汇账款——佣金（$500×6.12） 3 060

应付账款——伟达公司（代理出口货款）（$29 500×6.12）180 540

（2）出口收汇时（当日银行买入价 1 美元 =6.11 元人民币）：

借：银行存款（$29 970×6.11） 183 116.70

　　应付账款——伟达公司（银行手续费）（$30×6.11） 183.30

　　应付账款——伟达公司（汇兑损益） 300

　贷：应收外汇账款——国外 × 客户（$30 000×6.12） 183 600

（3）支付境外费用时（当日银行卖出价为 1 美元 =6.15 元人民币）：

①支付佣金：

借：应付外汇账款——佣金（$500×6.12） 3 060

　　应付账款——伟达公司（汇兑损益） 15

　贷：银行存款——人民币户（$500×6.15） 3 075

②支付境外运输费和保险费：

借：应付账款——应付外汇账款——运输费（$1 200×6.15） 7 380

　　　　　　——保险费（$400×6.15） 2 460

　贷：银行存款——人民币户（$1 600×6.15） 9 840

（4）代付国内费用：

借：应付账款——伟达公司（国内费用） 1 000

　贷：银行存款 1 000

（5）确认收入（30 000×2%×6.12）：

借：应付账款——伟达公司 3 672

　贷：其他业务收入 3 672

（6）结算并支付代理款项：

结算数 = 应付账款贷方数 - 应付账款借方数 =（3 060 +180 540）-（183.30 +300 + 3 060+15 +7 380 +2 460+1 000 +3 672）= 165 529.70（元）

据此该公司编制的会计分录为：

借：应付账款——伟达公司 165 529.70

　贷：银行存款 165 529.70

（7）确定应纳增值税（增值税税率 13%）：

应交增值税 = 3 672×13%= 477.36（元）

借：其他业务成本 477.36

　贷：应交税费——应交增值税 477.36

（8）缴纳增值税：

借：应交税费——应交增值税 477.36

　贷：银行存款 477.36

三、加工补偿贸易

（一）加工补偿贸易的概述

1. 加工补偿出口销售业务的种类

加工补偿出口销售业务按照补偿的形式不同，可分为来料加工、来件装配、来样生产出口销售业务和补偿贸易出口销售业务两种。

（1）来料加工、来料装配和来样生产出口销售业务。

指由外商提供原材料、零部件、元器件，必要时提供某些设备，由外贸企业按照外商的要求加工或装配成产品后再销售给外商，外贸企业收取加工费的销售。

（2）补偿贸易出口销售业务。

指由外商提供生产技术、设备和必要的材料，由外贸企业负责生产，然后用生产的产品分期归还外商的销售。

2. 加工补偿出口销售业务的经营方式

加工补偿出口销售业务按照经营方式的不同，可分为自营加工补偿出口销售业务和代理加工补偿出口销售业务两种。

（1）自营加工补偿出口销售业务。

指由外贸企业独自与外商签订合同，承担加工补偿业务，然后组织工厂进行生产，向外商交货时收取加工费，或以生产的产品偿还引进技术、设备及材料价款的销售业务。

（2）代理加工补偿出口销售业务。

指由工厂委托外贸企业对外签订合同，由工厂直接负责生产，负担加工补偿业务中所发生的国内外费用，外贸企业代理出口结汇，收取外汇手续费的销售业务。

（二）来料加工、来料装配和来样生产出口销售业务的核算

1. 自营来料加工、来件装配和来样生产出口销售业务的核算

自营来料加工、来件装配和来样生产，在收到外商提供的原材料时，有计价核算和不计价核算两种方式。

（1）自营来料加工、来件装配和来样生产原材料计价的核算。

外贸企业采取原材料计价的核算形式，在收到外商提供的原材料时，借记“原材料”账户，贷记“应付外汇账款”账户。外贸企业将原材料托付工厂生产加工时，借记“委托加工物资”账户，贷记“原材料”账户；工厂加工完毕，交来产品时，按与工厂约定的加工费标准支付加工费时，借记“委托加工物资”账户，贷记“银行存款”账户；加工产品验收入库，财会部门收到储运部门转来的收货单时，根据加工产品耗费的材料和加工费金额，借记“库存商品——来料加工出口商品”账户，贷记“委托加工物资”账户。

【例 4-41】宏达外贸公司根据合同约定，接受美国 A 服装公司衣料 5 000 米，加工生产 15 00 套男装。

①5 月 6 日，收到 A 服装公司发来衣料 5 000 米，每米 4 美元，计 20 000 美元，衣料已验收入库，当日汇率为 6.75 元。会计分录如下：

借：原材料（$20 000×6.75）　135 000
　贷：应付外汇账款　135 000

②5 月 7 日，将 5 000 米衣料拨付蓝天服装厂加工生产男装 1 500 套。会计分录如下：

借：委托加工物资——男装　135 000
　贷：原材料　135 000

③6 月 3 日，蓝天服装厂 1 500 套男装加工完毕，每套加工费 40 元，签发转账支票予以付款。会计分录如下：

借：委托加工物资——男装　60 000
　贷：银行存款　60 000

④6 月 30 日，接到加工商品入库单，1 500 套男装已验收入库。会计分录如下：

借：库存商品——来料加工出口商品　195 000
　贷：委托加工物资——男装　195 000

外贸企业将加工商品出运时，借记“发出商品”账户，贷记“库存商品”账户。商品出运支付的国内费用列入“销售费用”账户，支付的国外费用则冲减“自营其他销售收入”账户。然后，将全套货运单据交付银行，向外商收取加工费，根据银行回单金额（加工费），借记“应收外汇账款”账户；根据外商发来原材料款，借记“应付外汇账款”账户；根据两者之和，贷记“自营其他销售收入”账户。同时结转其销售成本，借记“自营其他销售成本”账户，贷记“发出商品”账户。银行收妥款项后，根据银行收取的收汇手续费凭证，借记“财务费用”账户；根据银行收账通知，借记“银行存款”账户；根据收汇总额，贷记“应收外汇账款”账户。如因汇率变动发生差额，应列入“汇兑损益”账户。

【例 4-42】洪凯服装进出口公司为俄罗斯服装公司加工女时装 3 000 套，每套加工费 10 美元，共计加工费 30 000 美元。收到外商发来衣料 80 000 美元，记账汇率为 6.78 元。3 000 套女时装全部生产成本为 350 000 元。

①6 月 3 日，储运部门转来加工商品出库单，列明 3 000 套女时装已出库装船。会计分录如下：

借：发出商品　　350 000

　贷：库存商品——来料加工出口商品　　350 000

②6月4日，签发转账支票支付3 000套女时装国内运费和装船费2 000元。会计分录如下：

借：销售费用　　2 000

　贷：银行存款　　2 000

③6月5日，签发转账支票支付女时装国外运费2 000美元，保险费100美元，当日汇率为6.78元。会计分录如下：

借：自营其他销售收入　　14 238

　贷：银行存款——外币存款（$2 100×6.78）　　14 238

④6月5日，向银行交单收取加工费60 000美元，转销俄罗斯服装公司发来材料款，当日汇率为6.78元。会计分录如下：

借：应收外汇账款（$30 000×6.78）　　203 400

　　应付外汇账款（$80 000×6.78）　　542 400

　贷：自营其他销售收入——加工补偿出口销售　　745 800

⑤6月5日，结转其销售成本。会计分录如下：

借：自营其他销售成本——加工补偿出口销售　　350 000

　贷：发出商品　　350 000

⑥6月15日，收到银行转来收账通知，30 000美元已收妥，银行扣除30美元收汇手续费，其余部分已存入外币存款账户，当日汇率为6.78元。作分录如下：

借：银行存款——外币存款（$29 970×6.78）　　203 196.6

　　财务费用——手续费　　203.4

　贷：应收外汇账款（$30 000×6.78）　　203 400

（2）自营来料加工、来件装配和来样生产原材料不计价的核算。

"代管商品物资"是表外账户，用以核算企业负责保管的不计价入账的各项材料、商品、包装物等物资，收进时，记入该账户的借方；发生时，记入贷方。该账户可以只记数量，不记金额。"代管商品物资"账户不与其他账户发生对应关系，只作单式记录。

外贸企业对自营业务采取原材料不计价的核算形式，在收到外商提供的原材料时，借记"代管商品物资——加工材料"账户，该账户只计数量，不计金额；将原材料拨付工厂加工时，贷记"代管商品物资——加工材料"账户；工厂加工完毕，交来产品时，按与工厂约定的加工费标准，支付工厂加工费时，借记"自营其他销售成本"账户，贷记"银行存款"账户。加工产品验收入库时，借记"代管商品物资——加工商品"账户。

加工商品出运装船时，贷记“代管商品物资——加工商品”账户。加工商品出运支付的国内费用，列入“销售费用”账户；支付的国外费用则冲减“自营其他销售收入”账户。然后，将全套货运单据交付银行，向外商收取加工费，根据银行回单，借记“应收外汇账款”账户，贷记“自营其他销售收入”账户。银行收妥款项的核算与原材料计价的核算方法相同，不再重述。

2. 代理来料加工、来件装配和来样生产出口销售业务的核算

（1）代理来料加工、来件装配和来样生产原材料计价的核算。

外贸企业收到外商提供的原材料，将原材料拨付给工厂生产加工的核算方法与自营来料加工、来件装配和来样生产经营方式的核算方法相同，不再重述。

工厂加工完毕，交来产品时，按合同约定的加工费标准结算加工费时，借记“委托加工物资”账户，贷记“应付外汇账款”账户。加工产品验收入库，财会部门收到储运部门转来收货单时，根据“委托加工物资”账户归集的金额，借记“库存商品——来料加工出口商品”账户，贷记“委托加工物资”账户。

【例 4-43】北京服装进出口公司根据合同约定代理了蓝天服装厂接受日本东京公司来料 4 000 米，加工 1 500 套男西服的业务。

①7 月 3 日，收到美国芝加哥公司发来衣料 4 000 米，每米 9 美元，共计货款 36 000 美元，衣料已验收入库。当日汇率为 6.78 元。会计分录如下：

借：原材料（$36 000×6.78）　　244 080

　贷：应付外汇账款　　244 080

②7 月 4 日，将 4 000 米衣料拨付蓝天服装厂加工男西服 1 500 套。会计分录如下：

借：委托加工物资——男西服　　244 080

　贷：原材料　　244 080

③7 月 25 日，蓝天服装厂 1 500 套西服加工完毕，每套加工费 16 美元，结算加工费，当日汇率为 6.78 元。会计分录如下：

借：委托加工物资——男西服（$24 000×6.78）　　162 720

　贷：应付外汇账款　　162 720

④7 月 30 日，收到储运部门转来加工商品收货单，蓝天服装厂送来的 1 500 套西服已验收入库。会计分录如下：

借：库存商品——来料加工出口商品　　406 800

　贷：委托加工物资——男西服　　406 800

外贸企业将加工商品出运时，借记“发出商品”账户，贷记“库存商品”账户；商

品出运支付的国内外直接费用，借记“应付外汇账款”账户，贷记“银行存款”账户。然后，将全套货运单据交付银行，向外商收取加工费。由于这是代理来料加工业务，仅收取代理手续费，那么交单收汇就不能作为商品销售收入处理，只能转销发出商品，因此，根据银行收款回单，借记“应收外汇账款”账户；根据外商发来原材料的价款，借记“应付外汇账款”账户；根据加工商品的成本，贷记“发出商品”账户。等收到银行收账通知时，根据支付银行收汇手续费的金额，借记“财务费用”账户；根据实际入账金额，借记“银行存款”账户；根据收汇金额，贷记“应收外汇账款”账户。最后，根据应向外商收取的加工费扣除为工厂垫付的国内外直接费用后的金额，借记“应付外汇账款”账户；根据应收取的代理手续费，贷记“其他业务收入”账户，将两者之间差额，贷记“银行存款”账户。

【例 4-44】北京服装进出口公司代理为日本东京公司加工男西服 2 000 套，每套加工费 20 美元，共计加工费 40 000 美元，收到外商发来衣料价值 35 500 美元，全部出口合同金额为 75 500 美元。记账汇率为 6.78 元，2 000 套西服的全部金额为 511 890 元。

①6 月 30 日，储运部门转来加工商品出库单，列明 2 000 套男西服已出库装船。会计分录如下：

借：发出商品　　511 890

　贷：库存商品——来料加工出口商品　　511 890

②7 月 2 日，签发转账支票支付 2 000 套男西服国内运费和装船费 1 356 元，并支付国外运费 1 120 美元，保险费 80 美元，当日汇率为 6.78 元。会计分录如下：

借：应付外汇账款（$1 400×6.78）　　9 492

　贷：银行存款——人民币存款　　1 356

　　　银行存款——外币存款（$1 200×6.78）　　8 136

③7 月 19 日，向银行交付全套货运单据，向外商收取加工费 40 000 美元，当日汇率为 6.78 元，并转销外商发来材料款。根据银行回单，会计分录如下：

借：应收外汇账款（$40 000×6.78）　　271 200

　　应付外汇账款（$35 500×6.78）　　240 690

　贷：发出商品　　511 890

④7 月 20 日，收到银行转来收账通知，40 000 美元已收妥，银行扣除 50 美元收汇手续费后，其余款项已存入外汇存款账户，当日汇率为 6.78 元。会计分录如下：

借：银行存款——外币存款（$39 950×6.78）　　270 861

　　财务费用　　339

　贷：应收外汇账款（$40 000×6.78）　　271 200

⑤ 7 月 22 日，根据规定按出口合同金额的 4% 收取代理手续费 3 020 美元，再扣除发运商品垫付的国内外费用后，将余款划拨蓝天服装厂，当日汇率为 6.78 元。会计分录如下：

借：应付外汇账款（$38 600×6.78）　　261 708

　贷：银行存款——外币存款（$35 580×6.78）　　241 232.4

　　其他业务收入（$3 020×6.78）　　20 475.6

（2）代理来料加工、来件加工和来样生产的原材料不计价的核算。

外贸企业对代理采取原材料不计价的核算形式，在收到外商提供的原材料和将原材料拨付工厂加工时，通过“代管商品物资——加工材料”账户核算；收到工厂加工完毕产品验收入库时，借记“代管商品物资——加工商品”账户。加工商品出运装船时，贷记“代管商品物资”账户。加工商品出运垫付的国内外费用时，借记“应付外汇账款——加工企业”账户，贷记“银行存款”账户。然后将全套货运单据交付银行，向外商收取加工费，根据银行收款回单，借记“应收外汇账款——外商”账户，贷记“应付外汇账款——加工企业”账户。等收到银行收账通知时，根据支付银行的收汇手续费的金额，借记“财务费用”账户；根据银行实际入账金额，借记“银行存款”账户；根据收汇金额，贷记“应收外汇账款”账户。最后，根据收取的外商加工费减去为工厂垫付的国内外直接费用的差额，借记“应付外汇账款”账户；根据应收取的代理手续费，贷记“其他业务收入”账户；将两者之间的差额，贷记“银行存款”账户。

（三）补偿贸易出口销售业务的核算

补偿贸易出口销售业务外商提供的生产设备和原材料通常都计价入账，届时分别借记“固定资产”和“原材料”账户，贷记“应付外汇账款”账户。然后按照合同规定分期以完工的产品抵偿提供生产设备和原材料的款项。由于是以货还债，不存在收汇，因此加工商品发运后，根据销售发票，借记“应付外汇账款”账户，贷记“其他业务收入”账户；同时，根据储运部门转来的出库单，借记“其他业务成本”账户，贷记“发出商品”账户。其他方面的核算方法与来料加工基本相同，不再重述。

第六节　出口收汇核销制

一、出口收汇核销的概述

出口收汇核销是指对境内企业的出口货款（包括服务贸易收入等）的外汇资金，是否及时汇入境内的一种跟踪监督措施。

我国在缺汇时期，实行“宽进严出”的外汇政策，时有不法商人以各种手段逃汇。从1991年起，我国开始实行出口收汇核销制，以防止“出口少收汇”。通过对每笔出口业务设立一张专用核销单，使其随同其他货运及结算单证一起运转，并向外汇局申报核销。

其后曾有过种种改进，例如随着海关、外贸、外汇、银行、税务等单位的电子执法系统的建成，进行了局部“无纸化”；又如对出口企业分类区别对待，对一部分出口收汇荣誉企业及国际收支申报率高（如达到95%以上）的企业实施事后的总量核销，其余企业则仍实行逐笔逐批核销，诸如此类。出口收汇核销制对防止外汇逃漏现象起到了重大的作用，但也花费了很大的人力、物力与财力。

自从2001年年末我国加入WTO以后，依靠连续多年的外贸及引进外资的双顺差，使得我国的外汇储备从200多亿美元猛增到2006年的8 000多亿美元，占居世界第一位。随后又在2011年3月末超过了3万亿美元。一段时间来陷入了汇多为患的处境，外汇管理措施不断反方向发展（如2008年前后停止了强制结汇制，到2011年开始试行了出口收汇存放境外自行收支的办法）。

再加上随之而来的国外资金对人民币长时间升值的预期，我国的外汇管理进一步转向筑堤防堵“热钱”，目标转变为防止“出口多收汇”（热钱变相潜入我国），出口收汇核销的紧迫性越趋淡化。外汇管理局先后提出了贸易便利化的要求，并在2011年在原已有部分企业实施事后总量核销的基础上，表示将在年内“择机启动出口收汇核销的改革”。因为资本项目的自由兑换还没有完全放开，所以经营项目的相应监管措施还不能完全撤除，以免资本项目绕道逃避监管，不可收拾。

二、出口收汇核销单

出口收汇核销单是由国家外汇管理局制发，出口单位和受托行及解付行填写，海关凭以受理报关，向外汇指定银行办理出口收汇，向外汇管理局办理出口收汇核销、向税务机关办理出口退税申报的有统一编号及使用期限的凭证。出口单位应到当地外汇管理部门申领外汇管理部门加盖“监督收汇”章的核销单。在货物报关时，出口单位必须向海关出示有关核销单，凭有核销单编号的报关单办理报关手续，否则海关不予受理报关。货物报关后，海关在核销单和有核销编号的报关单上加盖“放行”章。

（一）出口收汇核销单的基本规定

（1）出口收汇核销单为三联式，第一联为企业存根联，第二联为外汇管理局存根联，第三联为出口退税专用联，如图 4-3 所示。未经外汇管理局核销，第二联和第三联不得自行撕开。

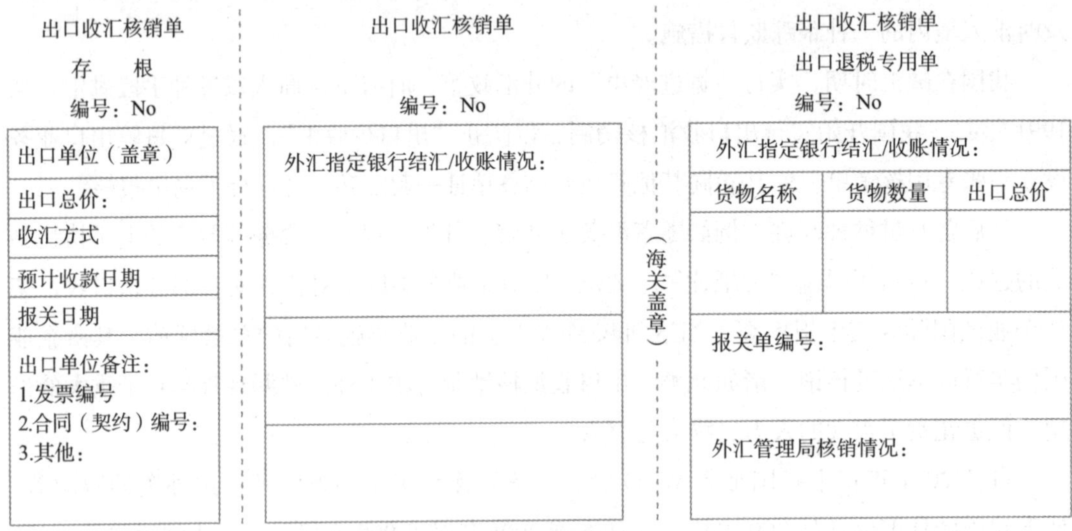

出口收汇核销单
存　根
编号：No

出口单位（盖章）
出口总价：
收汇方式
预计收款日期
报关日期
出口单位备注： 1.发票编号 2.合同（契约）编号： 3.其他：

出口收汇核销单
编号：No

外汇指定银行结汇/收账情况：

（海关盖章）

出口收汇核销单
出口退税专用单
编号：No

外汇指定银行结汇/收账情况：		
货物名称	货物数量	出口总价
报关单编号：		
外汇管理局核销情况：		

图4-3　出口收汇核销单

（2）出口收汇核销单由企业向外汇管理局领取并根据出口货物情况先进行填写并盖章，然后由报关出口的海关根据出口货物情况进行审核并加盖“出口货物验讫”骑缝章，最后由当地外汇管理局凭银行结汇水单核销收汇情况，并加盖“已核销”章。

（3）出口单位在使用出口收汇核销单前，必须在出口收汇核销单的存根联和出口退税专用联上“出口单位名称”处加盖该出口单位的公章，如实、准确、齐全填写有关栏目，并与出口货物报关单上记载的有关内容一致。

（4）外汇管理局在按规定办理完收汇核销手续后，将已核销的净收汇额填在退税联上签字并加盖“已核销”章；部分收汇核销的，外汇管理局仅做部分收汇的核销，填注核销净余额，不办理出口退税专用联的签发手续，等收汇全部核销后再办理出口退税专用联的签发手续。核销中发现有违反出口收汇核销规定的，外汇管理局应在对该出口单位进行处理及纠正其错误后，再办理出口退税专用联的签章手续。外汇管理局将出口收汇核销单的电子数据整理汇集后传输给退税机关，退税机关对企业申报的核销单进行核对。

（5）对于预计收款日期超过报关单日期 180 天以上（含 180 天）的远期收汇，出口单位应在报关前凭远期出口合同、出口收汇核销单向外汇管理局备案，并应在出口收汇核销单的“收汇方式”栏注明远期天数。凡未向外汇管理局备案的，一律视为即期出口收汇。

（6）出口单位不论是自营出口还是代理出口，均应使用本单位所领的出口收汇核销单办理出口报关。

（7）出口单位在向税务机关申报出口退税和办理“代理出口货物证明”时，必须逐票附上对应的出口收汇核销单（出口退税专用），税务机关审核无误后予以办理出口退税和签发“代理出口货物证明”。对各省、自治区、直辖市及计划单列市进出口主管部门批准的报关出口后在 180 天以上结汇的出口货物，凭批准文件可延期在一年内提供出口收汇核销单（出口退税专用）。

（二）出口收汇核销单（出口退税专用）的丢失及补办

（1）出口单位未用于报关出口的空白核销单遗失后，应当在一个工作日内在“中国电子口岸出口收汇系统”进行挂失。如因未及时挂失造成经济损失或导致违规行为，责任由企业自负。

（2）已用于报关出口、未办理核销手续的核销单遗失，出口单位应当凭核销单以外的其他核销凭证向所在地外汇管理局提出核销单退税专用联挂失及补办申请。外汇管理局应在审核出口单位提供的核销凭证无误后，通过“中国电子口岸出口收汇系统”对核销单退税专用联进行挂失处理，并在为出口单位办理核销后，于三个工作日内为其签发“出口收汇核销单退税专用联补办证明”。

（3）已办理核销手续后遗失核销单退税专用联的，出口单位应当凭税务部门签发的退税情况证明向外汇管理局提出核销单退税专用联挂失、补办申请。对税务部门证明未退税的，外汇管理局在“中国电子口岸出口收汇系统”进行挂失处理后，于三个工作日内为出口单位签发“出口收汇核销单退税专用联补办证明”。

三、出口核销方式

外汇局根据出口单位的出口收汇核销情况，海关、税务和商务部门的考核情况，国际收支申报情况，以及不同的贸易方式，对出口单位分别实行管理。

现行收汇核销管理方式有三种，即逐笔核销、批次核销和自动总量核销。

逐笔核销：由出口单位按核销单证一一对应进行报告，外汇局按照一一对应的原则逐笔为出口单位办理核销手续的核销方式。适用于出口收汇高风险企业（出口收汇核销率低于 50%）以及差额核销和无法全额收汇的核销。

批次核销：出口企业集中报告，外汇管理局按批次为出口单位办理核销手续。此方式适用于来料加工项下，进料加工抵扣项下需按合同核销的出口收汇数据，以及除高风险企业外所有出口企业全额收汇核销。外汇局审核批次核销数据时，按照核销单与核销专用联总量对应的原则进行。

自动核销：出口单位不需要向外汇管理局报告，外汇局根据从“中国电子口岸出口收汇系统”采集的核销单凭证和报关信息，以及从“国际收支统计申报系统”采集的收汇信息进行总量核销。自动核销适用于国际收支申报率高，以及符合外汇局规定的其他条件的出口收汇荣誉企业（出口收汇核销率达到或超过 95% 的企业）的一般贸易项下及其他出口贸易项下的全额收汇数据的核销。

四、出口收汇核销流程

出口收汇核销流程如图 4-4 所示。

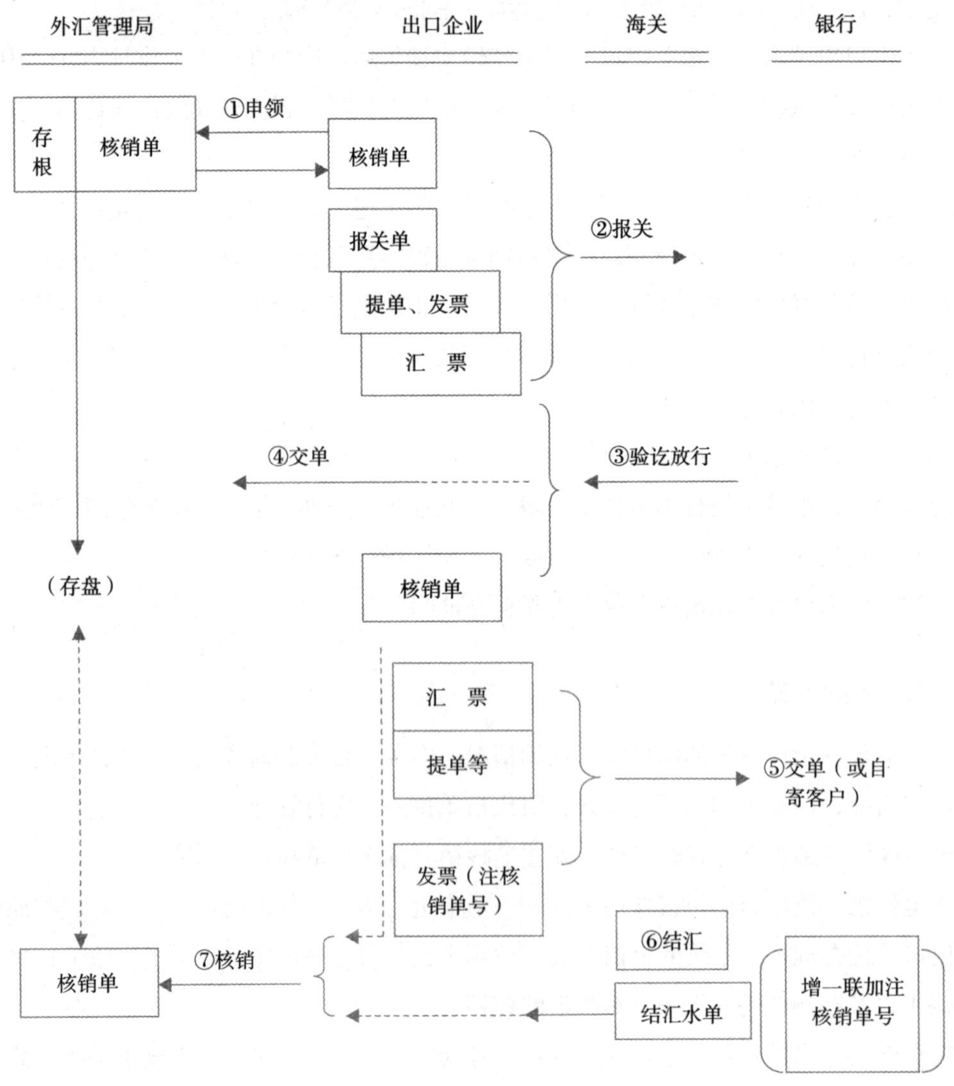

图4-4　出口收汇核销流程图

说明：取得外贸经营权的企业，领取中国电子口岸IC卡，到当地外汇管理局领取核销单，凭核销单及通关材料办理出口报关。企业按合同约定收回货款后，凭报关、收汇及核销单等纸质凭证或电子信息办理核销手续。完成出口收汇核销手续后，企业再向税务部门申请办理出口退税。

五、逾期监管

货物出口后，出口单位超过预计收回日期30天未办理核销手续的，视为出口收汇逾期未核销。外汇局对出口收汇逾期未核销情况按月进行清理、定期催核，签发“催核通知书”，并向出口单位提供“逾期未核销清单”。出口单位接到外汇局“催核通知书后”，应当对照“逾期未核销清单”进行认真清理、核对、确认数据，及时办理出口收汇核销手续。

第五章

进口贸易业务

本章导读

进口贸易业务是指外贸企业以外汇在国际市场上采购商品，满足国内生产和人民生活需要的业务。进口贸易与出口贸易两者是相辅相成、相互制约的，按其经营性质不同，可分为自营进口、代理进口和易货贸易三种。其中自营进口业务是指外贸企业自己经营进口贸易并自负进口盈亏的业务，代理进口业务是指外贸企业代理国内委托单位与外商签订进口贸易合同，并负责对外履行合同的业务，易货贸易业务是指贸易双方将由贸易双方订立易货贸易合同或协议，在一定期限内，用一种或几种商品交换另一种或几种进口商品的业务。不同的进口业务其账户设置不同，会计核算要求和方法也不同。国家外汇管理局发布的《贸易进口付汇核销监管暂行办法》规定，进口企业以通过银行购汇或从现汇账户支付的方式，向境外支付有关进口商品的货款、预付款、尾款等（以下简称进口付汇），应当按照本办法办理核销手续。因而本章的学习任务如下：

1. 了解进口贸易业务的概述

2. 掌握自营进口商品采购成本的构成、自营进口商品购进的核算和自营进口商品销售的核算

3. 了解代理进口业务的概述，并掌握代理进口业务的核算

4. 了解易货贸易业务的概述，并掌握易货贸易业务的核算

5. 掌握进口付汇核销的流程、业务流程和操作流程

6. 了解核销监管

第一节 进口贸易业务概述

一、进口贸易业务的含义

进口贸易业务是指外贸企业以外汇在国际市场上采购商品，满足国内生产和人民生活需要的业务。进口贸易业务也是外贸企业的一项重要业务。进口贸易与出口贸易两者是相辅相成、相互制约的。一个国家所生产的商品，不可能完全满足本国的全部需求，因此只有通过进口贸易业务进行商品交换，才能满足国内生产和人民生活需要。同时，通过引进先进技术，进口先进的生产设备和国内紧缺的原材料和燃料，可以提升我国的科技水平、生产能力和国际竞争力；促进我国出口贸易业务的增长，扩大我国与世界各国的经济交往，以达到互通有无、共同发展的目的。

二、进口贸易业务的种类

进口贸易业务按其经营性质不同，可分为自营进口、代理进口和易货贸易三种。

（一）自营进口业务

自营进口业务是指外贸企业自己经营进口贸易并自负进口盈亏的业务。自营进口业务由外贸进出口公司和工贸公司或其他有经营进口业务权利的单位自行向国外购买货物，其盈亏分别列入中央或地方预算。凡商务部所属各进出口公司经营的商品，由该部归口办理；凡国务院各部委所属工贸进出口公司经营的商品，由各部委归口办理；属地方经营的进口商品，其盈亏由地方负责办理。自营进口通常要进行盈亏核算。

（二）代理进口业务

代理进口业务是指外贸企业代理国内委托单位与外商签订进口贸易合同，并负责对外履行合同的业务。对该项业务，外贸企业仅收取一定比例的手续费。在代理进口业务中，代理企业处于中介服务地位，它纯粹是接受其他企业委托，以订立代理合同形式进口。

（三）易货贸易业务

易货贸易业务是指贸易双方将由贸易双方订立易货贸易合同或协议，在一定期限内，用一种或几种商品交换另一种或几种进口商品的业务。易货贸易业务是进口与出口结合起来进行商品交换并自负盈亏的业务，买卖双方之间进行的货物或劳务等值或基本等值的直接交换，不涉及现金的收付，也没有第三者介入。

三、进口贸易业务的程序

进口贸易的业务程序有进口贸易前的准备工作、进口贸易合同的签订、进口贸易合同的履行以及进口单据的审核四个业务程序。

（一）进口贸易前的准备工作

外贸企业应根据国内市场需求情况和国际市场上商品的价格、供应商的资信情况等，以及企业的利润预算来确定进口贸易业务。对于国家规定必须申请许可证的进口商品，外贸企业必须按规定申请领取许可证，然后与国内客户签订供货合同，明确进口商品的名称、规格、质量、价格、交货日期、结算方式等内容，做到以销定进。

（二）进口贸易合同的签订

外贸企业在与国内客户协商签订供货合同的同时，与国外出口商通过询盘、发盘、还盘与反盘和接受四个环节进行磋商，在磋商成功的基础上与国外出口商签订进口贸易合同。

（三）进口贸易合同的履行

外贸企业履行进口贸易合同可分为以下五个环节。

1. 开立信用证

外贸企业根据进口贸易合同上规定的日期，向其所在地的外汇银行申请开立信用证，信用证的内容必须与进口贸易合同的条款相一致。信用证的开证时间，应按合同规定办理。如合同规定在卖方确定交货期后开证，买方应在接到卖方上述通知后开证；如合同规定在卖方领到出口许可证，并支付履约保证金后开证，应在收到对方已领到许可证的通知，或银行转知保证金已照收后开证。

2. 督促对方及时发货和办理必要的手续

外贸企业开立信用证后，在合同规定交货期前，应督促国外出口商及时备货，按时装船。倘若以 FOB 价格成交的合同，应由外贸企业负责办理租船订舱工作，并及时将船名、船期等通知出口商；倘若以 FOB 价格或 CFR 价格成交的合同，外贸企业还应办理货运保险。租船定舱工作通常委托外贸运输公司办理。

3. 审核单据和付款赎单

外贸企业收到银行转来的国外出口商的全套结算单据后，应对照信用证，核对单据的种类、份数和内容。只有在“单证相符，单单相符”的情况下，才能凭全套结算单据向开证行办理进口付款赎单手续，如发现单证不符，应及时通知开证行全部拒付或部分拒付。

4. 海关报关和货物接运

进口商品到达港口后，由进出口公司或委托外运公司根据进口单据填写“进口货物报关单”向海关申报，计算交纳税款和港口费用，并随附发票、提单及保险单，及时办理海关报关和货物接运工作。进口货物运达港口卸货时，港务局要进行卸货核对。如发现短缺，应及时填制“短卸报告”交由船方签认，并根据短缺情况填写索赔的书面声明。

5. 商品检验和索赔

外贸企业应及时请商品检验部门对进口商品进行检验，如发现商品数量、品种、质量、包装等与合同或信用证不符，应立即请商品检验部门出具商品检验证明书，以便在合同规定的索赔期限内，根据造成损失的原因和程度向出口商、运输公司或保险公司提出索赔。

四、进口单据的审核

在国际贸易中，主要是采取信用证结算方式。外贸企业进口商品往往是凭单付款的，在收到银行转来的全套结算单据时，外贸企业首先要根据进口贸易合同和信用证的有关条款检查单据的种类、份数是否完整；其次要审核单据的内容，审核的单据主要有发票和提单。

1. 发票

发票是指出口商开给进口商的商品价值的清单。发票是交易双方收付款的依据，也是交易双方记账的原始凭证，还是出口商在出口地和进口商在进口地报关交税的计算依据，因此必须严格地进行审核。首先，发票的内容必须与进口贸易合同及信用证的条款内容相一致；其次，发票中有关项目的内容必须与其他有关的单据核对相符；最后，发票上的总金额不得超过信用证规定的最大限额。

2. 提单

提单是指承运单位签发的承运商品收据。它是出口商发货的证明，也是进口商提货的依据。提单必须是已装船提单，也就是商品装入船舱后签发的提单。如果是收讫备运提单，就应进一步审核是否有承运单位加注的“已装船”字样，否则不能轻易接受；然后进一步核对提单上所列商品的毛重、净重与发票及重量单上所列的内容是否相符，有关唛头、装运港、目的港、运费支付情况与进口贸易合同及信用证的规定是否相符等。

第二节　自营进口业务

一、自营进口商品采购成本的构成

自营进口商品采购成本以到岸价为基础。采购成本由国外进价、进口税金和国内运费三部分构成。用公式表示如下：

自营进口商品的采购成本=CIF（到岸价）+税金（进口关税、进口消费税）-收到的进口佣金+国内运费

或=（FOB价+境外运费、保费-收到的进口佣金+税金）+国内运费

或=（CFR价+国外保费-收到的进口佣金+税金）+国内运费

（一）国外进价

国外进价一律以CIF价格为基础，如果以FOB价格或CFR价格成交的，应由外贸企业负担的国外运费和保险费或保险费均应作为商品的国外进价入账。外贸企业收到的能够直接认定的进口商品佣金，应冲减商品的国外进价。对于难以按商品直接认定的佣金，如累计佣金则只能冲减“销售费用”账户。

（二）进口税金

进口税金是指进口商品在进口环节应交纳的计入进口商品成本的各种税金。它包括海关征收的关税和消费税。征收消费税的商品的范围和税率与出口商品相同，不再重述。商品进口环节征收的增值税是价外税，它不是进口商品采购成本的构成部分，应将其列入“应交税费”账户。用公式表示如下：

进口关税=关税完税价格（CIF）×适用税率

消费税=（CIF+关税）÷（1-消费税税率）×消费税税率

增值税=（CIF+关税+消费税）×税率

（三）国内运费

根据《企业会计准则》的要求，可以将在采购过程中发生的运输费、装卸费等费用按照合理的分配办法计入存货成本。

二、自营进口商品购进的核算

（一）账户设置

1.“商品采购——进口商品采购”账户

当收到银行转来国外全套结算单据时，将其与信用证或合同条款核对相符，并通过银行向国外出口商承付款项时，借记“商品采购——进口商品采购”账户；贷记“银行存款”账户。当支付国外运费和保险费时，应借记“商品采购——进口商品采购”账户；贷记“银行存款”账户。外贸企业收到出口商付来佣金时，借记“银行存款”账户；贷记“商品采购——进口商品采购”账户。

2.“库存商品——库存进口商品”账户

当进口商品采购完毕，验收入库，结转其采购成本时，借记“库存商品”账户；贷记“商品采购——进口商品采购”账户。

3.“应交税费”账户

进口商品运抵我国口岸，向海关申报进口关税、消费税和增值税时，根据进口关税和消费税的合计数（增值税是价外税，暂不作账务处理），借记“商品采购——进口商品采购”账户；贷记“应交税费”账户。外贸企业支付进口商品的关税、消费税和增值税时，应借记“应交税费”账户；贷记“银行存款”账户。

（二）核算举例

【例 5-1】北京阳光进出口公司从美国进口冰箱 200 台，国外进价为 30 万美元（FOB）。

（1）接到银行转来的国外单据，经审核无误支付国外货款，当日外汇牌价为 1∶6.05。作会计分录如下：

借：商品采购——进口商品采购　　1 815 000

　贷：银行存款——外汇存款（$300 000×6.05）　　1 815 000

（2）根据有关运保费结算清单和付款凭证，支付进口冰箱国外运保费 15 000 美元。当日外汇牌价为 1 ∶ 6.02。作会计分录如下：

借：商品采购——进口商品采购　　90 300

　贷：银行存款——外汇存款（$15 000×6.02）　　90 300

（3）收到进口佣金 9 500 美元，当日外汇牌价 1 ∶ 6.04。作会计分录如下：

借：银行存款——外汇存款（$9 500×6.04）　　57 380

　贷：商品采购——进口商品采购　　57 380

（4）计算确定缴纳进口关税 369 584 元，消费税 246 389.33 元（其中关税税率为 20%，消费税税率为 10%）。作会计分录如下：

进口关税 = 关税完税价格 × 适用税率 =（1 815 000 +90 300−57 380）×20%= 369 584（元）

消费税 =（关税完税价格 + 关税）÷（1 − 消费税税率）× 消费税税率 =（1 815 000 + 90 300−57 380+369 584）÷（1−10%）×10%= 246 389.33（元）

借：商品采购——进口商品采购　　615 973.33

　贷：应交税费——应交进口关税　　369 584

　　　　　　——应交进口消费税　　246 389.33

（5）缴纳税款（关税、消费税及增值税），作会计分录如下：

增值税 =（关税完税价格 + 关税 + 消费税）× 税率 =（1 815 000 +90 300−57 380+ 369 584+246 389.33）×17%= 418 861.87

借：应交税费——应交进口关税　　369 584

——应交进口消费税　　246 389.33

——应交增值税（进项税额）　　418 861.87

贷：银行存款　　1 034 835.2

（6）支付进口冰箱港务费 15 000 元，外运劳务费 9 000 元。作会计分录如下：

借：商品采购——进口商品采购　　24 000

贷：银行存款——人民币存款　　24 000

（7）进口冰箱到货，验收入库。作会计分录如下：

借：库存商品——库存进口商品　　2 487 893.33

贷：商品采购——进口商品采购　　2 487 893.33

三、自营进口商品销售的核算

（一）自营进口商品销售的结算方式

自营进口商品销售是指从国外进口的商品在国内进行销售的经济业务。根据货款结算时间的不同，可分为货到结算、单到结算和出库结算三种方式。

1. 购销合一（单到结算、货到结算）

（1）单到结算。

单到结算是以收到国外进口单据的时间作为向订货单位办理货款结算的时间的结算方式。若购销双方合同规定实行单到结算的，销售方凭国外账单向订货单位开出的结算凭证作为收入的实现。单到结算具有以下两个特点：第一，进口商品的采购和销售几乎同时进行，进口商品一般不需入库。因而，在核算上不用“库存商品”账户来反映进口商品的进销存情况。第二，以收到国外进口单据的时间确认销售收入的实现。

①当销售方对外支付进口商品货款时，作会计分录如下：

借：商品采购——进口商品采购

贷：银行存款——外币存款

②当销售方与国内订货单位办理国内货款结算，实现销售收入时，作会计分录如下：

借：应收账款——国内某订货单位

贷：主营业务收入——自营进口销售收入

应交税费——应交增值税（销项税额）

③向海关申报应纳进口关税时，作会计分录如下：

借：商品采购——进口商品采购

贷：应交税费——应交进口关税

④结转进口商品的销售成本时，作会计分录如下：

借：主营业务成本——自营进口销售成本

贷：商品采购——进口商品采购

⑤收到销售款项时，作会计分录如下：

借：银行存款——人民币存款

贷：应收账款——国内某订货单位

⑥缴纳进口关税和增值税时，作会计分录如下：

借：应交税费——应交进口关税

——应交增值税（进项税额）

贷：银行存款——人民币存款

（2）货到结算。

货到结算是指由海运进口的商品，当货船到达我国港口，取得外运公司的船舶到港通知后，凭船舶到港通知单按国内同类产品的价格开出进口销售发票，向订货单位办理货款结算的方式。货到结算具有以下两个特点：第一，进口商品的采购和销售几乎同时进行，进口商品一般不需入库。因而，在核算上不用“库存商品”账户来反映进口商品的进销存情况。第二，以货物到达港口并取得到港通知的时间确认销售收入的实现。

账务处理方法与单到结算的方法相同，此处不再赘述。

2. 购销分离（出库结算）

出库结算是指外贸企业的进口商品到货后，先验收入库，出库销售时，根据销售发票办理结算，以确定销售收入的实现。

（1）当销售方对外支付进口商品货款时，作会计分录如下：

借：商品采购——进口商品采购

贷：银行存款——外币存款

（2）向海关申报应纳进口关税时，作会计分录如下：

借：商品采购——进口商品采购

贷：应交税费——应交进口关税

（3）进口商品验收入库时，作会计分录如下：

借：库存商品——库存进口商品

贷：商品采购——进口商品采购

（4）当销售方与国内订货单位办理国内货款结算，体现销售收入时，作会计分录如下：

借：应收账款——国内某订货单位

贷：主营业务收入——自营进口销售收入

应交税费——应交增值税（销项税额）

同时结转进口商品的销售成本，作会计分录如下：

借：主营业务成本——自营进口销售成本

贷：库存商品——库存进口商品

（5）收到销售款项时，作会计分录如下：

借：银行存款——人民币存款

贷：应收账款——国内某订货单位

（6）缴纳进口关税和增值税时，作会计分录如下：

借：应交税费——应交进口关税

——应交增值税（进项税额）

贷：银行存款——人民币存款

（二）自营进口商品销售收入的确认

外贸企业自营的进口商品，应以开出进口结算凭证向国内客户办理货款结算的时间作为商品销售收入确认的时间。进口商品的结算方式有单到结算、货到结算和出库结算三种。在不同的结算方式下，收入确认的时间也不同。具体采取哪一种结算时间，由外贸企业与国内客户协商确定。

1. 单到结算方式下

单到结算方式下，外贸企业不论进口商品是否到达我国港口，只要收到银行转来国外全套结算单据，经审核符合合同规定，即向国内客户办理货款结算，以确认销售收入的实现。

2. 货到结算方式下

货到结算方式下，外贸企业收到运输公司进口商品已到达我国港口的通知后，即向国内客户办理货款结算，以确认销售收入的实现。

3. 出库结算方式下

出库结算方式下，外贸企业的进口商品到货后，先验收入库，等出库销售时，根据销售发票办理结算，以确认销售收入的实现。

（三）账户设置

进行自营进口商品销售的核算应开设的账户包括两个，分别是“主营业务收入——自营进口销售收入”账户、“主营业务成本——自营进口销售成本”账户。

（四）核算举例

【例 5-2】上海通达进出口公司从美国进口材料一批，共 200 吨，合同规定 FOB 价纽约港口每吨 60 美元，关税税率为 20%，增值税税率为 13%，对内销售每吨 900 元（不含税），国外运费和保险费共计 150 美元，美元对人民币的汇率为 1∶6.02。

1. 单到结算的核算方法如下：

（1）接到银行转来的国外单据，支付货款。作会计分录如下：

借：商品采购——进口商品采购　　72 240
　贷：银行存款——外币存款（$60×200×6.02）　　72 240

（2）同时向国内用户办理货款结算。作会计分录如下：

借：应收账款——某单位　　203 400
　贷：主营业务收入——自营进口销售收入　　180 000
　　应交税费——应交增值税（销项税额）　　23 400

（3）支付国外运费和保险费。作会计分录如下：

借：商品采购——进口商品采购　　903
　贷：银行存款——美元户（$150×6.02）　　903

（4）货物到达到口岸，计算应纳进口税金。作会计分录如下：

借：商品采购——进口商品采购　　14 628.6
　贷：应交税费——应交进口关税　　14 628.6
借：应交税费——应交增值税（进项税额）　　14 921.17
　　　　——应交进口关税　　14 628.6
　贷：银行存款——人民币存款　　29 549.77

（5）结转进口成本。作会计分录如下：

借：主营业务成本——自营进口销售成本　　87 771.6
　贷：商品采购——进口商品采购　　87 771.6

2. 货到结算的核算方法同上。

3. 出库结算的核算方法如下：

（1）接到银行转来的国外单据，支付货款。作会计分录如下：

借：商品采购——进口商品采购　　72 240
　贷：银行存款——外币存款（$60×200×6.02）　　72 240

（2）支付国外运保费。作会计分录如下：

借：商品采购——进口商品采购　　903
　贷：银行存款——美元户（$150×6.02）　　903

（3）货物到达到口岸，计算应纳进口税金。作会计分录如下：

借：商品采购——进口商品采购　　14 628.6
　贷：应交税费——应交进口关税　　14 628.6
借：应交税费——应交增值税（进项税额）　　14 921.17
　　　　——应交进口关税　　14 628.6
　贷：银行存款——人民币存款　　29 549.77

（4）商品验收入库。作会计分录如下：

借：库存商品——库存进口商品　　87 771.6

　贷：商品采购——进口商品采购　　87 771.6

（5）向国内用户办理货款结算。作会计分录如下：

借：应收账款——某单位　　203 400

　贷：主营业务收入——自营进口销售收入　　180 000

　　应交税费——应交增值税（销项税额）　　23 400

（6）结转进口成本。作会计分录如下：

借：主营业务成本——自营进口销售成本　　87 771.6

　贷：库存商品——库存进口商品　　87 771.6

四、自营进口商品销售其他业务的核算

（一）销售退回的核算

自营进口商品销售采取单到结算方式。在银行转来国外全套结算单据时，在进行商品购进核算的同时，又进行了商品销售的核算。然后，在商品运达我国港口后，若发现商品的质量与合同规定严重不符，外贸企业可根据商品检验部门出具的商品检验证明书，按照合同规定与国外出口商联系，将商品退回给进口商，收回货款及进口费用和退货费用，然后向国内客户办理退货手续。

【例5-3】承例5 2，上海通达进出口公司从美国进口材料一批，共200吨，运到时，商检局出具了商品检验证明书，证明该批材料为不合格产品，经与出口商联系后，对方同意退货。

（1）3月5日，购汇垫付退还200吨进口材料国外运费、保险费150美元，当日美元汇率为1 ∶ 6.78。作会计分录如下：

借：应收外汇账款——美元户（$150×6.78）　　1 017

　贷：银行存款——外币存款　　1 017

（2）3月5日，将150吨进口材料作进货退出处理，并向税务部门申请退还已支付的进口关税。作会计分录如下：

借：应收外汇账款——美元户（$12 150×6.78）　　82 377

　　应交税费——应交进口关税　　17 058.6

　贷：主营业务成本——自营进口销售成本　　99 435.6

（3）3月5日，同时作销货退回处理，开出红字专用发票，应退回对内销售货款180 000元，增值税额30 600元。作会计分录如下：

借：主营业务收入——自营进口销售收入　　180 000

应交税费——应交增值税（销项税额） 23 400

贷：应收账款——某公司 203 400

（4）3月20日，收到美国某公司退回的货款及垫付费用12 300美元，当日美元汇率为1 ：6.75，收到银行转来结汇水单。作会计分录如下：

借：银行存款——外币存款（$12 300×6.75） 83 025

贷：应收外汇账款——美元户 83 025

（5）3月30日，收到税务机关退还进口关税17 058.6元和增值税17 399.77元。作会计分录如下：

借：银行存款——人民币户 34 458.37

贷：应交税费——应交进口关税 17 058.6

——应交增值税（进项税额） 17 399.77

（二）索赔和理赔

在对索赔和理赔进行会计处理时，分别以下三种情况进行核算。

（1）向国内用户理赔，冲减销售收入。作会计分录为：

借：主营业务收入——自营进口销售收入

应交税费——应交增值税（销项税额）

贷：银行存款——人民币户

（2）对外索赔，冲减原销售成本。作会计分录为：

借：应收外汇账款——进口索赔

贷：主营业务成本——自营进口销售成本

（3）已对内理赔，但对外无索赔权，记入“营业外支出”科目。作会计分录为：

借：营业外支出

贷：主营业务成本——自营进口销售成本

【例5-4】北京昌盛进出口公司8月从美国纽约购进黑豆300吨，以CIF价格计价，每吨450美元，佣金3 000美元，当日美元市场价为6.78元，进口缴纳关税35 000元人民币，缴纳增值税126 183.2元人民币。这批黑豆采用单到结算方式，已经以每吨4 200元价格售给顺泰食品厂，货款1 260 000元，增值税163 800元。款已收妥入账。8月31日，黑豆到达港口，检验中发现其中15吨已霉烂变质。

（1）9月5日，查黑豆霉烂变质为出口商责任，向外商提出索赔，经协商，外商同意赔偿6 500美元，当日美元市场价为6.58元。作会计分录如下：

借：应收外汇账款——美元户（$9 800×6.59） 64 582

贷：主营业务成本——自营进口销售成本　　64 582

（2）9月5日，同时作销货退回处理。作会计分录如下：

借：主营业务收入——自营进口销售收入　　1 260 000

应交税费——应交增值税（销项税额）　　163 800

贷：应付账款——顺泰食品厂　　1 423 800

（3）9月8日，申请退还进口关税。作会计分录如下：

借：应交税费——应交进口关税　　35 000

贷：主营业务成本——自营进口销售成本　　35 000

（4）9月20日，收到美国纽约公司付来的赔偿款6 500美元，当日美元市场汇率为6.78元。作会计分录如下：

借：银行存款——外币存款（$6 500×6.78）　　44 070

贷：应收外汇账款——美元户　　44 070

（5）9月30日，收到税务机关退还15吨变质黑豆的关税和增值税。作会计分录如下：

借：银行存款——人民币存款　　161 183.2

贷：应交税费——应交进口关税　　35 000

——应交增值税（进项税额）　　126 183.2

第三节　代理进口业务

一、代理进口业务的概述

（一）代理进口业务的特点

外贸企业代理进口业务的特点有外贸企业不垫付进口商品资金，不负担进口商品的国内外直接费用，也不承担进口业务盈亏，只根据进口商品金额CIF价格，按规定的代理手续费率向委托单位收取代理手续费。

在代理进口业务中，委托单位必须预付采购进口商品的资金，外贸企业只有在向委托单位收妥款项后，才能与进口商签订进口合同；委托单位必须负担因代理业务所发生的国内外直接费用和进口商品所发生的各项税收，并承担进口业务的盈亏。代理方应负责对外洽谈价格条款、技术条款、交货期及签订合同并办理运输、开证、付汇等全过程，若仅负责对外成交，不负责开证付款，则不属于代理进口。

（二）代理进口业务的结算内容

代理进口业务结算内容主要包括国外和国内两方面的核算。其中国外结算主要有国外货款和国外运保费的核算；国内结算主要有进口税金、银行财务费、外运劳务费和代理手续费的核算。

（三）代理进口业务销售收入的确认

外贸企业代理进口业务，应以开出进口结算单，向国内委托单位办理货款结算的时间确认销售收入的实现。由于外贸企业经营代理进口业务前，已与委托单位签订了代理进口合同或协议，就代理进口商品的名称、价款条件、运输方式、费用负担、风险责任、手续费率等有关内容作出详细的规定，以明确双方的权利和责任。因此，当银行转来国外全套结算单据，经审核与合同无误，支付进口商品的货款的同时，也就可以向国内委托单位办理货款结算，那么代理进口商品的销售也就已经实现。

二、代理进口业务的核算

（一）账户设置

1. "其他业务收入——代购代销收入"

该账户用来核算外贸企业发生代理业务手续费收入。发生代理业务手续费收入时借记"预收账款——委托单位"，贷记"其他业务收入——代购代销收入"。

2. "其他业务成本"

该账户用来核算外贸企业发生代理业务手续费收入相关的成本和税费。发生相关的成本和税费时借记"其他业务成本"，贷记"应交税费——应交增值税"等。

3. "预收账款"

该账户用来核算外贸企业与委托方之间的款项结算。外贸企业收到委托方的预付款项时借记"银行存款"，贷记"预收账款——委托单位"；外贸企业向国外出口商承付货款时借记"预收账款——委托单位"，贷记"银行存款"。

（二）核算举例

【例 5-5】北京某进出口公司接受国内昌化公司委托代理进口材料一批，合同价FOB 纽约 15 000 美元，国外运输费、保险费 200 美元，关税税率 10%，增值税税率13%，银行手续费 420 元，外运劳务费 980 元，手续费率 2.5%，汇率 1∶6.56。

（1）收到委托单位预付进口外汇 15 000 美元。

借：银行存款——美元户（$15 000×6.56）　　98 400

　贷：预收账款——委托单位　　98 400

（2）收到进口单证向国外支付货款。

借：预收账款——委托单位　98 400

　贷：银行存款——外币存款（$15 000×6.56）　98 400

（3）支付代理进口商品的国外运输费、保险费。

借：预收账款——委托单位　1 312

　贷：银行存款——外币存款（$200×6.56）　1 312

（4）计交代理进口商品关税。

借：应交税费——应交进口关税［（98 400 +1 312）×10%］　9 971.2

　贷：银行存款——人民币存款　9 971.2

借：预收账款——委托单位　9 971.2

　贷：应交税费——应交进口关税　9 971.2

（5）计交代理进口商品的增值税。

借：应交税费——应交增值税（进项税额）［（98 400 +1 312+9 971.2）×13%］　14 258.82

　贷：银行存款——人民币存款　14 258.82

借：预收账款——委托单位　14 258.82

　贷：应交税费——应交增值税（进项税额）　14 258.82

（6）支付代理进口商品的银行手续费、外运劳务费。

借：预收账款——委托单位　1 400

　贷：银行存款——人民币存款　1 400

（7）向委托单位结算代理费。

借：预收账款——委托单位（$15 200×2.5%×6.56）　2 492.8

　贷：其他业务收入——代购代销收入　2 492.8

（8）收到委托单位的结欠款。

借：银行存款　33 652.14

　贷：预收账款——委托单位　33 652.14

第四节　易货贸易业务

一、易货贸易业务的概述

（一）易货贸易业务的特点

易货贸易是指由贸易双方订立易货贸易合同或协议，规定在一定期限内，用一种或几种商品交换另一种或几种进口商品的业务。易货贸易业务的特点是易货贸易由出口业务和进口业务两个部分组成；易货贸易应将出口业务和进口业务结合起来进行核算。也就是说，易货贸易是在换货的基础上，把出口和进口直接结合起来，以商品的出口换取等值商品的进口的一种贸易方式，是一种国际性的物资变换。

（二）易货贸易业务的结算方式

易货贸易业务的结算方式主要有对开信用证结算和记账结算两种方式。

1. 对开信用证结算方式

对开信用证是指两张信用证的开证申请人互以对方为受益人而开立的信用证。对开信用证是易货贸易业务中广泛采用的一种结算方式，此种结算方式多用于易货贸易或来料加工和补偿贸易业务，交易的双方都担心凭第一张信用证出口或进口后，另一方不履行进口或出口的义务，于是采用这种互相联系、互为条件的开证办法，用于彼此约束。

对开信用证的特点：

（1）第一张信用证的受益人（出口人）和开证申请人（进口人）就是第二张信用证的开证申请人和受益人。

（2）第一张信用证的通知行通常就是第二张信用证的开证行。

（3）两张信用证的金额相等或是大致相等，两证可同时互开，也可先后开立。

2. 记账结算方式

记账结算是根据两国政府间签订的贸易支付协定，由双方国家银行或其他指定的银行相互开立“清算账户”进行的结算。记账结算使用的货币，根据不同情况，或使用对方国家货币，或使用第三国货币。这种账户有计算利息的，也有不计算利息的；有定期进行结算的，也有为保证贸易顺差一方的利益，规定在协定执行中双方账户所能保有的最高差额，即信用摆动额，当超过时，超额部分即需计收利息，或以可兑换货币或商品进行偿付。偿付的办法可以是经一方提出要求立即偿付，个别的也可以经双方商定，分期或延期偿付。

（三）易货贸易业务的表现形式

易货贸易业务在国际贸易中主要表现为直接易货和综合易货两种形式。

1. 直接易货

直接易货又称为一般易货，它是最普遍也是目前应用最广泛的易货形式。一笔交易一般只签订一个包括双方交付相互抵偿货物的合同，而不涉及第三方。这种直接易货形式，往往要求进口和出口同时成交，对于需要通过运输运送货物的交易方来说，由于这种易货形式一般要求进出口同时进行，因此在应用中存在困难。于是在实际业务中，就产生了一些变通的做法，最常见的即为通过对开信用证的方式进行易货贸易。

2. 综合易货

除了直接易货之外，还可进行技术、劳务等综合易货。综合易货多用于两国之间根据记账或支付（清算）协定而进行的交易。由两国政府根据签订的支付协定，在双方银行互设账户，双方政府各自提出在一定时期（通常为一年）提供给对方的商品种类、进出口金额基本相等，经双方协商同意后签订易货协定书，然后根据协定书的有关规定，由各自的对外贸易专业公司签订具体的进出口合同，分别交货。商品出口后，由双方银行凭装运单证进行结汇并在对方国家在本行开立的账户进行记账，然后由银行按约定的期限结算。综合易货通过记账结算的方式进行易货贸易。

二、易货贸易出口业务的核算

（一）账户设置

有外贸经营许可权的企业经营易货出口业务应根据易货贸易合同或协议的规定采购出口商品，将商品验收入库、出口商品出库发运，向银行办理交单收汇、支付国内外直接费用、向税务部门申请退税和取得收汇通知或结汇水单等业务的核算方法与自营出口销售业务基本相同。主要区别是易货贸易出口业务在“主营业务收入”“主营业务成本”账户下设置“易货贸易”这个二级账户进行核算。

（二）核算举例

【例 5-6】北京顺兴进出口公司与韩国友丽公司签订易货贸易合同，合同规定顺兴进出口公司出口 5 000 吨黄豆，每吨 750 美元 CIF 价格，货款 375 万美元；顺兴进出口公司进口花生 6 000 吨，每吨 6 美元 CIF 价格，货款 375 万美元。以对开信用证方式进行结算。

（1）4 月 2 日向国内某黄豆厂商购进生姜 5 000 吨，每吨 4 200 元，计货款 2 100 万元，增值税额 273 万元，价税款通过银行存款结算。

借：商品采购——国产商品采购　　　　21 000 000

应交税费——应交增值税（进项税额）　　2 730 000

贷：银行存款　　23 730 000

（2）4月3日，黄豆验收入库。

借：库存商品——库存出口商品　　23 730 000

贷：商品采购——国产商品采购　　23 730 000

（3）4月4日，黄豆已装至船厂。

借：待运和发出商品　　23 730 000

贷：库存商品——库存出口商品　　23 730 000

（4）4月6日，收到业务部门转来易货贸易销售生姜的发票副本和银行回单，开列黄豆5 000吨，每吨750美元CIF价格，当日美元中间价为6.78。

借：应收账款——易货贸易　　25 425 000

贷：主营业务收入——易货贸易　　25 425 000

（5）4月7日，结转易货贸易成本。

借：主营业务成本——易货贸易　　21 000 000

贷：待运和发出商品　　21 000 000

（6）4月8日，支付易货贸易国外运费2 500美元，保险费500美元，当日美元中间价为6. 25元，以外币美元存款户支付。

借：主营业务收入——易货贸易　　18 750

贷：银行存款——美元户（$3 000×6.25）　　18 750

（7）4月18日，收到银行转来结汇水单，360万美元收妥结汇，银行扣除200美元收汇手续费，其余部分按当日美元买入价6.28元结汇。

借：银行存款——人民币户　　25 423 744

财务费用　　1 256

贷：应收账款　　25 425 000

（8）4月18日，接银行转来韩国友丽公司全套结算单据，开列花生6 000吨，每吨625美元CIF价格，货款375万美元。审核无误，购汇支付，当日美元卖出价6.78元。

借：商品采购——易货贸易　　25 628 400

贷：银行存款　　25 628 400

（9）4月26日，上述物资运达我国口岸，申报应纳关税税额2 562 840元，应纳增值税3 664 861.2元。作会计分录如下：

借：商品采购——易货贸易　　2 562 840

应交税费——应交增值税（进项税额）　　3 664 861.2

贷：银行存款　　6 227 701.2

（10）4月28日，北京顺兴进出口公司将上述花生6 000吨全部售给国内安泰食品公司，收到业务部门转来的有关单据，上列货款3 000万元，增值税款390万元，款项已收到转账支票，存入银行。

借：银行存款　　33 900 000

　贷：主营业务收入——易货贸易　　30 000 000

　　　应交税费——应交增值税（销项税额）　　3 900 000

同时结转销售成本：

借：主营业务成本——易货贸易　　28 191 240

　贷：商品采购——易货贸易　　28 191 240

第五节　进口付汇核销制度

1997年1月17日，国家外汇管理局发布的《贸易进口付汇核销监管暂行办法》规定，经对外贸易经济合作部（现商务部）或其授权单位批准的经营进口业务的企业（包括外商投资企业）、事业单位（以下简称进口单位），以通过银行购汇或从现汇账户支付的方式，向境外支付有关进口商品的货款、预付款、尾款等（以下简称进口付汇），应当按照本办法办理核销手续。

国家外汇管理局及其分支局（以下简称外汇局）负责所有进口付汇的核销、检查和管理，并对进口单位和外汇指定银行进行监督、检查。外汇指定银行应当向所在地外汇局报送核销单及有关报表，对外付汇的进口单位应当向所在地外汇局办理进口付汇核销报审手续。

进口单位应当凭对外经贸部（委、厅）的批件、工商管理部门颁发的执照和技术监督部门颁发的企业代码证书到所在地外汇局办理列入“对外付汇进口单位名录”。不在名录上的进口单位不得直接到外汇指定银行办理进口付汇。

下列进口付汇应当在付汇或开立进口信用证前由进口单位逐笔向所在地外汇局申请并办理“进口付汇备案表”（以下简称备案表）手续，外汇指定银行凭备案表按规定为其办理进口付汇手续：

（1）不在“对外付汇进口单位名录”上的。

（2）被列入“由外汇局审核真实性的进口单位名录”的。

（3）付汇后90天以内（不含90天）不能到货报关的。

（4）进口单位到其所在地外汇局管辖的市、县以外的外汇指定银行付汇的。

一、进口付汇核销业务流程

进口付汇核销业务流程如下：

（1）进口单位经商务部或其授权单位批准或备案取得进出口权，取得中国电子口岸IC卡。

（2）进口单位持有关材料向注册所在地外汇局申请办理列入“对外付汇进口单位名录”。

（3）外汇局审核无误后，为进口单位办理“对外付汇进口单位名录”手续。

（4）进口单位付汇或开立信用证前，判断是否需到外汇局办理“进口付汇备案表”手续。如需要持有关材料到外汇局办理进口付汇备案手续，领取“进口付汇备案表”；如不需要，进口单位持有关材料到外汇指定银行办理开证或购汇手续。

（5）进口单位在有关货物报关后一个月内到外汇局办理进口核销报审手续。

二、进口付汇核销流程

进口付汇核销流程如下：

（1）进口单位办理付汇时应当按规定如实填写核销单（一式三联），属于货到汇款的还应当填写有关“进口货物报关单”编号和报关币种金额，将核销单连同其他付汇单证一并送外汇指定银行审核。

（2）外汇指定银行在办理付汇手续后，应当将核销单第一联按货到汇款和其他结算方式分类，分别装订成册并按周向进口单位所在地外汇局报送；将第二联退进口单位，将第三联与其他付汇单证一并留存五年备查。

（3）外汇指定银行对凭备案表付汇的，应当将备案表第一联与核销单第三联一并留存备查；将第二联与核销单第二联退进口单位留存；将第三联与核销单第一联报送指定银行所在地外汇局。

（4）进口单位应当按月将核销表及所附核销单证报外汇局审查；应当在有关货物进口报关后一个月内向外汇局办理核销报审手续。在办理核销报审时，对已到货的，进口单位应当将正本进口货物报关单等核销单证附在相应核销单后（凭备案表付汇的还应当将备案表附在有关核销单后），并如实填写“贸易进口付汇到货核销表”；对未到货的，填写“贸易进口付汇未到货核销表”。

（5）外汇局审查进口单位报送的核销表及所附单证后，应当在核销表及所附的各张报关单上加盖“已报审”章，留存核销表第一联，将第二联与所附单证退进口单位。进口单位应当将核销表及所附单证保存五年备查。

外汇局工作人员通过“中国电子口岸进口付汇子系统”检验进口货物报关单的真伪，如纸质报关单与系统中的报关单电子底账无误，外汇局工作人员在到货核销表及进口报关单上加盖“已报审”章，进口货物报关单、结汇水单及收账通知书、IC卡退进口单位；如系统中无此笔报关单底账或与纸质报关单不一致，则要求企业说明情况，如是海关原因，需由企业到海关申请补录或修改，如核查后认定是伪造报关单，则将有关材料及情况转检查部门调查、处罚。

在办理异地开证或付汇时，进口单位应事前持备案表到付汇地外汇局办理确认手续。付汇地外汇局确认无误并加盖“进口核销监管业务”章后，进口单位方可持经确认的备案表及上述单据到外汇指定银行开证或付汇。被外汇局列入“由外汇局审核真实性的进口单位名录”的进口单位，不予办理异地付汇备案。

三、进口付汇核销操作规程

进口付汇核销操作规程如下：

（1）进口单位应于每月底前到外汇局办理当月进口付汇的核销报审手续。

（2）进口单位办理核销报审手续时，需提供以下单据：

①货到汇款：进口付汇核销表（一式两联），进口付汇核销单（企业留存联）。凭进口付汇备案表付汇的还需提供相应的进口付汇备案表。

②信用证、托收、预付货款：进口付汇核销表（一式两联），进口付汇核销单（企业留存联），贴有防伪标签、加盖海关验讫章的正本海关进口货物报关单，企业IC卡。凭进口付汇备案表付汇的还需提供相应的进口付汇备案表。

（3）企业报送的核销单据中，核销表的填报人、核销单的付款人、进口报关单的经营单位或到货单位均应为同一单位，进口报关单经电脑核查系统核对，各要素与电子底账相符的，方可办理核销。

（4）外汇局在办理核销报审后，在核销表及所附进口报关单上加盖“已报审”章，将核销表第二联退还报核企业，作为企业已核销凭证，其他单据及打印的进口报关单电子底账由外汇局一并留存。

（5）下列情况由外汇局邮寄进口货物报关单进行二次核对，凭签发地海关的鉴别证明书办理核销手续：

①进口报关单上的经营单位与付汇人不一致的。

②暂时还没有领取企业IC卡的。

③通过电脑核查系统无法查到的。

（6）属90天以上远期付汇的，企业的进口报关单可先交外汇局进行二次核对，并打印出相应电子底账，付汇后凭以办理核销报审手续。

（7）企业核销的付汇金额不得大于进口报关单金额，否则不予核销。

四、核销监管

贸易进口付汇核销监管主要有四个环节：

（1）数据报送环节。外汇指定银行向外汇局报送付汇数据，进口单位向外汇局报审到货信息及有关单据。

（2）外汇局的核对、核查环节。通过对进口单位的付汇及到货情况的核对，掌握整体的付汇到货情况。

（3）抽查及重点检查环节。通过日常核对审核发现问题，进行抽查及重点检查，并确定性质、执行处罚。

（4）根据核销监管情况反馈的信息对“对外付汇进口单位名录”和“由外汇局审核真实性的进口单位名录”进行调整。

外汇局按照总额或逐笔的方式交叉核查外汇指定银行和进口单位双向报送的核销单；根据外汇指定银行报送的核销单核查进口单位报送的核销表及所附单证；根据备案表核查进口单位和银行的付汇及核销情况。

外汇局根据核查情况对进口单位和外汇指定银行进行抽查；对有疑点的单证和进口单位及外汇指定银行进行重点核查，并按照有关规定随时向报关单签发地海关进行二次核对。货到汇款项下凭进口货物报关单办理付汇的，进口货物报关单的二次核对仍由外汇指定银行负责。

对有下列行为的进口单位，应当在接到通知后的五个工作日内向外汇局说明情况：

（1）向外汇局或外汇指定银行报审伪造、假冒、涂改、重复使用等进口货物报关单（核销联）或其他凭证的。

（2）付汇后无法按时提供有效进口货物报关单或其他到货证明的。

（3）需凭备案表付汇而没有备案表的。

（4）漏报、瞒报等不按规定向外汇局报送核销表及所附单证或丢失有关核销单证的。

（5）违反《贸易进口付汇核销监管暂行办法》其他规定的。

逾期未说明情况或无正当理由的，外汇局应当按照有关规定将进口单位列入“由外汇局审核真实性的进口单位名录”。违反规定的外汇指定银行和进口单位，外汇局按照《中华人民共和国外汇管理条例》的规定予以处罚。

第六章

进出口货物税金的核算

本章导读

对于进（出）口货物来说，缴纳税费是一项很重要的工作，根据海关法和进出口关税的有关规定，进出口的货物除国家另有规定的以外，均应征收关税。关税由海关依照海关进出口税则征收。我国对进口货物除征收关税外，还要征收增值税，少数商品要征收消费税。为简化征收手续，方便货物进出口，同时又可有效地避免货物进口后另行征收可能造成的漏征，国家规定进口货物的增值税和消费税，由海关在进口环节代税务机关征收。出口货物退（免）税是国际贸易中通常采用并为各国普遍接受的一种税收措施，其目的在于鼓励各国出口货物的公平竞争。它是国家对报关出口的货物予以退还或免征在国内各生产、流转环节按税法规定已缴纳的增值税和消费税。本章的学习任务如下：

1. 了解关税的概述，掌握关税征缴的相关要求，同时掌握关税的核算
2. 了解增值税的概述，掌握增值税应纳税额的计算，同时掌握增值税的核算
3. 了解消费税的概述，掌握消费税征缴的相关要求，同时掌握消费税的核算
4. 掌握出口货物退（免）税的相关规定

第一节 关税

一、关税的概述

（一）含义及特点

关税是以进出关境或国境的货物和物品的流转额为课税对象的一种税。这里的“货物”是指以贸易为目的而进出关境或国境的商品物资；“物品”是指入境旅客运输工具服务人员携带的行李物品，个人邮递物品以及其他个人自用物品。关税通常表现为进口关税和出口关税，一般各国都不征过境关税。

关税是流转税中的一个独立税种，与其他国内商品税相比，具有以下几个显著特点：

（1）关税的征税对象是进出关境或国境的有形或无形物品。

（2）关税的课征范围以关境为界，而不是以国境（一个主权国家的领土范围）为标准。

（3）关税的课税环节是进出口环节。

（4）关税的计税依据为完税价格。

（5）关税的征税主体是海关。

（6）关税具有较强的调节功能。

（7）关税法规相对独立并自成体系。

（二）种类

1. 根据征税对象的流向，关税可以分为进口关税、出口关税和过境关税

（1）进口关税，简称进口税，是对进入关境的货物或物品征收的一种税，它是关税最主要的一种。目前，世界各国征收的关税主要是进口关税。

（2）出口关税，简称出口税，是对运出关境的货物或物品所征收的一种关税。

（3）过境关税，简称过境税，是对通过本国关境的货物和物品所征收的一种关税。

2. 根据关税征税的目的不同，关税可以分为财政关税和保护关税

（1）财政关税，又称“收入关税”，是以增加国家财政收入为主要目的而征收的关税。这类关税的征税对象一般选择进口数量大、消费量大、负担能力强的非生活必需品和非生产性消费品，或本国不能生产且不准备生产又无替代品的消费品作为征税对象，其税率一般较低。

（2）保护关税，是以保护本国民族经济发展为主要目的而征收的关税，其征收对象是本国需要发展和国际竞争性很强的商品。保护关税的税率一般较高。

3. 根据关税的计征依据，可以分为从价关税、从量关税、复合关税、选择关税、滑动关税

（1）从价关税，是以进出口货物或物品的价格计征的关税。

（2）从量关税，是以进出口货物的计量单位（重量、数量、长度、体积）为计税依据而计征的一种关税。

（3）选择关税，是对同一税目的货物同时规定从价定率和从量定率两种税率，征税时，由海关选择其中的一种进行课征的关税。

（4）复合关税，是对同一税目货物同时采取从价与从量两种标准计征的关税。

（5）滑动关税，又称滑准关税，即按市场商品价格的涨落，对同一税目的货物，按照其价格的高低设定不同的税率，进口货物按其价格水平适用税率课税。

4. 根据一国是否能独立自主制定税法为标准，关税可分为自主关税与协定关税

（1）自主关税，是一国基于主权独立地依法制定的关税和税则，并据以征税的关税。

（2）协定关税，是两个或若干个国家，通过缔结关税贸易方面的协定而制定的关税法和税则，并据以征收的关税。它可以分为平等互利基础上形成的自主协定关税和依据不平等条约产生的片面协定关税。

5. 根据关税计征有无优惠为标准，关税分为普通关税、优惠关税

（1）普通关税，是既无任何优惠也不受任何歧视的关税。

（2）优惠关税，是指对来自某些特定的受惠国的进口货物，使用比普通税率较低的优惠税率征收的关税。优惠关税按其优惠程度又分为以下几类：①最惠国待遇关税；②普遍优惠制关税；③特惠关税。

（三）纳税人

关税的纳税人，是依法负有缴纳关税义务的单位或个人。关税的纳税人既可以是法人，也可以是自然人。

我国的征税范围包括准许进出我国国境的各类货物和物品，其中货物是指贸易性的进出口商品，物品是非贸易性物品。

1. 贸易性商品的纳税主体

（1）进口货物的收货人。

（2）出口货物的发货人。

（3）接受委托办理有关货物进出口手续的代理人。

2. 物品的纳税主体

（1）入境旅客随身携带的行李、物品的持有人。

（2）各种运输工具上的服务人员入境时携带的自用物品的持有人。

（3）遗赠物品以及以其他方式入境物品的所有人。

（4）进口个人邮件的收货人。

（四）税率

1. 进口关税税率的设置

（1）税则税率。

进口关税设置最惠国税率、协定税率、特惠税率、普通税率、关税配额税率等税率。具体按 2008 年《中华人民共和国海关进出口税则》执行。

①最惠国税率。适用原产于共同适用最惠国待遇条款的世界贸易组织成员的进口货物，原产于与我国签订含有相互给予最惠国待遇条款的双边贸易协定的国家或者地区的进口货物，以及原产于我国境内的进口货物。

②协定税率。适用原产于与我国签订含有关税优惠条款的区域性贸易协定的国家或者地区的进口货物。

③特惠税率。适用原产于与中华人民共和国签订含有特殊关税优惠条款的贸易协定的国家或者地区的进口货物。

④普通税率。适用原产于以上所列以外国家或者地区的进口货物，以及原产地不明的进口货物。

⑤关税配额税率。适用按照国家规定实行关税配额管理的进口货物，关税配额内的部分。

（2）暂定税率。

除上述税则税率外，对进口货物在一定期限内可以实行暂定税率，即在海关进出口税则规定的进口税率的基础上，对部分进口货物实行更加优惠的关税税率。

适用最惠国税率的进口货物有暂定税率的，应当适用暂定税率；适用协定税率、特惠税率的进口货物有暂定税率的，应当从低适用税率；适用普通税率的进口货物，不适用暂定税率。

2. 出口关税税率的设置

（1）税则税率。

出口关税设置出口税率，具体按 2008 年《中华人民共和国海关进出口税则》执行。

（2）暂定税率。

除上述税则税率外，对出口货物在一定期限内可以实行暂定税率，即在海关进出口税则规定的出口税率的基础上，对部分出口货物实行更加优惠的关税税率。

适用出口税率的出口货物有暂定税率的，应当适用暂定税率。

二、关税征缴的相关要求

（一）关税减免税

关税减免分为法定减免税、特定减免税和临时减免税。除法定减免税之外的其他减免税均由国务院决定。

1. 法定减免税

法定减免税是税法中明确列出的减税或免税。主要包括：

（1）关税税额在人民币 50 元以下的一票货物。

（2）无商业价值的广告品和货样。

（3）外国政府、国际组织无偿赠送的物资。

（4）进出境运输工具装载的途中必需的燃料、物料和饮食用品。

（5）进出货物如有以下情形，经海关查明属实，可酌情减免进口关税：

①在境外运输途中或者在起卸时，遭受损坏或者损失的。

②起卸后海关放行前，因不可抗力遭受损坏或者损失的。

③海关查验时已经破漏、损坏或者腐烂，经证明不是保管不慎造成的。

（6）我国缔结或者参加的国际条约规定减征、免征关税的货物、物品，按照规定予以减免关税。

2. 特定减免税

特定减免税也称政策性减免税。在法定减免税之外，国家按照国际通行规则和我国实际情况，制定发布的有关出口货物减免关税的政策，称为特定或政策性减免税。如对科教用品、残疾人专用品、扶贫和慈善性捐赠物资、加工贸易产品、边境贸易进口物资等减免关税。

3. 临时减免税

临时减免税是指以上法定和特定减免税以外的其他减免税，即由国务院根据《海关法》对某个单位、某类商品、某个项目或某批进出口货物的特殊情况，给予特别照顾，一案一批，专文下达的减免税。

（二）关税的补征、追征和退还

1. 关税补征和追征

进出境货物和物品放行后，如发现少征或者漏征税款的，海关应当责令纳税人补缴所差税款。非因纳税人违反海关造成短征关税的，海关应当自缴纳税款或者货物放行之日起一年内，向纳税人补征；因纳税义务人违反规定造成少征或者漏征税款的，海关可以自应缴纳税款之日起三年内追征税款，并从缴纳税款之日起按日加征少征或者漏征税款万分之五的滞纳金。

2. 关税退还

关税退还是关税纳税义务人按海关核定的税额缴纳关税后，因某种原因的出现，海关将实际征收多于应当征收的税额退还给原纳税义务人的一种行政行为。海关发现多征税款的，应当立即通知纳税义务人办理退还手续。纳税义务人发现多缴税款的，自缴纳税款之日起一年内，可以以书面形式要求海关退还多缴的税款，并加算银行同期活期存款利息；海关应当自受理退税申请之日起 30 日内，作出书面答复并通知退税申请人。

（三）关税完税价格

1. 进口关税完税价格的确定

进口货物的完税价格由海关以符合《中华人民共和国进出口关税条例》所列条件的成交价格以及该货物运抵我国境内输入地点起卸前的运输及其相关费用、保险费为基础审查确定。

进口货物的成交价格，是指卖方向我国境内销售该货物时买方为进口该货物向卖方实付、应付的，并按照《中华人民共和国进出口关税条例》规定调整后的价款总额，包括直接支付的价款和间接支付的价款。

进口货物以我国口岸到岸价格（CIF）、到岸价格加佣金价格（CIFC）、到岸价格加战争险价格（CIPW）成交的，经海关审定后，可直接以此实际成交价格作为完税价格。

其计算公式为：

（1）FOB 价格。以国外口岸离岸价（FOB）成交的，应另加从发货口岸到我国口岸以前的运杂费和保险费作为关税完税价格。其关税完税价格计算公式为：

关税完税价格= FOB+运杂费+保险费

或=（FOB+运杂费）÷（1−保险费率）

（2）CFR 价格。以成本加运费（CFR）成交的，应另加保险费作为关税完税价格。关税完税价格计算公式为：

关税完税价格= CFR ÷（1−保险费率）

（3）CIF 价格。以我国口岸到岸价格（CIF）成交的，则该成交价格就是关税完税价格。关税完税价格计算公式为：

关税完税价格= CIF

进口货物的下列费用应当计入完税价格：

（1）由买方负担的购货佣金以外的佣金和经纪费。

（2）由买方负担的在审查确定完税价格时与该货物视为一体的容器的费用。

（3）由买方负担的包装材料费用和包装劳务费用。

（4）与该货物的生产和向我国境内销售有关的，由买方以免费或者以低于成本的方式提供并可以按适当比例分摊的料件、工具、模具、消耗材料及类似货物的价款，以及在境外开发、设计等相关服务的费用。

（5）作为该货物向我国境内销售的条件，买方必须支付的、与该货物有关的特许权使用费。

（6）卖方直接或者间接从买方获得的该货物进口后转售、处置或者使用的收益。

进口时在货物的价款中列明的下列税收、费用，不计入该货物的完税价格：

（1）厂房、机械、设备等货物进口后进行建设、安装、装配、维修和技术服务的费用。

（2）进口货物运抵境内输入地点起卸后的运输及其相关费用、保险费。

（3）进口关税及国内税收。

进口货物的成交价格不符合《中华人民共和国进出口关税条例》规定条件的，或者成交价格不能确定的，海关经了解有关情况，并与纳税义务人进行价格磋商后，依次以下列价格估定该货物的完税价格。

（1）与该货物同时或者大约同时向我国境内销售的相同货物的成交价格。

（2）与该货物同时或者大约同时向我国境内销售的类似货物的成交价格。

（3）与该货物进口同时或者大约同时，将该进口货物、相同或者类似进口货物在第一级销售环节销售给无特殊关系买方最大销售总量的单位价格，但应当扣除如下项目：

①同等级或者同种类货物在中华人民共和国境内第一级销售环节销售时通常的利润和一般费用以及通常支付的佣金。

②进口货物运抵境内输入地点起卸后的运输及其相关费用、保险费。

③进口关税及国内税收。

（4）按照下列各项总和计算的价格：生产该货物所使用的料件成本和加工费用，向我国境内销售同等级或者同种类货物通常的利润和一般费用，该货物运抵境内输入地点起卸前的运输及其相关费用、保险费。

（5）以合理方法估定的价格。

2. 出口关税完税价格的确定

出口货物的完税价格由海关以该货物的成交价格以及该货物运至我国境内输出地点装载前的运输及其相关费用、保险费为基础审查确定。

出口货物的成交价格，是指该货物出口时卖方为出口该货物应当向买方直接收取和间接收取的价款总额。一般为出口商品的离岸价格。出口关税不计入完税价格。

出口货物的成交价格不能确定的，海关经了解有关情况，并与纳税义务人进行价格磋商后，依次以下列价格估定该货物的完税价格：

（1）与该货物同时或者大约同时向同一国家或者地区出口的相同货物的成交价格。

（2）与该货物同时或者大约同时向同一国家或者地区出口的类似货物的成交价格。

（3）按照下列各项总和计算的价格：境内生产相同或者类似货物的料件成本、加工费用，通常的利润和一般费用，境内发生的运输及其相关费用、保险费。

（4）以合理方法估定的价格。

其计算公式为：

① FOB 价格。以我国口岸离岸价格成交，其关税完税价格计算公式为：

关税完税价格= FOB ÷（1+关税税率）

② CFR 价格。以国外口岸成本加运费成交，其关税完税价格计算公式为：

关税完税价格=（CFR –运费）÷（1+关税税率）

③ CIF 价格。以国外口岸到岸价格成交，其关税完税价格计算公式为：

关税完税价格=（CIF –保险费–运费）÷（1+关税税率）

（四）关税应纳税额的计算

贸易关税的应纳税额，以进出口货物的完税价格或应税数量为计税依据，对从价税和从量税而言，其应纳税额的计算公式为：

1. 从价关税

应纳税额=应税进/出口货物数量 × 单位完税价格 × 适用税率

2. 从量关税

应纳税额=应税进/出口货物数量 × 单位货物税额

3. 复合关税

应纳税额=应税进/出口货物数量 × 单位货物税额+应税进/出口货物数量 × 单位完税价格 × 适用税率

4. 滑准税

应纳税额=应税进/出口货物的完税价格 × 滑准税税率

三、关税的核算

（一）账户设置

为了正确核算外贸企业应纳和缴纳关税实际数额，应设置“物资采购”“应交税费——应交关税”“银行存款”“税金及附加”“应付账款”“应收账款”“其他业务收入”等账户。

（二）主要经济业务的会计处理

1. 自营进口关税的会计处理

【例 6-1】宏达外贸公司自营进口货物一批，CIF 价格折合人民币 60 万元，进口关税税率为 10%，增值税税率为 13%，货款暂未支付，税款通过银行结算。该公司进行会计处理时，编制会计分录如下：

（1）确认采购成本时：

借：商品采购——进口商品采购　　660 000

　贷：应付账款——应付外汇账款　　600 000

　　　应交税费——应交关税　　60 000

（2）缴纳应交进口关税和增值税时：

借：应交税费——应交关税　　60 000

　　　　　　——应交增值税（进项税额）　　85 800

　贷：银行存款　　145 800

2. 自营出口关税的会计处理

【例 6-2】宏达外贸公司自营出口商品一批，该商品离岸价格为 50 万元，出口关税税率为 10%。该公司在计算应纳出口关税和用银行存款实际缴纳关税时，编制会计分录如下：

（1）计算应纳出口关税时：

借：税金及附加　　50 000

　贷：应交税费——应交关税　　50 000

（2）实际缴纳关税时：

借：应交税费——应交关税　　50 000

　贷：银行存款　　50 000

3. 代理进口关税的会计处理

【例 6-3】宏达外贸公司接受甲公司委托进口商品一批，收到委托单位转来的进口货款 72 万元，进口商品关税完税价格为 60 万元人民币，关税税率为 20%，增值税税率为 13%，代理手续费按完税价格的 3% 收取。该批货物已运达，款项均通过银行结算。该公司在进行会计处理时，编制会计分录如下：

进口关税税额 = 600 000 × 20% = 120 000（元）

应纳增值税税额 =（600 000 +120 000）× 13% = 93 600（元）

代理手续费 = 600 000 × 3% = 18 000（元）

（1）收到进口货款时：

借：银行存款　　720 000

　贷：应付账款——甲公司　　720 000

（2）支付外商货款时：

借：应付账款——甲公司　　600 000

　贷：银行存款　　600 000

（3）确认和支付关税时：

借：应付账款——甲公司　　120 000

　贷：应交税费——应交关税　　120 000

借：应交税费——应交关税　　120 000

　贷：银行存款　　120 000

（4）支付增值税款时：

借：应交税费——应交增值税（进项税额）　　93 600

　贷：银行存款　　93 600

借：应付账款——甲公司　　122 400

　贷：应交税费——应交增值税（进项税额）　　122 400

（5）收取手续费时：

借：应付账款——甲公司　　18 000

　贷：其他业务收入　　18 000

（6）收到补付款项时：

借：银行存款　　140 400

　贷：应付账款——甲公司　　140 400

4. 代理出口关税的会计处理

【例 6-4】宏达外贸公司接受乙公司委托代理出口商品一批，该批商品离岸价折合人民币为 6 万元，出口关税税率为 20%，代理手续费按离岸价的 3% 收取。该公司在涉及关税业务的会计处理时，编制会计分录如下：

应纳出口关税税额 = [60 000 ÷（1+20%）] × 20% = 10 000（元）

（1）确认并缴纳关税时：

借：应收账款——乙公司　　10 000

　贷：应交税费——应交关税　　10 000

借：应交税费——应交关税　　10 000

　贷：银行存款　　10 000

（2）确认手续费收入时：

借：应收账款——乙公司　　18 000

贷：其他业务收入　　　　　　　　　　　　　　18 000

（3）收到税款及手续费时：

借：银行存款　　　　　　　　　　　　　　28 000

贷：应收账款——乙公司　　　　　　　　　　　28 000

5. 易货贸易进口关税处理

易货贸易进口业务计征关税，作分录：

借：其他业务成本——易货贸易销售成本

贷：应交税费——进口关税

6. 易货贸易出口关税处理

易货贸易出口业务计征关税，作分录：

借：其他业务成本——易货贸易销售成本

贷：应交税费——出口关税

第二节　增值税

一、增值税的概述

（一）含义和特点

增值税是以商品和服务在流转过程中产生的增值额为征税对象而征收的一种流转税。其特点有：

（1）实行价外税。

（2）划分纳税人：一般纳税人和小规模纳税人两种。

（3）简化征收率—一般纳税人为 13%；小规模纳税人为 3%；出口货物适用零税率。

（二）征收范围

增值税的征税范围包括在境内发生应税销售行为以及进口货物等。增值税的征税范围分为一般规定和特殊规定。一般规定包括销售行为和进口的货物：销售或者进口的货物、销售劳务、销售服务、销售无形资产、销售不动产等。特殊规定针对征税范围的特殊项目以及特殊行为作出了具体界定。

（三）纳税义务人

在中华人民共和国境内销售货物、劳务、服务、无形资产、不动产的单位和个人，为增值税纳税人。

单位，是指企业、行政单位、事业单位、军事单位、社会团体及其他单位。

个人，是指个体工商户和其他个人。

在中华人民共和国境外的单位或者个人在境内销售劳务，在境内未设有经营机构的，以其境内代理人为扣缴义务人；在境内没有代理人的，以购买方为扣缴义务人。

由于增值税实行凭增值税专用发票抵扣税款的制度，因此对纳税人的会计核算水平要求较高，要求能够准确核算销项税额、进项税额和应纳税额。但实际情况是有众多的纳税人达不到这一要求，因此《中华人民共和国增值税暂行条例》将纳税人按其经营规模大小以及会计核算是否健全划分为一般纳税人和小规模纳税人。具体划分标准为：

1. 一般纳税人

根据《增值税一般纳税人登记管理办法》的规定，增值税纳税人，年应纳税销售额超过财政部、国家税务总局规定的小规模纳税人标准的，应当向主管税务机关办理一般纳税人登记。年应纳税销售额是指纳税人在连续不超过 12 个月或四个季度的经营期内累计应征增值税销售额。年应税销售额未超过规定标准的纳税人，会计核算健全，能够提供准确税务资料的，可以向主管税务机关办理一般纳税人登记。会计核算健全，是指能够按照国家统一的会计制度规定设置账簿，根据合法、有效凭证进行核算。

纳税人登记为一般纳税人后，不得转为小规模纳税人，另有规定的除外。

2. 小规模纳税人

小规模纳税人是指年销售额在规定标准以下，并且会计核算不健全，不能按规定报送有关税务资料的增值税纳税人。小规模纳税人的具体认定标准为年应征销售额 500 万元及以下。小规模纳税人在达到标准后经申请被批准后可以成为一般纳税人。

对小规模纳税人实现简易办法征收增值税，其进项税不允许抵扣。

（四）增值税税率和征收率

增值税税率分为四档，如表 6-1 所示：

（1）标准税率。

纳税人销售货物、劳务、有形动产租赁服务或者进口货物，税率为 13%。

（2）9% 税率。

纳税人销售交通运输、邮政、基础电信、建筑、不动产租赁服务，销售不动产，转让土地使用权等，税率为 9%。

（3）6% 低税率。

纳税人销售服务、无形资产等，税率为 6%。

（4）出口零税率。

纳税人出口货物，税率为零。另有规定的除外。

表 6-1　增值税税率表

税目	税率	范围	说明
一、销售货物、劳务、有形动产租赁服务或者进口货物	13%		《中华人民共和国增值税暂行条例》第二条增值税税率，第一项规定："纳税人销售或者进口货物，除本条第（二）项、第（三）项规定外，税率为13%。" 《中华人民共和国增值税暂行条例》第二条增值税税率，第四项规定："纳税人提供加工、修理修配劳务，税率为13%。"
二、农业产品	9%	包括植物类、动物类	
1. 植物类		粮食包括小麦、稻谷、玉米、高粱、谷子和其他杂粮，以及经碾磨、脱壳等工艺加工后的粮食	切面、饺子皮、馄饨皮、面皮、米粉等粮食复制品，也属于本货物的征税范围。豆制小吃食品不包括
		蔬菜包括各种蔬菜、菌类植物和少数可作副食的木料植物	经晾晒、冷藏、冷冻、包装、脱水等工序加工的蔬菜、腌菜、咸菜、酱菜和盐渍蔬菜等也属于本货物的征税范围
		烟叶包括晒烟叶、晾烟叶和初烤烟叶	—
		茶叶包括各种毛茶	—
		园艺植物指可供食用的果实	经冷冻、冷藏、包装等工序加工的园艺植物，也属于本货物的征税范围
		药用植物	利用药用植物加工制成的片、丝、块、段等中药饮片，也属于本货物的征税范围
		油料植物	提取芳香油的芳香油料植物，也属于本货物的征税范围
		纤维植物	棉短绒和麻纤维经脱胶后的精干（洗）麻，也属于本货物的征税范围
		糖料植物	—
		林业产品包括原木、原竹、天然树脂及其他林业产品	盐水竹笋也属于本货物的征税范围
		其他植物	干花、干草、薯干、干制的藻类植物，农业产品的下脚料等，也属于本货物的征税范围

续表

税目	税率	范围	说明
2. 动物类	9%	水产品包括鱼、虾、蟹、鳖、贝类、棘皮类、软体类、腔肠类、海兽类、鱼苗卵、虾苗、蟹苗、贝苗秧，以及经冷冻、冷藏、盐渍等防腐处理和包装的水产品	干制的鱼、虾、蟹、贝类、棘皮类、软体类、腔肠类等，以及未加工成工艺品的贝壳、珍珠也属于本货物的征税范围
3. 动物类		畜牧产品包括兽类、禽类和爬行类动物兽类、禽类和爬行类动物的肉产品蛋类产品鲜奶	各种兽类、禽类和爬行类动物的肉类生制品亦属征税范围，经加工的咸蛋、松花蛋、腌制的蛋等，也属于本货物的征税范围
		动物皮张	将生皮、生皮张用清水、盐水或者防腐药水浸泡、刮里、脱毛、晒干或者熏干，未经鞣制的，也属于本货物的征税范围
		动物毛绒	—
		其他动物组织包括蚕茧、天然蜂蜜、动物树脂及其他动物组织	—
			农业生产者销售的自产农业产品免征增值税
三、粮食、食用植物油	9%	粮食包括稻谷；大米；大豆；小麦；杂粮；鲜山芋、山芋干、山芋粉；经过加工的面粉（各种花式面粉除外）	淀粉不属于农产品的范围，应按照13%征收增值税
		食用植物油包括从植物中加工提取的食用油脂及以其为原料生产的混合油	—
四、其他货物	9%	包括自来水、暖气、冷气、热水、煤气、石油液化气、天然气、沼气、居民用煤炭制品，图书、报纸、杂志	—
		饲料、化肥、农药、农机、农膜国务院规定的其他货物	—
五、出口销售货物	0	原油、柴油、援外出口货物、天然牛黄、麝香、铜及铜基合金、白金、糖、新闻纸等国家规定不予退税	

说明：

（1）一般纳税人生产下列货物，可按简易办法依照3%征收率计算缴纳增值税。

①县以下小型水力发电单位生产的电力。

②建筑用和生产建筑材料所用的砂、土、石料。

③以自己采掘的砂、土、石料或其他矿物连续生产的砖、瓦、石灰。

④原料中掺有煤矸石、石煤、粉煤灰、烧煤锅炉的炉底渣及其他废渣（不包括高炉水渣）生产的墙体材料。

⑤用微生物、微生物代谢产物、动物毒素、人或动物的血液或组织制成的生物制品。

（2）公共交通运输服务，包括轮客渡、公交客运、轨道交通、出租车、长途客运、班车等，可按3%的税率征收。

（3）增值税一般纳税人销售自来水可按3%的税率征收。

（4）文物商店和拍卖行的货物销售按3%的税率征收。

（5）寄售商店代销寄售物品、典当业销售的死当物品、单位和个人经营者销售自己使用过的游艇、摩托车和应征消费税的汽车，按3%的征收率计算缴纳增值税。

（6）纳税人销售旧货，按照简易办法依照3%征收率减按2%征收增值税，不能放弃减税。

（7）除全面“营改增”适用5%征收率以外的纳税人选择或暂时适用简易计税方法销售进口货物，提供应税劳务、发生应税行为，征收率均为3%。

（8）邮政部门以外的其他单位与个人销售集邮商品、征收增值税。

（9）增值税一般纳税人向小规模纳税人购买的农业产品，可视为免税农业产品按9%的扣除率计算进项税额。

二、增值税应纳税额的计算

（一）一般纳税人增值税应纳税额的计算

1. 应纳税额 = 当期销项税额 − 当期进项税额

2. 销项税额的计算

（1）销项税额是指纳税人销售货物或者提供应税劳务，按照销售额和适用税率计算并向购买方收取的增值税额，为销项税额。

（2）计算公式：

销项税额=销售额（不含税）×税率

（3）销售额的确定：

①销售额：是指纳税人销售货物或者应税劳务向购买方收取的全部价款和价外费用，但是不包括收取的销项税额。价外费用，是指价款外向购买方收取的手续费等各种性质的价外收费（手续费、运输费等）。

②含税销售额换算成不含税销售额（价税分离公式）的换算公式为：

销售额=含税销售额/（1+增值税税率）

（4）视同销售货物行为的销售额的确定。

对视同销售货物征税而无销售额的，应按下列顺序确定销售额：

①按纳税人当月同类货物的平均销售价格确定。

②按纳税人最近时期同类货物的平均销售价格确定。

③按组成计税价格确定。组成计税价格的公式为：

组成计税价格=成本×（1+成本利润率）

3. 进项税额的计算

进项税额是指纳税人购进货物或者接受应税劳务所支付或者负担的增值税额为进项税额。（购买方取得的增值税专业发票上注明的税额即为其进项税额）

4. 允许从销项税额中抵扣的进项税额

根据税法的规定，准予从销项税额中抵扣的进项税额，限于下列增值税扣税凭证上注明的增值税额：

（1）纳税人购买货物和应税劳务，从销售方取得的增值税专用发票上注明的增值税额。

（2）纳税人进口货物，从海关取得的完税凭证上注明的增值税额 。

（二）小规模纳税人增值税应纳税额的计算

应纳税额=含税销售额÷（1+征收率）×征收率

（三）进口货物的应纳税额的计算

进口货物的应纳税额=（关税完税价格+关税+消费税）×税率

三、增值税的核算

（一）账户设置

为了正确核算企业应纳、已纳和未纳增值税，应设置“应交税费——应交增值税”“应交税费——未交增值税”“银行存款”“主营业务收入”“应收账款”“预收账款”“待处理财产损益”等账户。“应交税费——未交增值税”账户是一个负债类的账户，用来核算外贸企业增值税应交而未交和缴纳未交数额的增减及其结果。该账户若有期初余额一般在贷方。本期转入的应交未交数登记在贷方（转入的多交数则登记在借方），本期缴纳未交增值税的实际数登记在借方。期末若有余额一般在贷方，表示企业应交而未交增值税的实际数额；若期末余额在借方，则表示多交增值税的实际数额。

（二）主要经济业务的会计处理

1. 购进业务的会计处理

【例 6-5】蓝天外贸公司在国内市场购入出口物资一批，增值税专用发票上注明货款 50 万元，增值税额 65 000 元，货款已通过银行存款支付，货物已验收入库。另用银行存款支付该批物资的运费 2 000 元。假定蓝天外贸公司为增值税一般纳税人，该公司在进行会计处理时，编制会计分录如下：

借：库存商品——出口库存商品 501 820

应交税费——应交增值税（进项税额） 65 180

贷：银行存款 567 000

【例 6-6】蓝天外贸公司收购农副产品一批准备出口，用银行存款实际支付价款为 80 万元，现农副产品已验收入库。该公司在进行会计处理时，编制会计分录如下：

进项税额 = 800 000 × 9% = 72 000（元）

货物成本 = 800 000 － 72 000= 728 000（元）

借：库存商品——出口库存商品 728 000

应交税费——应交增值税（进项税额） 72 000

贷：银行存款 800 000

【例 6-7】蓝天外贸公司根据合同从澳大利亚购进商品一批，货款 60 000 美元，价格条件为 FOB，付款方式采用信用证结算，当日的银行卖出价为 1 美元 = 6.78 元人民币，当日的市场汇率为 1 美元 = 6.96 元人民币。该公司在进行会计处理时，编制会计分录如下：

（1）开立信用证时：

借：其他货币资金——信用证（$60 000×6.78） 406 800

财务费用——汇兑损益 10 800

贷：银行存款（$60 000×6.96） 417 600

（2）付款赎单时（当日的市场汇率为 1 美元 = 6.58 元人民币）：

借：商品采购——进口商品采购（$60 000×6.58） 394 800

财务费用——汇兑损益 12 000

贷：其他货币资金——信用证（$60 000×6.78） 406 800

（3）支付国外运费时（假定运输费和保险费合计为 800 美元，当日市场汇率为 1 美元 = 6.58 元人民币，银行卖出价为 1 美元 = 6.68 元人民币）：

借：商品采购——进口商品采购（$800×6.58） 5 264

财务费用——汇兑损益 80

贷：银行存款（$800×6.68） 5 344

（4）确认应纳关税和消费税时（假定关税为 30 000 元，消费税为 40 000 元）：

借：物资采购——进口商品 70 000

贷：应交税费——应交进口关税　　30 000

——应交消费税　　40 000

（5）上交关税、消费税和海关代征的增值税时（假定增值税为 79 910.88 元）：

借：应交税费——应交增值税（进项税额）　　79 910.88

——应交进口关税　　30 000

——应交消费税　　40 000

贷：银行存款　　149 910.88

（6）进口货物验收入库时：

借：库存商品——库存进口商品　　470 064

贷：商品采购——进口商品采购　　470 064

2. 销售业务的会计处理

【例 6-8】蓝天外贸公司向顺达公司销售进口商品一批货款 90 万元，增值税额 117 000 元，商品已发运，款项已收到存入银行。该批商品的成本为 60 万元，该公司进行会计处理时，编制会计分录如下：

（1）确认销售收入时：

借：银行存款　　1 017 000

贷：主营业务收入　　900 000

应交税费——应交增值税（销项税额）　　117 000

（2）结转成本时：

借：主营业务成本　　600 000

贷：库存商品　　600 000

【例 6-9】蓝天外贸公司以预收货款的方式销售产品一批，货款 10 万元（不含增值税），该批商品的成本 7 万元，按与顺达公司签订的合同约定，需顺达公司预付款项 113 000 元，收到款项后即发货。该公司在进行会计处理时，编制会计分录如下：

（1）收到预收款时：

借：银行存款　　113 000

贷：预收账款——顺达公司　　113 000

（2）发出约定商品时：

借：预收账款——飞达公司　　113 000

贷：主营业务收入　　100 000

　　应交税费——应交增值税（销项税额）　13 000

（3）结转该批商品成本时：

借：主营业务成本　70 000

　贷：库存商品　70 000

【例 6-10】蓝天外贸公司委托某商场代为销售产品一批，不含税价 60 万元，代销售合同约定，代销手续费按不含税售价的 10% 支付，增值税税率为 13%，该批商品的成本为 35 万元。月末该商场将代销的产品全部售出，蓝天外贸公司收到商场转来的代销清单和手续费结算凭证，进行会计处理时，编制会计分录如下：

（1）发出代销商品时：

借：委托代销商品　350 000

　贷：库存商品　350 000

（2）收到代销清单时：

借：应收账款　678 000

　贷：主营业务收入　600 000

　　应交税费——应交增值税（销项税额）　78 000

（3）收到款项时：

借：银行存款　618 000

　销售费用　60 000

　贷：应收账款　678 000

（4）结转销售成本时：

借：主营业务成本　350 000

　贷：委托代销商品　350 000

【例 6-11】蓝天外贸公司将库存的水泥等一批商品，拨付本企业储存仓库的改扩建工程。该批商品的实际成本为 8 万元，增值税税率 13%。该公司在进行会计处理时，编制会计分录如下：

借：在建工程——库房改扩建　90 400

　贷：库存商品　80 000

　　应交税费——应交增值税（进项税额转出）　10 400

【例 6-12】蓝天外贸公司将库存的一批商品赠送给客户，该批商品的成本为 40 000 元，计税价格为 50 000 元，该公司在进行会计处理时，编制会计分录如下：

借：营业外支出　　46 500

　贷：库存商品　　40 000

　　　应交税费——应交增值税（销项税额）　　6 500

【例 6-13】蓝天外贸公司购进彩电出口，进货价值 80 万元，增值税额 10.4 万元，出口销售 25 万美元，价格条件 FOB，退税率假定为 9%，当日市场汇率为 6.58。该公司在进行会计处理时，编制会计分录如下：

（1）确认出口销售收入时：

借：应收账款——应收外汇账款（$250 000×6.58）　　1 645 000

　贷：主营业务收入——自营出口销售收入　　1 645 000

（2）结转成本时：

借：主营业务成本——自营出口销售成本　　800 000

　贷：库存商品　　800 000

（3）确认应退税款时：

应退税款 = 800 000×9%= 72 000（元）

应计入成本的税额 = 104 000−72 000= 32 000（元）

借：其他应收款——应收出口退税　　72 000

　贷：应交税费——应交增值税（出口退税）　　72 000

同时：

借：主营业务成本——自营出口销售成本　　32 000

　贷：应交税费——应交增值税（进项税额转出）　　32 000

3. 增值税结转和上缴的会计处理

企业应纳增值税的计算公式为：

应纳增值税额=销项税额+出口退税+进项税额转出+转出多交增值税−进项税额−已交税金−减免税款−出口抵减内销商品应纳税额−转出未交增值税

以本节的举例数字为准，蓝天外贸公司本月应纳增值税额为：

应纳增值税额 =117 000 +13 000 +78 000+10 400+6 500+72 000+32 000−65 180−72 000−79 910.88 =111 809.12（元）

【例 6-14】若蓝天外贸公司月中已上交增值税 51 049.12 元，该公司进行会计处理时，编制会计分录如下：

借：应交税费——应交增值税（已交税金）　　51 049.12

贷：银行存款　　　　　　　　　　　　　　　　　　　　51 049.12

这时的应纳税额为：

应纳增值税额 = 111 809.12−51 049.12= 60 760（元）

【例 6-15】承上例，若蓝天外贸公司月末将应纳增值税额 60 760 元足额上交。该公司进行会计处理时，编制会计分录如下：

借：应交税费——应交增值税（已交税金）　　　　　60 760

贷：银行存款　　　　　　　　　　　　　　　　　　　60 760

此时应纳增值税额 = 111 809.12−51 049.12−60 760= 0

【例 6-16】承例 6-14，若蓝天外贸公司月末暂不能上交应纳增值税额 60 760 万元，则应将该 60 760 万元转入“应交增值税——未交增值税”账户的贷方。该公司进行会计处理时，编制会计分录如下：

借：应交税费——应交增值税（转出未交增值税）　　60 760

贷：应交增值税——未交增值税　　　　　　　　　　　60 760

此时应纳增值税额也为 0，即：

应纳增值税额 = 111 809.12−51 049.12−60 760= 0

【例 6-17】承上例，若蓝天外贸公司某月上交上月转入“应交税费——未交增值税”账户贷方的 60 760 万元，该公司进行会计处理时，编制会计分录如下：

借：应交税费——未交增值税　　　　　　　　　　　60 760

贷：银行存款　　　　　　　　　　　　　　　　　　　60 760

【例 6-18】承例 6-14，若月中蓝天外贸公司上交的增值税为 12 万元，届时，应纳增值税额为 111 809.12 元。这时的 8 190.88 元就是该公司多交的增值税，应转入“应交增值税——未交增值税”账户的借方。该公司进行会计处理时，编制会计分录如下：

借：应交税费——未交增值税　　　　　　　　　　　8 190.88

贷：应交税费——应交增值税（转出多交增值税）　　8 190.88

这时的应纳增值税税额也为 0，即：

应纳增值税额 = 111 809.12−120 000+8 190.88= 0

第三节　消费税

一、消费税的概述

（一）含义及特点

消费税是指对消费品和特定的消费行为按流转额征收的一种商品税，是政府向消费品征收的税项，可从批发商或零售商征收。销售税是典型的间接税。消费税是 1994 年税制改革在流转税中新设置的一个税种。消费税实行价内税，只在应税消费品的生产、委托加工和进口环节缴纳，在以后的批发、零售等环节，因为价款中已包含消费税，因此不用再缴纳消费税，税款最终由消费者承担。其特点有：

（1）消费税征税项目具有选择性。消费税以税法规定的特定产品为征税对象。即国家可以根据宏观产业政策和消费政策的要求，有目的地、有重点地选择一些消费品征收消费税，以适当地限制某些特殊消费品的消费需求，故可称为消费税税收调节具有特殊性。

（2）按不同的产品设计不同的税率，同一产品同等纳税。

（3）消费税是价内税，是价格的组成部分。

（4）消费税实行从价定率和从量定额以及从价从量复合计征三种方法征税：

①实行从价定率办法计算的应纳税额 = 销售额 × 适用税率。

②实行从量定额办法计算的应纳税额 = 销售数量 × 单位税额。

（5）消费税征收环节具有单一性。

（6）消费税税收负担转嫁性，最终都转嫁到消费者身上。

（二）征收范围及应纳税额的计算

1. 征收范围

在中华人民共和国境内生产、委托加工和进口下列消费品：烟、酒及酒精、化妆品、贵重首饰及珠宝玉石、鞭炮和焰火、成品油、汽车轮胎、摩托车、小汽车、高尔夫球及球具、高档手表、游艇、木质一次性筷子、实木地板等产品。

2. 纳税义务人

根据《消费税暂行条例》的规定，在中华人民共和国境内生产、委托加工和进口消费税暂行条例的消费品的单位和个人，以及国务院确定的销售《消费税暂行条例》规定的消费品的其他单位和个人，为消费税纳税人。《消费税暂行条例》规定的消费品包括烟、酒及酒精、化妆品、贵重首饰和珠宝玉石、鞭炮和焰火、成品油、汽车轮胎、摩托车、小汽车、高尔夫球及球具、高档手表、游艇、木质一次性筷子、实木地板十四类。

“单位”是指国有企业、集体企业、私有企业、股份制企业、外商投资企业和外国企业、其他企业和行政单位、事业单位、军事单位、社会团体及其他单位。

“个人”是指个体经营者及其他个人。

“中华人民共和国境内”是指生产、委托加工和进口应税消费品的起运地或所在地在境内。

委托加工的应税消费品由受托方于委托方提货时代扣代缴（受托方为个体经营者除外）；自产自用的应税消费品，由自产自用单位和个人在移送使用时缴纳消费税；进口应税消费品由从事进口应税消费品的进口人或其代理人按照规定缴纳消费税；个人携带或者邮寄入境的应税消费品的消费税，连同关税一并计征，由携带入境者或者收件人缴纳消费税。

3. 消费税税目及税率

消费税税目及税率如表 6-2 所示。

表 6-2　消费税税率表

税目	征收范围	计税单位	税率（税额）	说明
一、烟				
1. 甲类卷烟	每标准条（200 支，下同）调拨价在 70 元（含 70 元，不含增值税）以上；还包括各种进口卷烟、白包卷烟、手工卷烟等		56%	复合计税：每标准箱（5000 支，下同）150 元
2. 乙类卷烟	每标准条（200 支，下同）调拨价在 70 元以下		36%	复合计税：每标准箱（5000 支，下同）150 元
3. 雪茄烟			36%	—
4. 烟丝			30%	—
二、酒及酒精				
1. 粮食白酒			20%	复合计税：0.5 元 /500g
2. 薯类白酒			15%	复合计税：0.5 元 /500g
3. 黄酒		吨	240	—
4. 啤酒	甲类啤酒	吨	250	每吨出厂价（含包装物及包装物押金）在 3000 元（含 3000 元，不含增值税）以上的，单位税额 250 元 / 吨；在 3000 元以下的，单位税额 220 元 / 吨
	乙类啤酒	吨	220	
5. 其他酒			10%	—

续表

税目	征收范围	计税单位	税率（税额）	说明
三、高档化妆品	包括成套化妆品		15%	—
四、贵重首饰及珠宝玉石	金银首饰、铂金首饰和钻石及钻石饰品		5%	—
	其他贵重首饰和珠宝玉石		10%	
五、鞭炮、焰火			15%	—
六、成品油	汽油	升	1.52 元	—
	柴油		1.2 元	
	航空煤油		1.2 元	
	石脑油		1.52 元	
	溶剂油		1.52 元	
	润滑油		1.52 元	
	燃料油		1.2 元	
七、小汽车				
1. 乘用车	（1）气缸容量（排气量、下同）在 1.0 升（含 1.0 升）以下	升	1%	—
	（2）气缸容量在 1.0 升以上至 1.5 升（含 1.5 升）以下		3%	—
	（3）气缸容量在 1.5 升以上至 2.0 升（含 2.0 升）以下		5%	—
	（4）气缸容量在 2.0 升以上至 2.5 升（含 2.5 升）以下		9%	—
	（5）气缸容量在 2.5 升以上至 3.0 升（含 2.0 升）以下		12%	—
	（6）气缸容量在 3.0 升以上至 4.0 升（含 2.0 升）以下		25%	—
	（7）气缸容量在 4.0 升以上的		40%	—
2. 中轻型商用客车			5%	—
3. 超豪华小汽车（零售环节）			10%	—
八、摩托车	气缸容量为 250 毫升的	毫升	3%	—
	气缸容量为 250 毫升以上的		10%	
九、高尔夫球及球具			10%	—
十、高档手表			20%	—
十一、游艇			10%	—

续表

税目	征收范围	计税单位	税率（税额）	说明
十二、木质一次性筷子			5%	—
十三、实木地板			5%	—
十四、电池			4%	—
十五、涂料			4%	—

4. 消费税应纳税额的计算

消费税的计税依据分别采用从价和从量两种计税方法。实行从价计税办法征税的应税消费品，计税依据为应税消费品的销售额。实行从量定额办法计税时，通常以每单位应税消费品的重量、容积或数量为计税依据。

（1）从价计税时，

应纳税额=应税消费品销售额 × 适用税率

（2）从量计税时，

应纳税额=应税消费品销售数量 × 适用税额标准

（3）自产自用应税消费品。

①用于连续生产应税消费品的，不纳税。

②用于其他方面的：有同类消费品销售价格的，按照纳税人生产的同类消费品销售价格计算纳税，没有同类消费品销售价格的，按组成计税价格计算纳税。

组成计税价格=（成本+利润）÷（1−消费税税率）

应纳税额=组成计税价格 × 适用税率

（4）委托加工应税消费品的由受托方交货时代扣代缴消费税。按照受托方的同类消费品销售价格计算纳税，没有同类消费品销售价格的，按组成计税价格计算纳税。

组成计税价格=（材料成本+加工费）÷（1−消费税税率）

应纳税额=组成计税价格 × 适用税率

（5）进口应税消费品，按照组成计税价格计算纳税。

组成计税价格=（关税完税价格+关税）÷（1−消费税税率）

应纳税额=组成计税价格 × 消费税税率

（6）零售金银首饰的纳税人在计税时，应将含税的销售额换算为不含增值税额的销售额。

金银首饰的应税销售额=含增值税的销售额 ÷（1+ 增值税税率或征收率）

组成计税价格=购进原价 ×（1+利润率）÷（1−金银首饰消费税税率）

应纳税额 =组成计税价格 × 金银首饰消费税税率

（7）对于生产、批发、零售单位用于馈赠、赞助、集资、广告、样品、职工福利、奖励等方面或未分别核算销售的按照组成计税价格计算纳税。

二、消费税征缴的相关要求

（一）关于消费税税率的要求

（1）卷烟征税范围中的白包卷烟，手工卷烟，自产自用没有同牌号、规格调拨价格的卷烟，委托加工没有同牌号、规格调拨价格的卷烟，未经国务院批准纳入计划的企业生产的卷烟，一律适用 56% 的比例税率。

（2）自 2004 年 3 月 1 日起，进口卷烟消费税适用比例税率按以下办法确定：

①每标准条进口卷烟（200 支）确定消费税适用比例税率的价格 =（关税完税价格 + 关税 + 消费税定额税率）/（1- 消费税税率）。其中，关税完税价格和关税为每标准条的关税完税价格及关税税额；消费税定额税率为每标准条（200 支）0.6 元（依据现行消费税定额税率折算而成）。

②每标准条进口卷烟（200 支）确定消费税适用比例税率的价格 ≥ 70 元人民币的，适用比例税率为 56%；每标准条进口卷烟（200 支）确定消费税适用比例税率的价格 <70 元人民币的，适用比例税率为 36%。

（3）在零售环节征税的金银首饰（包括金基、银基合金首饰，以金、银和金基、银基合金的镶嵌首饰）、钻石及钻石饰品消费税税率为 5%。不属于上述范围的首饰，仍按 10% 的税率在原纳税环节计缴。

（4）常见的单位换算：汽油 1 吨 =1 388 升；柴油 1 吨 =1 176 升；石脑油 1 吨 =1 385 升；溶剂油 1 吨 =1 282 升；润滑油 1 吨 =1 126 升；燃料油 1 吨 =1 015 升；航空煤油 1 吨 = 1 246 升。

（5）纳税人兼营不同税率的应税消费品，应当分别核算其销售额或销售数量。未分别核算销售额或销售数量的，或者将不同税率的应税消费品组成成套消费品销售的，从高适用税率。

（二）关于应税消费品涉及包装物的要求

（1）实行从价定率办法计算应纳税额的应税消费品连同包装销售的，无论包装物是否单独计价，也不论在会计上如何核算，均应并入应税消费品的销售额中征收消费税。

（2）如果包装物不作价随同产品销售，而是收取押金（收取酒类产品的包装物押金除外），且单独核算的，此项押金则不应并入应税消费品的销售额中征税。但对因逾期未收回的包装物不再退还的和已收取 1 年以上的押金，应并入销售额，按照应税消费品的适用税率征收消费税。

（3）对既作价随同应税消费品销售，又另外收取的包装物押金，凡纳税人在规定的期限内不予退还的，均应并入应税消费品的销售额，按照应税消费品的适用税率征收消费税。

（4）对酒类产品生产企业销售酒类产品（黄酒、啤酒除外）而收取的包装物押金，无论押金是否返还与会计上如何核算，均需并入酒类产品销售额中，依酒类产品的适用税率征收消费税。

（三）关于委托加工应税消费品的要求

委托加工应税消费品是指由委托方提供原料或主要材料，受托方只收取加工费和代垫部分辅助材料加工的应税消费品。对于由受托方提供原材料生产的应税消费品，或者受托方先将原材料卖给委托方，然后再接受加工的应税消费品，以及由受托方以委托名义购进原材料生产的应税消费品，不论纳税人在财务上是否作销售处理，都不得作为委托加工应税消费品，而应当按照受托方销售自制应税费品缴纳消费税。根据消费税法规规定，委托加工应税消费品，由受托方向委托方交货时代收代缴消费税，受托方是法定的代扣代缴义务人。如果受托方对委托加工的应税消费品未代扣代缴或少代扣少代缴消费税，必须按照《税收征收管理法》的规定，承担补税和罚款的法律责任。但对纳税人委托个体经营者加工应税消费品，一律于委托方收回后在委托方所在地缴纳消费税。

三、消费税的核算

（一）账户设置

为了正确核算外贸企业应纳和缴纳消费税额，应设置“应交税费——应交消费税”“银行存款”“税金及附加”等账户。其中“应交税费——应交消费税”账户是一个负债类的账户，用来核算外贸企业应交消费税的增加、减少及其结果。本期发生的增加额登记在贷方，本期已缴纳的消费税登记在借方。期末余额若在贷方，表示企业应交未交消费税的实际数额。期末余额若在借方，表示多交或待扣的消费税额。

（二）主要经济业务的会计处理

1. 生产销售应税消费品的会计处理

【例 6-19】甲公司为一般纳税人，当月销售摩托车 20 辆，每辆售价 1.5 万元（不含增值税），增值税税率为 13%，适用消费税税率为 10%。摩托车每辆成本为 9 000 元，款项已全部收到存入银行。该公司在进行会计处理时，编制会计分录如下：

（1）实现销售时：

借：银行存款　　339 000

　　贷：主营业务收入　　300 000

　　　　应交税费——应交增值税（销项税额）　　39 000

（2）结转成本时：

借：主营业务成本　　180 000

　贷：库存商品　　180 000

（3）确认应纳消费税时：

借：税金及附加　　30 000

　贷：应交税费——应交消费税　　30 000

（4）缴纳消费税款时：

借：应交税费——应交消费税　　30 000

　贷：银行存款　　30 000

2. 自产自用应税消费品的会计处理

【例 6-20】某汽车生产公司将自产的一辆小轿车移交该公司所属的管理处使用，该种型号的轿车不含税售价为 20 万元，单位成本为 12 万元。增值税税率为 13%，消费税税率为 9%。该公司进行会计处理时，编制会计分录如下：

借：固定资产　　164 000

　贷：库存商品　　120 000

　　应交税费——应交增值税（销项税额）　　26 000

　　　　　　——应交消费税　　18 000

【例 6-21】某化妆品公司将自产的化妆品作为福利发给本厂职工，该化妆品不含税售价 2 万元，单位成本 8 000 元。增值税税率为 13%，消费税税率为 15%。该公司在进行会计处理时，编制会计分录如下：

借：应付职工薪酬　　13 600

　贷：库存商品　　8 000

　　应交税费——应交增值税（销项税额）　　2 600

　　　　　　——应交消费税　　3 000

3. 自产捐赠应税消费品的会计处理

【例 6-22】某集团公司将自产的一辆小轿车捐赠给希望工程，该种型号的汽车不含税售价为 16 万元，单位成本为 9 万元，增值税税率为 13%，消费税税率为 5%。该公司在进行会计处理时，编制会计分录如下：

借：营业外支出　　118 800

贷：库存商品　　90 000
　　应交税费——应交增值税（销项税额）　　20 800
　　　　　　——应交消费税　　8 000

4. 应税消费品包装物出借和押金的会计处理

【例 6-23】某化妆品公司销售化妆品不含增值税的售价为 25 万元，随同产品销售出借包装物 60 个，每个包装物成本价 90 元，每个包装物收取押金 113 元，包装物摊销采用一次摊销核算，增值税税率为 13%，消费税税率为 15%。款项均通过银行收讫，包装物因损坏逾期无法收回。该公司在进行会计处理时，编制会计分录如下：

（1）随同化妆品销售出借包装物时：

借：销售费用　　5 400
　贷：原材料——包装物　　5 400

（2）确认销售收入时：

借：银行存款　　282 500
　贷：主营业务收入　　250 000
　　应交税费——应交增值税（销项税额）　　32 500

（3）收取押金时：

借：银行存款　　6 780
　贷：其他应付款　　6 780

（4）确认应纳消费税时：

借：税金及附加　　37 500
　贷：应交税费——应交消费税　　37 500

（5）逾期没收包装物押金时：

借：其他应付款　　6 780
　贷：销售费用　　5 100
　　应交税费——应交增值税（销项税额）　　780
　　　　　　——应交消费税　　900

【例 6-24】某化妆品公司销售化妆品一批，包装物单独计价。化妆品不含增值税的价格为 100 万元，其中包装物价值为 10 万元。包装物成本为 6 万元，化妆品成本为 50 万元。增值税税率为 13%，消费税税率为 15%，款项已通过银行存款收讫。该公司在进行会计处理时，编制会计分录如下：

（1）销售应税消费品时：

借：银行存款　　1 130 000
　贷：主营业务收入　　900 000
　　　其他业务收入　　100 000
　　　应交税费——应交增值税（销项税额）　　130 000

（2）确认应纳消费税时：

借：税金及附加　　135 000
　　其他业务成本　　15 000
　贷：应交税费——应交消费税　　150 000

（3）结转成本时：

借：主营业务成本　　500 000
　　其他业务成本　　60 000
　贷：库存商品　　500 000
　　　原材料——包装物　　60 000

5. 委托加工应税消费品的会计处理

委托加工应税消费品应交的消费税应区分不同情况进行相应地处理：

（1）委托加工应税消费品收回后直接用于销售的，按规定不再缴纳消费税，委托方应将受托方代收代缴的消费税随同应支付的加工费一并计入委托加工应税消费品的成本，借记“委托加工物资”账户，贷记“应付账款”和“银行存款”等账户。

（2）委托加工的应税消费品收回后用于连续生产应税消费品的，受托方代收代缴的消费税准予扣除，委托方按应支付的加工费，借记“委托加工物资”账户；按受托方代收代缴的消费税，借记“应交税费——应交消费税”账户；按加工费计算的增值税，借记“应缴税费——应交增值税（进项税额）”账户；按支付的加工费与增值税、消费税之和，贷记“应付账款”和“银行存款”等账户。待连续生产的最终消费品销售时，按最终应税消费品应缴纳的消费税，借记“税金及附加”账户，贷记“应交税费——应交消费税”账户。这样，在“应交税费——应交消费税”账户中，这两笔借、贷发生额的差额即为委托方实际应缴纳的消费税额。

【例 6-25】甲卷烟厂某日发出库存外购烟叶委托乙厂加工烟丝（消费税税率为30%）不含税成本价 20 万元。加工完毕，全部收回，支付不含税加工费 8 000 元，增值税专用发票上注明增值税 1 360 元。其消费税已由乙厂代收代缴（乙厂无同类烟丝的销售价格）。烟丝收回后将其中的 50% 直接售给丙卷烟厂，取得不含税销售额 16 万元，其余烟草用于连续生产20个标准卷烟（消费税税率为56%），当月全部销售，取得不含税销售额45万元，生产成本25万元，款项均通过银行收付。甲厂在进行会计处理时编制会计分录如下：

（1）发出材料时：

借：委托加工物资——烟丝 200 000

贷：原材料——烟叶 200 000

（2）支付加工费及增值税时：

借：委托加工物资——烟丝 8 000

应交税费——应交增值税（进项税额） 1 040

贷：银行存款 9 040

（3）支付乙厂代收代缴的消费税时：

乙厂代收代缴的消费税税额 =（200 000 +8 000）÷（1−30%）×30%= 89 142.86（元）

允许抵扣的消费税税额 = 89 142.86×50%= 44 571.43（元）

不允许抵扣的消费税税额 = 89 142.86×50%= 44 571.43（元）

借：委托加工物资——烟丝 44 571.43

应交税费——应交消费税 44 571.43

贷：银行存款 89 142.86

（4）收回烟丝入库时：

借：库存商品 [（200 000+8 000）×50%+ 44 571.43] 148 571.43

原材料 [（200 000+8 000）×50%] 104 000

贷：委托加工物资 252 571.43

（5）50% 烟丝收款时：

借：银行存款 180 800

贷：主营业务收入 160 000

应交税费——应交增值税（销项税额） 20 800

（6）结转销售成本时：

借：主营业务成本 148 571.43

贷：库存商品 148 571.43

（7）剩余 50% 烟丝投入生产时：

借：生产成本——卷烟 104 000

贷：原材料——烟丝 104 000

（8）实现销售收入时：

借：银行存款 508 500

贷：主营业务收入　　450 000

　　应交税费——应交增值税（销项税额）　　58 500

（9）结转销售成本时：

借：主营业务成本　　250 000

　贷：库存商品　　250 000

（10）计算应交消费税时：

应交消费税额 = 20×150 +450 000×56% = 255 000（元）

借：税金及附加　　255 000

　贷：应交税费——应交消费税　　255 000

甲厂该业务实际缴纳消费税额 = 255 000−44 571.43= 210 248.57（元）

乙厂在进行账务处理时编制会计分录如下：

（1）收取加工费时：

借：银行存款　　9 040

　贷：其他业务收入　　8 000

　　应交税费——应交增值税（销项税额）　　1 040

（2）代收代缴消费税时：

借：银行存款　　44 571.43

　贷：应交税费——应交消费税　　44 571.43

第四节　出口货物退（免）税

一、出口货物退（免）税的概述

（一）出口货物退（免）税的含义

出口货物退（免）税是国家对报关出口的货物予以退还或免征在国内各生产、流转环节按税法规定已缴纳的增值税和消费税。它是国际贸易中通常采用并为各国普遍接受的一种税收措施，其目的在于鼓励各国出口货物的公平竞争。

我国现行出口货物退（免）税管理办法明确规定：在商务部或其授权机构进行备案登记的出口企业出口的货物，除另有规定者外，可在货物报关出口并在财务上作销售后，凭有关凭证按月报请税务机关批准退还或免征增值税和消费税。具体要求如下：

（1）对国家禁止出口的货物（如天然牛黄、麝香、白金等）和国家取消出口退税政策的出口货物（如原油、木材、山羊绒等）属于“另有规定者”不予退税。

（2）出口货物退（免）税的税种明确为增值税和消费税。

（3）出口货物的经营者必须是在商务部及其授权单位批准，并在所在地主管退税业务的税务机关办理退税登记证的企业。

（4）享受出口退（免）税的前提是出口货物报关出口并在财务上已作销售处理，且出具能证明货物已出口、已销售、已结汇、已纳税的凭证，如应提供出口货物的报关单、出口销售发票、出口收汇核销单、增值税专用发票及专用税票（从小规模纳税人购进、购进消费税应税货物以及未纳入增值税防伪税控系统管理的需提供专用税票）等。

（二）出口货物退（免）税的原则

1. 公平税负原则

公平税负原则，即中央与地方、地方与地方、国有与民营、中资企业与外资企业在税负负担上应公平一致。

2. 属地管理原则

属地管理原则，即企业出口退税在所在地出口退税机关办理申请手续和相关事宜。

3. 零税率原则

零税率是指我国企业生产的出口货物所应缴纳的增值税和消费税为零。零税率原则，即将出口货物在国内已实际缴纳或负担的增值税和消费税全部退还给出口商，使其用不含税的价格参与国际市场竞争，促进对外贸易的发展。

4. 宏观调控原则

国家在制定出口货物退（免）税政策时，既要符合出口货物退（免）税的国际惯例，又必须体现国家的经济政策。因此，商务部及各级商务部门积极开展调查研究，及时发现并会同有关部门共同研究解决出口退税机制运行中出现的新情况、新问题，不断完善落实相关配套措施和办法。

（三）出口货物退（免）税的适用范围、税种和税率

1. 适用范围

根据国家关于《出口货物退（免）税管理办法》规定，对于出口的凡属于已征或应征增值税、消费税的货物，除国家明确规定不予退（免）税的货物和出口企业从小规模纳税人购进并持有普通发票的部分货物外，都是出口货物退（免）税的货物范围。

享受出口货物退（免）税的出口商，包括对外贸易经营者、没有出口经营资格委托出口的生产企业、特定退（免）税的企业和人员。对外贸易经营者是指依法办理工商登记或者其他执业手续，经国家商务部及其授权单位赋予出口经营资格的从事对外贸易经营活动的法人、其他组织或者个人。其中，个人（包括外国人）是指注册登记为个体工商户、个

人独资企业或合伙企业。上述特定退（免）税的企业和人员是指根据国家有关规定可以申请出口货物退（免）税的企业和人员。

我国现行享受出口货物退（免）税的出口企业具体有下列八类：

第一类是经国家商务部及其授权单位批准的有进出口经营权的外贸企业，含外贸总公司和到异地设立的商务部批准的有进出口经营权的独立核算的分支机构。对出口企业在异地设立的分公司，凡没有进出口经营权的，可汇总到出口企业总部统一向其主管部门出口退税的税务机关申报办理退（免）税。对只是提供货源，而没有取得进出口经营权的市（县）外贸企业不能申报办理退（免）税。

第二类是经国家商务部及其授权单位批准的有进出口经营权的自营生产企业和生产型集团公司，以及经省商务厅批准的实行自营进出口权登记制度的国有、集体生产企业。

第三类是经国家商务部批准的有进出口经营权的工贸企业、集生产与贸易为一体的集团贸易公司等。这类企业，既有出口货物生产功能，又有出口货物经营（贸易）功能。对此，凡是执行外贸企业财务制度、无生产实体、仅从事出口贸易业务的，可比照第一类外贸企业的有关规定办理退（免）税；凡是有生产实体，且从事出口贸易业务，执行工业企业财务制度的，可比照第二类自营生产企业的有关规定办理退（免）税。

第四类是外商投资企业。

第五类是委托外贸企业代理出口的生产企业。

第六类经国务院批准设立，享有进出口经营权的中外合资企业和合资连锁企业（简称“商业合资企业”），其收购自营出口业务准予退税的国产货物范围，按商务部规定的出口经营范围执行。

第七类是特准退还或免征增值税和消费税的企业。这类企业有：

（1）将货物运出境外用于对外承包工程公司。

（2）对外承接修理修配业务的企业。

（3）将货物销售给外轮、××国轮而收取外汇的外轮供应公司、××运输供应公司。

（4）在国内采购货物并运往境外作为在国外投资的企业。

（5）利用国外政府贷款或国际金融组织贷款，通过国际招标机电产品的中标的企业。

（6）境外带料加工装配业务所使用出境设备、原材料和散件的企业。

（7）利用中国政府的援外优惠贷款和合资合作项目基金方式下出口货物的企业。

（8）对外进行补偿贸易项目和易货贸易，以及对港澳台贸易而享受退税的企业。

（9）国家旅游局所属中国免税品公司统一管理的出境口岸免税店。

（10）外商投资企业在投资总额内采购且符合国家投资产业政策目录项目的国产设备。

第八类是其他形式的企业，包括从事对外贸易活动的其他组织和注册登记为个体工商户、个人独资企业或合伙企业的个人（包括外国人）等。

2. 税种

出口货物退（免）税的税种为两种，即增值税和消费税。

3. 税率

我国自 2019 年起对增值税出口退税调整为 13%、10%、9%、6% 和 0 共五档，另对部分产品取消出口退税。对出口货物属于应征消费税的货物基本上实行全征全退，另对部分属于应征消费税的出口货物也相应取消了出口退（免）税政策。

出口货物中，除了国家规定不予退、免税的以外，出口消费税应税货物的退、免税率或退、免单位税额应按照税法中规定的税率或单位税额执行。

（四）出口货物退税地点

出口货物退税地点是出口企业按规定申报退税的所在地，按有关规定，出口退税的地点划分为以下几种情况：

（1）进出口企业自营或委托出口的货物，由进出口企业向其所在地主管出口退税的国税机关申报办理。

（2）生产企业自营或委托出口的货物，报经其主管征税的税务机关审核后，再向其主管出口退税的税务机关申报办理。

（3）两个以上企业联营出口的货物，由报关单所列明的经营单位向其所在地主管出口退税的国税机关申报办理。

（4）进出口企业在异地设立分公司的，总支机构有出口权，分支机构是非独立核算的企业，一律汇总到总支机构所在地办理退税，经原进出口部和商务部批准设立的独立核算的分支机构，且有自营出口权，可以在分支机构所在地申报办理退税。

（5）其他特准予以退税的出口货物，如外轮供应公司等销售给外轮、远洋国轮而收取外汇的货物等，由企业向所在地主管出口退税的国税机关申报办理退税。

二、办理出口货物退（免）税涉及的主要凭证资料

出口企业在申报办理出口货物退（免）税时，必须按照出口货物退（免）税政策的有关规定，向税务机关附送有关退（免）税的真实、有效的凭证。主要凭证包括增值税专用发票、出口货物报关单（出口退税联）、出口收汇核销单（出口退税专用）、出口货物销售发票、出口货物销售明细账和税务机关要求报送的其他凭证资料。

（一）增值税专用发票

出口企业购进货物时向供货方取得的增值税专用发票，既是购销凭证，又是计算增值税退（免）税依据的主要凭证。除另有规定外，出口企业只有凭有效的、合法的增值税进项发票（抵扣联），才能申报出口退（免）税，退税机关审核无误后，按规定凭增值税专用发票（抵扣联）计算应退（免）税额。

对于遗失增值税专用发票的，国家税务总局下发的《关于外贸企业丢失增值税专用发票抵扣联出口退税有关问题的通知》(国税函〔2010〕162号)，区分两类情况对该问题进行了明确。

1. 发票联与抵扣联全部丢失

对于外贸企业丢失已开具增值税专用发票发票联和抵扣联的，在增值税专用发票认证相符后，可凭增值税专用发票记账联复印件及销售方所在地主管税务机关出具的丢失增值税专用发票已报税证明单，经购买方主管税务机关审核同意后，向主管出口退税的税务机关申报出口退（免）税。

2. 有发票联但抵扣联丢失

对于外贸企业只丢失已开具增值税专用发票抵扣联的，在增值税专用发票认证相符后，可凭增值税专用发票发票联复印件向主管出口退（免）税的税务机关申报出口退（免）税。

由于小规模纳税人仅能开具普通发票，进出口企业向小规模纳税人购进出口货物时，除国家特准按普通发票给予退税的12类产品外，其余出口货物应由供货企业向其主管税务机关提出申请，由税务机关为其代开增值税专用发票，交以进出口企业，凭以退（免）税。

（二）出口货物报关单

出口货物报关单是指经海关审查，对出口货物放行离境的一种书面证明。报关单是货物出口与否的基本证明，是划分企业申报货物出口销售还是国内销售的重要依据，是申报出口退（免）税时的主要凭证之一。

根据出口货物报关单各栏目的填制要求，以及出口退税审查内容的需要，进出口企业的出口货物报关单如下项目要填列齐全，有些项目必须与其他需要提供的凭证的内容一致：预录入编号、海关编号、出口口岸、出口日期、经营单位及编码、提（运）单号、运抵国（地区）、商品编号、商品名称、规格型号、数量、计量单位、单价总价、币制。

企业遗失出口货物报关单，必须在报关出口后6个月内向海关提出补办申请，逾期海关不予受理。企业向海关申请补办时，需出具主管出口退税的税务机关签发的补办出口报关单证明。

（三）出口收汇核销单（出口退税专用）

出口收汇核销单是由国家外汇管理局制发，出口单位凭以向海关出口报关、向外汇指定银行办理出口收汇、向外汇管理局办理出口收汇核销、向税务机关办理出口退税申报的有统一编号及使用期限的凭证。

1. 出口收汇核销单的基本规定

（1）出口收汇核销单为三联式，第一联为企业存根联，第二联为外汇管理局存根联，第三联为出口退税专用联。未经外汇管理局核销，第二联和第三联不得自行撕开。

（2）出口收汇核销单由企业向外汇管理局领取并根据出口货物情况先进行填写并盖章，然后由报关出口的海关根据出口货物情况进行审核并加盖“出口货物验讫”骑缝章，最后由当地外汇管理局凭银行结汇水单核销收汇情况，并加盖“已核销”章。

（3）出口单位在使用出口收汇核销单前，必须在出口收汇核销单的存根联和出口退税专用联上“出口单位名称”处加盖该出口单位的公章，如实、准确、齐全填写有关栏目，并与出口货物报关单上记载的有关内容一致。

（4）外汇管理局在按规定办理完收汇核销手续后，将已核销的净收汇额填在退税联上签字并加盖“已核销”章；部分收汇核销的，外汇管理局仅做部分收汇的核销，填注核销净余额，不办理出口退税专用联的签发手续，等收汇全部核销后再办理出口退税专用联的签发手续。核销中发现有违反出口收汇核销规定的，外汇管理局应在对该出口单位进行处理及纠正其错误后，再办理出口退税专用联的签章手续。

外汇管理局将出口收汇核销单的电子数据整理汇集后传输给退税机关，退税机关对企业申报的核销单进行核对。

（5）对于预计收款日期超过报关单日期 180 天以上（含 180 天）的远期收汇，出口单位应在报关前凭远期出口合同、出口收汇核销单向外汇管理局备案，并应在出口收汇核销单的“收汇方式”栏注明远期天数。凡未向外汇管理局备案的，一律视为即期出口收汇。

（6）出口单位不论是自营出口还是代理出口，均应使用本单位所领的出口收汇核销单办理出口报关。

（7）出口单位在向税务机关申报出口退税和办理“代理出口货物证明”时，必须逐票附上对应的出口收汇核销单（出口退税专用），税务机关审核无误后予以办理出口退税和签发“代理出口货物证明”。对各省、自治区、直辖市及计划单列市进出口主管部门批准的报关出口后在 180 天以上结汇的出口货物，凭批准文件可延期在一年内提供出口收汇核销单（出口退税专用）。

2. 出口收汇核销单（出口退税专用）的丢失及补办

（1）出口单位未用于报关出口的空白核销单遗失后，出口单位应当在一个工作日内在“中国电子口岸出口收汇系统”进行挂失。如因未及时挂失造成经济损失或导致违规行为，责任由企业自负。

（2）已用于报关出口、未办理核销手续的核销单遗失，出口单位应当凭核销单以外的其他核销凭证向所在地外汇管理局提出核销单退税专用联挂失及补办申请。外汇管理局应当审核出口单位提供的核销凭证无误后，通过“中国电子口岸出口收汇系统”对核销单退税专用联进行挂失处理，并在为出口单位办理核销后，于三个工作日内为其签发“出口收汇核销单退税专用联补办证明”。

（3）已办理核销手续后遗失核销单退税专用联的，出口单位应当凭税务部门签发的退税情况证明向外汇管理局提出核销单退税专用联挂失、补办申请。对税务部门证明未退税的，外汇管理局在“中国电子口岸出口收汇系统”进行挂失处理后，于三个工作日内为出口单位签发“出口收汇核销单退税专用联补办证明”。

3. 退运、退货的处理

出口单位报关后因故退运时，须先向外汇管理局备案，外汇管理局应在有关出口收汇核销单“核销情况”栏内填注意见并加盖“监督收汇”章。海关凭此及其他证明给有关出口单位办理退运手续，并在有关出口报关单和出口收汇核销单上加盖“验讫”章后退给出口单位。出口单位必须在一个月内将上述单据退外汇管理局，外汇管理局凭此注销该核销单。

出口单位出口后因故退货时，外汇管理局凭海关出具的有关该批货物的复进口证明办理该核销单的注销手续。

（四）出口货物销售发票

出口货物销售发票是进出口企业在出口货物过程中开具的收款凭证，它是购销双方财务收支的原始凭证。

出口货物销售发票在退税上具有代替出口货物销售明细账的作用，所以，一般在申报出口退税时，退税机关要求进出口企业报送出口货物销售发票以作为退税凭证。

（五）出口货物销售明细账

进出口企业货物的销售必须单独设账，在生产、经营过程中既有内销又有外销的，必须在明细账上将内销收入和外销收入分开记载。出口货物销售明细账一般采用多栏式账，外销收入应以离岸价（FOB）为入账依据。

（六）其他凭证资料

1. 代理出口货物证明

代理出口货物证明由受托方填写并经主管退税机关签章后交受托方，由受托方转交委托方。代理出口协议约定由受托方收汇核销的，税务机关必须在外汇管理局办完外汇核销手续后，方能签发代理出口货物证明，并在代理出口货物证明上注明“收汇已核销”字样。

申请办理代理出口货物证明时需提供的证件资料：

（1）关于申请出具代理出口货物证明的报告。

（2）代理出口协议（合同）副本及复印件。

（3）出口货物报关单（出口退税联）。

（4）出口收汇核销单（出口退税专用）（协议约定由受托方收汇核销时需提供）。

（5）加盖受托方公章或财务专用章的“代理出口销售收入账”或“代购代销收入账”

复印件。

（6）委托方营业执照和税务登记证复印件。

（7）主管退税部门要求提供的其他资料。

出口企业将代理出口的货物与其他出口货物一并报关出口或收汇核销的，还应附送出口货物报关单或出口收汇核销单原件和复印件各一份。

委托方在申请办理退（免）税时需提供的凭证资料：

（1）代理出口货物证明。

（2）出口货物报关单（出口退税联）。

（3）出口收汇核销单（出口退税专用），协议规定由受托方收汇核销的除外。

（4）代出口协议（合同）副本。

（5）出口货物销售明细账。

受托方将代理出口的货物与其他货物一并报关或收汇核销的，委托方申请退税时必须提供经受托方主管退税机关签章后的出口货物报关单（出口退税联）或出口货物收汇核销单（出口退税专用）复印件。

受托方或委托方遗失代理出口货物证明需补办的，应由委托方先向其主管退税机关申请办理代理出口未退税证明。在申请办理代理出口未退税证明时，应提供以下资料：

（1）关于申请出具代理出口未退税证明的报告。

（2）受托方主管退税机关已加盖“已办理出口货物证明”戳记的出口货物报关单（出口退税联）。

（3）出口收汇核销单（出口退税专用）。

（4）代理出口协议（合同）副本及复印件。

（5）税务机关要求提供的其他资料。

2. 进料加工贸易申请表

进料加工贸易申请表是税务机关对出口企业销售“进料加工”进口料件的应纳增值税不计征入库的凭证。出口企业以“进料加工”贸易方式减税进口原材料、零部件转售给其他企业加工时，应先提交“进料加工贸易申报表”，报经主管出口退税的税务机关同意签章后再将此申报表报送主管其征税的税务机关。开具增值税专用发票时可按规定税率计算注明销售料件的税额，主管出口企业征税的税务机关据此对这部分销售料件的销售发票上所注明的应缴税额不计征入库，而由主管退税的税务机关在出口企业办理出口退税时凭此表在退税额中抵扣。

进料加工贸易申请表的申办程序为：

（1）企业持对外签订的贸易合同，到进出口主管部门办理加工贸易批准证。

（2）持进口料件清单、加工贸易批准证、海关核发的进料加工登记手册到其主管退税机关申报办理备案签章手续。

（3）主管退税机关将进口料件备案清单的资料录入计算机。

（4）在核实电子信息、审核申报的凭证资料准确无误后，出具证明。

申请开具进料加工贸易申请表时应提供的凭证资料：

（1）进料加工登记手册复印件。

（2）进口货物报关单（进料加工专用）。

（3）进口合同。

（4）销售进口料件的增值税专用发票（抵扣联）复印件。

（5）海关代征进口料件增值税、消费税完税凭证复印件。

其中，生产企业申请开具进料加工贸易申请表时应提供的凭证：

（1）进料加工登记手册复印件。

（2）进口货物报关单（进料加工专用）。

（3）进口合同。

（4）进口材料明细复印件。

（5）海关代征进口料件增值税、消费税完税凭证复印件。

其中，外商投资企业申请开具进料加工贸易申请表时应提供的凭证：

（1）进料加工登记手册复印件。

（2）进口货物报关单（进料加工专用）。

（3）进口合同。

（4）海关代征增值税、消费税完税凭证复印件。

除上述两种凭证资料外，还有出口退税货物进货凭证申报明细表、出口退税申报明细表、出口退税汇总申报表，以及主管出口退税的税务机关要求附送或提供的其他退税凭证资料。实行电子化管理且自行录入的出口企业，还需报送申报软盘。

（七）生产企业“免、抵、退”税申报应提供的资料

1. 办理增值税纳税及免、抵税应提供的资料

生产企业向主管征税机关的征税部门办理增值税纳税及免、抵税申报时，应提供以下资料：

（1）增值税纳税申报表及其规定的附表。

（2）退税部门确认的上期生产企业出口货物免、抵、退税申报汇总表。

（3）税务机关要求的其他资料。

2. 办理“免、抵、退”税申报应提供的资料

生产企业向主管征税机关的退税部门办理“免、抵、退”税申报时，应提供以下资料：

（1）生产企业出口货物免、抵、退税申报汇总表。

（2）生产企业出口货物免、抵、退税申报明细表。

（3）经征税部门审核签章的当期增值税纳税申报表。

（4）有进料加工出口业务的还应填报：生产企业进料加工登记申报表、生产企业进料加工进口料件申报明细表、生产企业进料加工海关登记手册核销申请表、生产企业进料加工贸易免税证明。

（5）装订成册的报表及原始凭证：生产企业出口货物免、抵、退税申报明细表，与进料加工业务有关的报表，加盖海关验讫章的出口货物报关单（出口退税专用），经外汇管理部门签章的出口收汇核销单（出口退税专用）或有关部门出具的中远期收汇证明，代理出口货物证明，企业签章的出口发票，主管退税部门要求提供的其他资料。

国内生产企业中标销售的机电产品申报“免、抵、退”税时，除提供上述申报表外，还应提供以下资料：

（1）招标单位所在地主管税务机关签发的中标证明通知书。

（2）由中国招标公司或其他国内招标组织签发的中标证明（正本）。

（3）中标人与中国招标公司或其他招标组织签订的供货合同（协议）。

（4）中标人按照标书规定及供货合同向用户发货的发货单。

（5）销售中标机电产品的普通发票或外销发票。

（6）中标机电产品用户收货清单。

（7）国外企业中标再分包给国内生产企业供应的机电产品，还应提供与中标人签署的分包合同（协议）。

三、出口退税的日常管理

（一）出口企业退税登记管理

按有关税收法律法规规定，出口企业应当在获得出口经营权之日起30日内或者发生准予出口退税业务之日起30日内，向所在地主管出口退税的税务机关办理出口企业退税登记证，未办理退税登记证的企业一律不予办理出口退税。

出口企业改变单位名称、法定代表人、经营地点、进出口经营范围、经营方式、开户银行及账号等事项的，自工商行政管理机关办理变更登记或者有关批件宣布变更之日起30日内，持变更登记的有关证明文件和原退税登记证等有关资料到税务机关办理退税变更登记。退税机关根据出口企业的申请，经过调查核实后，在原出口企业退税登记证上签署意见，加盖“变更”字样的印章，并核发新的出口企业退税登记证。

出口企业发生破产、解散、撤销以及其他依法应当终止退税事项的情况，须在批准撤并之日起30日内，向工商行政管理机关办理注销登记前，申报办理出口退税注销登记。退税机关按规定对其清算退税款后，注销并收回原签发的出口企业退税登记证。

出口企业退税登记证不得转借、涂改、毁损、买卖或伪造。出口企业遗失退税登记证，应书面报告主管退税的税务机关，并登报声明作废，同时申请补发。

（二）出口退税的申报期限

根据《国家税务总局关于外贸企业申报出口退税期限问题的通知》规定，外贸企业在2008年1月1日后申报出口退税的，申报出口退税的截止期限调整为，货物报关出口之日［以出口货物报关单（出口退税专用）上注明的出口日期为准］起至90日后第一个增值税纳税申报期截止之日。

如果外贸企业确有特殊原因在规定期限内无法申报出口退税的，按现行有关规定申请办理延期申报手续。

四、现行出口货物退（免）增值税的办法

（一）免、退税

免、退税是指免征最后环节增值部分的应纳税额，并按购进金额计算退还应退税款，主要适用于收购货物出口的外（工）贸企业。

（二）免、抵、退税

实行免、抵、退税管理办法的"免"税，是指对生产企业出口的自产货物和视同出口的自产货物，免征本企业生产、销售环节增值税；"抵"税是指生产企业出口自产货物所消耗的原材料、零部件、燃料、动力等所含应予退还的进项税额，抵顶内销货物的应纳税额；"退"税是指当生产企业出口的自产货物在当月应抵顶的进项税额大于应纳税额时，对未抵顶完的部分予以退税。"免、抵、退"税主要适用于自营或委托出口自产货物的生产企业。

（三）免、抵税

对出口环节增值税部分免税，进项税额准予抵扣的部分，在内销货物的应纳税额中抵扣，主要适用于国家列名的钢铁企业销售"以产顶进"钢材。

（四）免税

对出口货物免征增值税和消费税，不能享受抵、退税政策，即只享受免税政策，主要适用于来料加工等贸易形式和出口有单项特殊规定的指定货物。

五、商业、外贸进出口企业出口货物退（免）税的核算

（一）应退增值税的核算

1. 从一般纳税人购入出口货物退税的核算

（1）库存商品成本和销售成本单独确认的核算。

进出口企业的进出口货物凡单独设立库存账和销售账的，当其货物出口销售后，依其

购入货物的“增值税专用发票（抵扣联）”和“税收（出口货物专用）缴款书”所注明的“进项税额”计算退税额，进项税额与退税额之差计入企业成本。计算公式为：

应退税额=增值税发票货物价值×退税率

应计入成本税额=增值税发票进项税额-应退税额

【例6-26】蓝天外贸公司于2019年10月向美国出口服装一批，出口离岸价为20万美元，报关出口当日美元对人民币汇率为1∶6.58。从国内某服装厂购进该货物增值税专用发票上列明不含税价格为100万元，增值税税率为13%，退税率为10%。购销款项均已通过银行存款收付。编制的会计分录如下：

①购入服装时：

借：商品采购——出口商品采购　　1 000 000

　　应交税费——应交增值税（进项税额）　　130 000

　贷：银行存款　　1 130 000

②服装验收入库时：

借：库存商品——库存出口商品　　1 000 000

　贷：商品采购——出口商品采购　　1 000 000

③收到外销款时：

借：银行存款——美元户（$200 000×6.58）　　1 316 000

　贷：主营业务收入　　1 316 000

④结转销售成本时：

借：主营业务成本　　1 000 000

　贷：库存商品——库存出口商品　　1 000 000

⑤确认应退税款时：

应退税额＝1 000 000×10%= 100 000

借：其他应收款——应收出口退税　　100 000

　贷：应交税费——应交增值税（出口退税）　　100 000

⑥确认应计入成本的税额时：

应计入成本的税额＝1 000 000×13%-100 000= 30 000

借：主营业务成本　　30 000

　贷：应交税费——应交增值税（进项税额转出）　　30 000

⑦收到出口退税款时：

借：银行存款　　100 000

　贷：其他应收款——应收出口退税　　100 000

（2）库存商品成本和销售成本采用加权平均价格的核算。

对出口货物采用加权平均价格核算的企业，应按出口货物的数量与加权平均购进单价计算应退税额，进项税额与退税额之差计入企业成本。计算公式为：

应退税额=出口货物数量×加权平均购进单价×退税率

【例6-27】某进出口企业库存和销售均采用加权平均单价核算。该企业甲商品5月初结余1 000件，单价20元；6日购入300件，单价18元；18日购入200件，单价16元；27日出口900件。增值税税率为13%，假定退税率为10%。

甲商品平均单价=（1 000×12+300×18+200×15）÷（1 000+300+200）= 13.6（元）

应退税额=（900×13.6）×10%= 1 224（元）

应计入成本的税额 = 900×13.6×（13%−10%）= 367.2（元）

编制的会计分录如下：

①申报退税时：

借：其他应收款——应收出口退税　　1 224

　贷：应交税费——应交增值税（出口退税）　　1 224

②确认应计入成本的税额时：

借：主营业务成本　　1 123.2

　贷：应交税费——应交增值税（进项税额转出）　　1 123.2

③收到出口退税款时：

借：银行存款　　1 224

　贷：其他应收款——应收出口退税　　1 224

2. 从小规模纳税人购入出口货物退税的核算

凡从小规模纳税人购进持普通发票特准退税出口货物（抽纱、工艺品等12类出口货物），同样实行出口免税并退税的办法。由于小规模纳税人使用的是普通发票，其销售额和应纳税额没有单独计价，小规模纳税人应纳的增值税也是价外计征的，这样，必须将合并定价的销售额先换算成不含税价格，然后据以计算出口货物退税额。其计算公式为：

应退税额=普通发票所列销售金额（含增值税）÷（1+征收率）×退税率

凡从小规模纳税人购进税务机关代开的增值税专用发票的出口货物，按以下公式计算退税额：

应退税额=增值税专用发票注明的金额×退税率

【例6-28】某进出口公司2019年9月从小规模纳税人购进特准退税的出口货物全

部出口，普通发票注明金额 9 540 元；购进另一小规模纳税人甲产品一批全部出口，取得税务机关代开的增值税专用发票，发票注明金额 6 000 元。适用的退税率为 6%。账务处理如下：

（1）申报退税时：

应退税额 = [9 540 ÷（1+6%）] × 6%+5 000 × 6%= 840（元）

借：其他应收款——应收出口退税　　840

　贷：应交税费——应交增值税（出口退税）　　840

（2）收到退税款时：

借：银行存款　　840

　贷：其他应收款——应收出口退税　　840

（二）应退消费税的计算

1. 采用从价定率办法计算消费税的应税消费品应退税额的计算

采用从价定率办法计算消费税的应税消费品，应以外贸企业从工厂购进货物时征收消费税的价格为依据。其计算公式如下：

应退消费税额=出口商品的工厂销售额 × 消费税税率

2. 采用从量定额办法计算消费税的应税消费品应退税额的计算

采用从量定额办法计算消费税的应税消费品，应以货物购进和报关出口的数量为依据。其计算公式如下：

应退消费税额=出口数量 × 消费税单位税额

3. 属于复合计税方法计征消费税的应税消费品，其出口应退消费税税额，应依出口货物工厂销售额和出口数量计算。其计算公式如下：

应退消费税税额=出口货物的工厂销售额 × 消费税税率+出口数量 × 单位税额

【例 6-29】某进出口企业购入化妆品一批，增值税专用发票上注明价款为 360 000 元，消费税税率为 13%。该企业将其全部出口。账务处理如下：

（1）申请退税时：

应退消费税 = 360 000 × 13%= 48 000（元）

借：其他应收款——应收出口退税　　48 000

　贷：主营业务成本　　48 000

（2）收到退税款时：

借：银行存款　　48 000

　贷：其他应收款——应收出口退税　　48 000

（三）将已申报退税的出口货物转内销时的出口退税处理

企业将已申报退税的出口货物转内销时，需在进货申报表上填写需转内销的购进货物的“税收（出口货物专用）缴款书”号码，用负数填写需转内销的数量、金额等，向主管退税机关申请办理“出口货物转内销证明”。主管退税机关根据出口退税审核系统中该笔货物进项结余情况和企业申请转内销的数量、金额等情况出具证明，同时，将“出口货物转内销证明”上的数据及时扣减出口退税审核系统中相应的进项结余。

六、自营出口生产企业退（免）税的核算

（一）应退增值税的核算

生产企业自营或委托外贸企业代理出口（以下简称生产企业出口）自产货物，除另有规定外，增值税实行“免、抵、退”税管理办法。小规模纳税人出口自产货物仍实行免征增值税的办法。

1. 免、抵、退税的计算方法

（1）当期应纳税额的计算。

当期应纳税额的计算公式为：

当期应纳税额=当期内销货物的销项税额-（当期进项税额-当期免、抵、退税不得免征和抵扣额）-上期留抵税额

其中：

当期免、抵、退税不得免征和抵扣额=出口货物离岸价×外汇人民币牌价×（出口货物征税率-出口货物退税率-免、抵、退税不得免征和抵扣额抵减额）

出口货物离岸价以出口发票计算的离岸价为准。出口发票不能如实反映实际离岸价的，企业必须按照实际离岸价向主管税务机关申报，同时主管税务机关有权依照相关法规予以核定。计算公式为：

免、抵、退税不得免征和抵扣额抵减额=免税购进原材料价格×（出口货物征税率-出口货物退税率）

免税购进原材料，包括从国内购进免税原材料和进料加工免税进口料件，其中进料加工免税进口料件的价格为组成计税价格。计算公式为：

进料加工免税进口料件的组成计税价格=货物到岸价+海关实征关税和消费税

综合上述公式，我们可以得到：

当期免、抵、退税不得免征和抵扣额=（出口货物离岸价×外汇人民币牌价-免、抵、退税不得免征和抵扣额抵减额）×（出口货物征税率-出口货物退税率）

从该公式可以看出，在免、抵、退税的计算过程中，之所以出现免、抵、退税不得免征和抵扣税额，根源在于出口货物的征税税率和退税税率是不一致的。

（2）免、抵、退税额的计算。

免、抵、退税额的计算公式为：

免、抵、退税额=出口货物离岸价×外汇人民币牌价×出口货物退税率-免、抵、退税额抵减额

其中：

免、抵、退税额抵减额=免税购进原材料×出口货物退税率

公式中计算的“免、抵、退税额”就是名义应退税额或者免、抵、退制度下的可抵顶进项税额。

公式中在最后一个减项“免、抵、退税额抵减额”的含义是，免税购进的原材料本身是不含进项税额的，所以在计算免、抵、退税额时就不应该退还这部分原本不存在的税额，因此要通过计算剔除。

综合上述公式，我们可以得到：

免、抵、退税额=（出口货物离岸价×外汇人民币牌价-免税购进原材料）×出口货物退税率

如当期没有免税购进原料价格，“免、抵、退税不得免征和抵扣额抵减额”、“免、抵、退税额抵减额”就不用计算。

（3）当期应退税额和免、抵、退税额的计算。

①若当期期末留抵税额≤当期免、抵、退税额，则：

当期应退税额-当期期末留抵税额

当期免抵税额=当期免、抵、退税额-当期应退税额

②若当期期末留抵税额＞当期免、抵、退税额，则：

当期应退税额=当期免、抵、退税额

当期免抵税额=0

当期期末留抵税额根据当期增值税纳税申报表中的“期末留抵税额”确定。

2. 免、抵、退税的账务处理

对于实行“免、抵、退”税办法的生产企业，应当在“应交税费——应交增值税”明细账下设置如下与退税有关的专栏：

（1）“出口抵减内销产品应纳税额”借方专栏，核算“当期免抵税额”。

（2）“出口退税”贷方专栏，核算企业应免抵和应退的税额。

另外，以“进项税额转出”贷方专栏核算“当期免、抵、退税不得免征和抵扣税额”；应收的增值税出口退税在“其他应收款——应收出口退税”中核算，不计入企业的收入，不计入企业的应纳税所得额，不征收企业所得税。

具体核算步骤如下：

①货物出口并确认收入实现时，根据出口销售额（离岸价）作如下会计处理：

借：应收账款（或银行存款等）

　贷：主营业务收入（或其他业务收入等）

②月末根据《免抵退税汇总申报表》中计算出的“当期免、抵、退税不予免征和抵扣税额”作如下会计处理：

借：主营业务成本

　贷：应交税费——应交增值税（进项税额转出）

③月末根据《免抵退税汇总申报表》中计算出的“应退税额”作如下会计处理：

借：其他应收款——应收出口退税

　贷：应交税费——应交增值税（出口退税）

④月末根据《免抵退税汇总申报表》中计算出的“免抵税额”作如下会计处理：

借：应交税费——应交增值税（出口抵减内销产品应纳税额）

　贷：应交税费——应交增值税（出口退税）

⑤收到出口退税款时，作如下会计处理：

借：银行存款

　贷：其他应收款——应收出口退税

通过上述核算可知，“出口退税”贷方专栏核算的是“当期免、抵、税额”与“当期应退税额”之和，即税法中规定的“当期免、抵、退税额”（出口销售额 × 退税率）。

【例 6-30】某自营出口生产企业为增值税一般纳税人，2019 年 6 月的有关经营业务如下：

（1）购进原材料一批，取得的增值税专用发票注明的价款为 300 万元，外购货物准予抵扣的进项税额 39 万元通过认证。货款已付。

（2）内销货物不含税销售额为 120 万元，收款 135.6 万元存入银行。

（3）出口货物的销售额折合人民币 350 万元，款项已收到。

已知：10 月末留抵税款 5 万元；出口货物的征税率为 13%，退税率为 10%。账务处理如下：

（1）购进原材料时：

借：原材料　　3 000 000

　　应交税费——应交增值税（进项税额）　　390 000

　贷：银行存款　　3 390 000

（2）国内销售货物时：

借：银行存款　　1 356 000

　贷：主营业务收入　　1 200 000

　　　应交税费——应交增值税（销项税额）　　156 000

（3）收到出口销货款时：

借：银行存款　　3 500 000

　贷：主营业务收入　　3 500 000

（4）申报办理出口退税时：

6 月免、抵、退税不得免征和抵扣税额＝350×（13%–10%）＝10.5（万元）

6 月应纳税额＝120×13%–（39–10.5）–5= 15.6–28.5–5= –17.9（万元）

出口货物“免、抵、退”税额＝350×10%= 35（万元）

按规定，如当期期末留抵税额≤当期免、抵、退税额时：

当期应退税额＝当期期末留抵税额

即该企业 11 月应退税额＝17.9（万元）

当期免抵税额＝当期免、抵、退税额－当期应退税额

11 月免抵税额＝35–17.9= 17.1（万元）

①“免、抵、退税不得免征和抵扣额”的会计处理：

借：主营业务成本　　171 000

　贷：应交税费——应交增值税（进项税额转出）　　171 000

②“应退税额”的会计处理：

借：其他应收款——应收出口退税　　179 000

　贷：应交税费——应交增值税（出口退税）　　179 000

③“免抵税额”的会计处理：

借：应交税费——应交增值税（出口抵减内销产品应纳税额）171 000

　贷：应交税费——应交增值税（出口退税）　　171 000

（二）应退消费税的核算

生产企业直接出口自产的属于应征消费税的产品，实行直接免征消费税办法的，可不计算应缴消费税。因而，也就无须进行消费税的会计处理。生产企业委托外贸企业代理出口应税消费品，应由生产企业先计算缴纳消费税，待外贸企业办理报关出口后再向税务机关申请退税，所退税款应由外贸企业退还给生产企业。

委托外贸企业代理出口应税消费品的生产企业，应在将应税消费品移交外贸企业时，计算消费税，按应交消费税税额借记“应收账款”科目，贷记“应交税费——应交消费

税”科目；实际向税务机关缴纳消费税时，借记“应交税费——应交消费税”科目，贷记“银行存款”科目。应税消费品出口后收到外贸企业退回的消费税金时，借记“银行存款”科目，贷记“应收账款”科目。

【例 6-31】某企业委托外贸公司代理出口化妆品，经计算应缴纳消费税 400 000 元。编制分录如下：

计算消费税时：

借：应收账款　　400 000

　贷：应交税费——应交消费税　　400 000

收到退税款时：

借：银行存款　　400 000

　贷：应收账款——应收出口退税　　400 000

如果小规模纳税人自营和委托出口货物，出口销售的本道环节一律免征增值税、消费税，不予办理抵扣或退税。

七、生产企业代理出口退（免）税的规定

委托外贸企业代理出口的货物，一律在委托方退（免）税。生产企业（包括 1993 年 12 月 31 日以后批准设立的外商投资企业，下同）委托进出口企业代理出口的自产货物（含扩散产品、协作生产产品及国家规定的高税率、贵重产品）和进出口企业委托进出口企业代理出口的货物可给予退（免）税，其他企业委托出口的货物不予退（免）税。

委托方在申请办理退（免）税时，必须提供下列凭证资料：

（1）代理出口货物证明。

（2）受托方代理出口的“出口货物报关单（出口退税联）”。受托方将代理出口的货物与其他货物一笔报关出口的，委托方必须提供“出口货物报关单（出口退税联）”复印件。

（3）出口收汇核销单（出口退税专用）。代理出口协议约定由受托方收汇的，委托方必须提供受托方的“出口收汇核销单（出口退税专用）”。受托方将代理出口的货物与其他货物一笔销售给外商的，委托方必须提供“出口收汇核销单（出口退税专用）”复印件。

（4）代理出口协议副本。

生产企业委托进出口企业代理出口的自产货物，其出口退税的核算参见“自营出口生产企业退（免）税的核算”。

进出口企业委托其他进出口企业代理出口的货物，其出口退税的核算参见“商业、外贸进出口企业应退增值税的核算”。

第七章

技术进出口业务

本章导读

“技术进出口”是指从境外向境内，或者从境内向境外，通过贸易、投资或者经济技术合作的方式转移技术的行为。这些行为包括专利权转让、专利申请权转让、专利实施许可、技术秘密转让、技术服务和其他方式的技术转移。由于在交易标的物、转让权限、政府管制等方面有显著区别，技术进出口业务与一般商品进出口业务明显不同。技术进出口业务的方式很多，主要有技术许可、特许专营、咨询服务、承包工程、合作经营以及含有工业产权或专有技术转让的设备买卖。与技术贸易有关的税种主要有所得税、增值税等。技术进出口业务一般均通过“无形资产”会计科目进行记录，企业技术进口发生的成本，包括购买价款、相关税费以及直接归属于使该项资产达到预定用途所发生的其他支出。企业为技术进口国设计软件、开发新产品、培训技术人员、设计产品、建筑设计等均属技术服务。提供技术服务的交易结果必须同时能满足一系列条件，才能确认收入。本章的学习任务如下：

1. 了解技术进出口业务的概述
2. 掌握技术进出口税务的处理
3. 掌握技术进口的账务处理
4. 掌握技术出口的账务处理

第一节 技术进出口业务概述

一、技术进出口概念

技术进出口，也称“国际技术转让”，《中华人民共和国技术进出口管理条例》所称“技术进出口”，是指从中国境外向中国境内，或者从中国境内向中国境外，通过贸易、投资或者经济技术合作的方式转移技术（技术的使用权授予、出售或购买）的行为。主要包括专利权转让、专利申请权转让、专利实施许可、技术秘密转让、技术服务和其他方式的技术转移。

判断是否属于国际性的技术进出口行为，并不以进出口双方是否属于不同国籍为标准，而是看该技术是否跨越国境。技术进出口行为的要件包含两个方面，一是必须是一种跨境行为；二是必须是一种贸易行为。非贸易行为，譬如无偿赠与或转让的行为，则不属技术进出口行为的内容。

二、技术进出口与一般货物进出口的区别

技术进出口与一般货物进出口有明显区别，其具体表现在以下方面：

第一，交易的标的不同。

技术进出口的交易对象是一种特殊的商品——技术，而技术是一种无形的商品，或称“知识产品”；而货物进出口指的是有形的物质产品，它具有明显可见的形状，可以计量。

第二，转让权限不同。

技术进出口转让的只是技术的使用权，而货物进出口的标的一经售出，卖方便失去了对商品的所有权。

第三，受法律调整和政府管制程度不同。

许多国家在有关技术进出口的法律中规定，凡重要的技术引进决议必须呈报政府主管部门审查、批准或登记后才能生效，而一般货物进出口合同没有这样的要求。

三、技术进出口业务的主要方式

技术进出口业务的方式很多，主要有技术许可、特许专营、咨询服务、承包工程、合作经营。

（一）技术许可

技术许可是技术转让交易中使用最广泛和最普遍的一种贸易方式。专利权所有人或商标所有人或专有技术所有人作为许可方向被许可方授予某项权利，允许其按许可方拥有的技术实施、制造、销售该技术项下的产品，并由被许可方支付一定数额的报酬。

许可贸易有三种基本类型：专利许可、商标许可和专有技术转让（许可）。在技术贸易中，三种方式有时单独出现，如单纯的专利许可、单纯的商标许可或单纯的专有技术转让，但多数情况下是以其中两种或三种类型的混合方式出现。

（二）特许专营

特许专营是指由一家已经取得成功经验的企业，将其商标、商号名称、服务标志、专利、专有技术以及经营管理的方法或经验转让给另一家企业的一项技术转让合同，后者有权使用前者的商标、商号名称、专利、服务标志、专有技术及经营管理经验，但须向前者支付一定金额的特许费。

特许专营的双方，一方为专营许可方，另一方为专营接受方。许可方可以通过提供技术援助、提供工程和管理咨询服务获取收入，并可能获得接受方反馈的技术；而对于接受方来说，相对于独立发展技术，支付特许费用显得既经济又容易。特许专营的形式一般有产品专销、服务专营和商品格式专营。

（三）咨询服务

技术咨询服务是技术提供方或服务方受另一方委托，通过签订技术服务合同，为委托方提供技术劳务，完成某项服务任务，并由委托方支付一定技术服务费的活动。咨询费·般可以按工作量计算，也可采用技术课题包干定价。一般所付的咨询费相当于项目总投资的 5% 左右。技术服务的范围和内容相当广泛，包括产品开发、成果推广、技术改造、工程建设、科技管理等各个方面和多种多样的形式。

（四）承包工程

承包工程又称“交钥匙”工程，是指供方为建成整个工厂与自成体系的整个车间向受方提供全部设备、技术、经营管理方法，包括工程项目的设计、施工、设备的提供与安装、受方人员的培训、试车，直接把一座能够开工生产的工厂或车间交给受方。承包工程与技术直接关联，大部分是新工艺、新技术；包含的内容复杂，包括工程设计、土建施工、提供机器设备、质量管理等全部过程，是一种综合性的贸易活动。

（五）合作经营

合作经营是指两个或两个以上的法人或自然人通过订立合作经营合同，在合同有效期内合同当事人一方或各方提供有关技术、设计方案或制造某种设备，在合作过程中实现技术转让的一种合作方式。

第二节 技术进出口税务

与技术贸易有关的税种主要有所得税、增值税等。在办理增值税及预提所得税的纳税申报时，技术进口企业凭借取得的《技术进出口合同许可证》或《技术合同进口登记证》及技术合同副本向其主管税务机关办理增值税及预提所得税的纳税申报，按对外支付金额的6%缴纳增值税，并按扣除增值税后的10%缴纳预提所得税。在实际工作中应当避免双重征税，凭借已缴纳税款凭证向其主管税务部门取得完税凭证，该完税凭证交技术出口方作为其本国抵免所得税的凭证。

一、双重征税

双重征税是指一个纳税人的同一笔所得，由两个以上的国家同时征收同一或类似的税。这主要是由税收管辖权的重叠造成的。各国对税收的管辖权有属地主义和属人主义两种，属地主义是指对一国境内取得的所得征税，不管其取得者是本国居民还是外国居民，同时对本国居民取得的境外所得不再征税。属人主义是指对本国居民取得的来自国内外的所得都要纳税。由于国际技术贸易是一种跨国界的经济活动，各国对跨国所得平行行使征税权，若一笔使用费收入两次纳税，就会造成双重征税问题。

二、避免双重征税的方法

通常采用的方法有“免税法”“抵免法”“饶让法”。

（1）免税法亦称豁免法，是指居住国一方对本国居民来源于来源地国的已在来源地国纳税的跨国所得，在一定条件下放弃居民税收管辖权。由于居住国一方放弃了对其居民纳税人来源于境外的那部分所得的征税权，从而避免了这部分跨国所得在居住国的居民税收管辖权与所得来源地国的来源地税收管辖权的冲突，有效地防止了国际重复征税的发生。在来源地国税率低于居住国税率的情况下，居民纳税人能实际享受到来源地国政府给予的低税负或减免税优惠，从而有利于鼓励和促进跨国投资。但在有境外收入和财产的纳税人税负轻于仅有境内收入和财产的纳税人的情况下，容易违反税负公平的原则，造成为跨国纳税人提供利用各国税负差异进行逃税和避税的机会。

（2）抵免法是指居住国按照居民纳税人的境内外所得或一般财产价值的全额为基数计算其应纳税额，但对居民纳税人已在来源地国缴纳的所得税或财产税额，允许从居住国应纳的税额中扣除。即以纳税人在来源地国已缴纳的税额来抵免其应汇总计算缴纳居住国相应税额的一部分，从而达到避免对居民纳税人的境外所得或财产价值的双重征税的效果。抵免法是目前大多数国家采用的避免国际重复征税的方法。

（3）饶让法又称为"虚拟抵免"或"影子税收抵免"，是指处于资本输入国地位的来源国，为使其减免税优惠能发挥实际效用，往往在与资本输出国签订的双重征税协定中要求对方实行税收饶让抵免，即居住国对其居民因来源地国实行减免税优惠而未实际缴纳的那部分税额，应视同已经缴纳同样给予抵免。在税收饶让抵免方法下，居住国给予抵免的是居民纳税人并未实际缴纳的来源地国税收，税收饶让抵免的主要意义并不在于避免和消除国际重复征税，而是为了配合所得来源地国吸引外资的税收优惠政策的实施。

三、我国对技术进口所得税的征收办法

1. 纳税范围

依据《中华人民共和国企业所得税法》及其《实施细则》的规定，从国外引进技术时，国外许可方有来源于我国的技术使用费收入。根据我国"从源管辖权"原则，要求供方就该项收入依照我国法律向税务机关缴纳所得税。外国企业在中国境内未设立机构、场所，而有取得的来源于中国境内的特许权使用费（专利权、专有技术、商标权、著作权等而取得的使用费），应当缴纳 20% 的所得税。

特许权使用费的范围：

（1）对于同外商签订技术引进合同，只受让专利使用权或专有技术使用权，外商为提供该项技术的使用权所收取的图纸资料费、技术服务费（包括技术指导和技术咨询）和人员培训费，是整个技术贸易合同价格的组成部分，应列为特许权使用费收入一并计算征收所得税。

（2）引进技术，附带引进设备的，外商为设备的安装、使用提供土建设计和工艺设计所收取的设计费和外国提供设备制造维修、图纸资料所收取的费用，可以不列为特许权使用费，不征收所得税。

（3）对于为专利技术或专有技术使用权提供图纸资料所收取的费用与为设备的安装使用和制造维修提供图纸、资料所收取的费用，不能正确划分清楚时，应全部并入特许权使用费收入，征收所得税。

2. 扣缴义务

以实际受益人为纳税义务人，以支付人为扣缴义务人。税款由支付人在每次支付的款项中扣缴，所扣的税款，应当于 5 日内缴入国库，并向当地税务机关报送扣缴所得税报告表。扣缴义务人不履行本法规定的扣缴义务，不扣或者少扣应扣税款的，由税收机关限期追缴应扣税款，并处以应扣未扣税款 1 倍以下的罚款。

3. 减免税规定及审批程序

为鼓励技术进口，对于符合规定的技术进口合同，《中华人民共和国企业所得税法》规定，非居民企业取得企业所得税法第二十七条第（五）项规定的所得，减按 10% 的税率征收企业所得税。技术进口所涉及的特许权使用费企业所得税减免审批程序如下：

外商申请办理所得税减免的，可委托技术进口受让方办理有关手续。受让方首先应向为其登记技术进口合同的主管部门申请办理《关于建议减免企业所得税的函》。建议函分为 A 类、B 类两种。申请时应提供以下资料：①进口合同副本；②技术进口合同登记证书；③技术进口合同数据表；④外国企业所得税减免申请函；⑤外国企业委托受让方办理减免税手续的委托书；⑥受让方提出的减免税申请函。

应当注意的是对于技术进口合同中有进口限制类技术的、合同条款中存在严惩限制性条款等违背《中华人民共和国技术进出口管理条例》内容的、以提成费方式支付特许权使用费且提成率超过 5% 这三种情形之一的，均不视为税法规定的“条件优惠”，原则上不得出具建议函。我国与国外签订的避免双重征税协定，大都根据对等原则签订，即我国行使从源管辖权，将使用费所得税税率降至 10%，许可方纳税后所得额汇回居住国后，再按当地税法进行税收抵免。

四、技术出口税务的计算

根据税法规定，我国对从事技术出口业务取得的收入免征管业税。

我国《企业所得税法》规定企业取得的下列所得已在境外缴纳的所得税额，可以从其当期应纳税额中抵免，抵免限额为该项所得依所得税法规定计算的应纳税额；超过抵免限额的部分，可以在以后五个年度内，用每年度抵免限额抵免当年应抵税额后的余额进行抵补：

（1）居民企业来源于中国境外的应税所得。

（2）非居民企业在中国境内设立机构、场所，取得发生在中国境外但与该机构、场所有实际联系的应税所得。

【例 7-1】某企业今年纳税所得额为 6 000 万元，其中 1 500 万元为该企业技术出口到 C 国，我国企业所得税税率为 25%，C 国的税率为 20%，在 C 国已实际缴纳 300 万元预提所得税，该企业在国内应缴纳所得税中扣除：

C 国的扣除限额 = 6 000 × 25% ×（1 500 ÷ 6 000）= 375（万元）

在 C 国缴纳的所得税 300 万元低于扣除限额 375 万元，可全额扣除。如 C 国所得税税率为 30%，该企业在 C 国缴纳的所得税额为 450 万元，高于扣除限额 375 万元，其超过扣除限额部分的 75 万元在本年度不能扣除，可用以后年度税额扣除的余额续扣。

第三节　技术进口的账务处理

一、技术进口的成本构成

技术进出口业务一般均通过“无形资产”会计科目进行记录，企业技术进口发生的成本，包括购买价款、相关税费以及直接归属于使该项资产达到预定用途所发生的其他支出。购买价款超过正常信用条件延期支付的，应按购买价款的现值金额确认为成本。实际支付的价款与确认的成本之间的差额，除根据准则规定应予资本化的以外，应当在信用期间内确认为利息费用。投资者投入的技术，应当按照投资合同或协议约定的价值作为成本，但合同或协议约定价值不公允的除外。

二、支付技术使用费

（一）支付技术使用费的方式

在国际技术贸易中，支付使用费方式主要有总付、提成支付和入门费加提成费支付三种。

1. 总付

总付是指合同当事双方在订立合同时，将所有合同价格一次清算，在合同中规定一个总金额，由引进方一次或分期付清。如一次付清，支付时间通常在许可方全部交付技术资料后，并以引进方核对验收后进行；如分期支付，双方应在合同中明确规定分期支付的时间和支付的比例。这种支付方式的特点是合同价格的数额是固定不变的，不受合同产品的产量、销售额或利润的影响，该固定数额的合同价格所表示的是全部的技术转让费。

由于总付这类确定合同价格的方式主要有利于许可方，而较不利于被许可方，所以，一些国家在法律上对总付加以禁止或限制。“禁止”即不得采用总付方式，如斯里兰卡政府明文规定，列有总付方式的合同不予批准；“限制”即对采用总付方式设定一定的条件，只有符合法定条件的才被允许。国际上对总付方式的限制包括以下几方面：

（1）总付金额必须是事先根据预定的产品销售额决定的，并且销售额应当是在该部门或该产品所规定的最高金额以内，而且应分期支付许可费，如印度政府就有这样的规定。

（2）有条件地采用总付方式，如新西兰政府规定，一次总付的合同通常不予批准，除非它能表明这种支付方式是完全合理的。

（3）限定一次总付的适用范围。有的国家规定，只有取得专利权以及某些特定类型的技术服务与协助时，才允许采用总付方式。对于用于消费品和一般原料的生产，或用于机器、设备和其他资本货物的专利、商标许可或专有技术许可，则不允许采用总付方式。

2. 提成支付

提成支付是指被许可方利用许可技术开始生产之后，以经济上的使用效果（产量、销售额、利润等）作为计算的基础，按约定的比率，逐步连续性地计算并支付的一种办法。这种支付方式的特点是：在签订许可合同时，只规定提成的基础和提成的比例，不限定整个合同有效期内被许可方支付技术使用费的总额。只有当被许可方取得利用技术的实际效果时，才按事先规定的提成基础和提成比例计算出应支付的费用，但并不是一次提取，而是在合同有效期内，分期按上述方法计算并提取，直到合同有效期届满为止。这种方式对许可方和被许可方都较为合理，所以为国际上大多数技术贸易所应用，成为一种主要的支付方式。

提成支付仅规定提成的年限、提成的比例、提成的基础以及提成的方式，并不规定技术费用的具体数额，许可方的实际所得由引进方实施技术所产生的经济效益决定。提成支付可以分为最低提成与最高提成和固定提成与滑动提成两种类型。

3. 入门费加提成费

入门费加提成费是指将许可合同的总价格分为入门费和提成费两个部分，由被许可方先支付固定金额的入门费，然后，再按提成期间分期支付提成费确定合同价格的方式。入门费也称为初付费，是指许可合同中规定的在合同生效后若干天内，由被许可方向许可方支付的作为合同总价格中一部分的固定金额。

（二）支付技术使用费的会计核算

1. 总付的会计核算

（1）总付一次付清。

【例 7-2】北京某企业以 200 万美元从 A 国企业购入一项专利权，对方负担预提所得税及增值税，美元中间价为 6.45，该企业有美元现汇账户，无须购汇。增值税税率为 6%，预提 15% 的所得税。账务处理如下：

①预提应交所得税及增值税：

借：应交税费——应交增值税（进项税额）（$2 000 000×6.45×6%） 774 000

——应交预提所得税 [（$2 000 000×6.45 -645 000）×15%] 1 838 250

贷：银行存款 2 612 250

②按合同金额计入无形资产成本：

借：无形资产——专利权（$2 000 000×6.45）　　12 900 000

　贷：应付账款——美元户　　12 900 000

同时结转代扣税金：

借：应付账款——美元户　　2 612 250

借：应交税费——应交增值税（进项税额）　　774 000

　　　　——应交预提所得税　　1 838 250

③支付扣税后的净价款：

借：应付账款——A 国企业——美元户　　6 002 100

　贷：银行存款——美元户　　6 002 100

（2）总付分次付清。

对于分期支付无形资产价款的会计分录可以设置“未完引进技术”会计科目。

【例 7-3】假设上例中的 200 万元分四次付清，每年支付 50 万美元，合同规定该项专利权可使用 6 年。账务处理如下：

第一次付款时：

①代缴增值税和预提所得税：

借：应交税费——应交增值税（进项税额）（$500 000×6.45×6%）　　193 500

　　　　——应交预提所得税 [（$500 000×6.45-161 250）×15%]　　459 562.5

　贷：银行存款　　653 062.5

②合同规定的第一次应付价款计入“未完引进技术”科目：

借：未完引进技术（$500 000×6.45）　　3 225 000

　贷：应付账款——美元户　　3 225 000

③结转代扣税金：

借：应付账款——美元户　　653 062.5

　贷：应交税费——应交增值税（进项税额）　　193 500

　　　　——应交预提所得税　　459 562.5

④支付进口技术款：

借：应付账款——美元户　　3 225 000

　贷：银行存款——美元户　　3 225 000

以后各次付款的分录同第一次，最后一次付款时：

⑤结转未完引进技术的资产价值：

借：无形资产——专利权（$2 000 000×6.45）　　12 900 000

　贷：未完引进技术　　12 900 000

2. 提成支付方式下的会计核算

【例 7-4】我国 S 企业从美国 B 企业购买其商品的商标使用权，合同规定每年按年销售收入的 15% 支付 B 企业使用费，使用期 5 年。假定第一年 S 企业销售收入 100 万美元，第二年销售收入 200 万美元，这两年的使用费按期支付。对方负担预提所得税及增值税，美元中间价为 6.58，该企业有美元现汇账户，无须购汇。增值税税率为 6%，预提 10% 的所得税。账务处理如下：

S 企业第一年年底付款：

①代缴增值税和预提所得税。

借：应交税费——应交增值税（进项税额）（$1 000 000×15% ×6.58×6%）　59 220

　　　　——应交预提所得税 [（$1 000 000×15% ×6.58-3 510）×10%]　98 349

　贷：银行存款　　157 569

②合同规定的第一次应付价款计入“未完引进技术”科目。

借：未完引进技术（$1 000 000×15%×6.58）　　987 000

　贷：应付账款——美元户　　987 000

③结转代扣税金。

借：应付账款——美元户　　157 569

　贷：应交税费——应交增值税（进项税额）　　59 220

　　　　——应交预提所得税　　98 349

S 企业第二年年底付款：

①代交增值税和预提所得税。

借：应交税费——应交增值税（进项税额）（$2 000 000×15%×6.58×6%）　118 440

　　　　——应交预提所得税 [（$2 000 000×15%×6.58-98 700）×10%]　187 530

　贷：银行存款　　305 970

②合同规定的第二次应付价款计入“未完引进技术”科目。

借：未完引进技术（$2 000 000×15%×6.58）　　1 974 000

　贷：应付账款——美元户　　1 974 000

③结转代扣税金。

借：应付账款——美元户　　305 970

贷：应交税费——应交增值税（进项税额）　　118 440

——应交预提所得税　　187 530

以后各会计分录同上。

3. 入门费加提成费方式下的会计核算

入门费加提成费方式下的会计核算与提成支付方式下的会计核算类似。

三、以产品补偿引进国外技术的会计核算

技术出口国提供专利和非专利技术的所有权或使用权，我国企业利用该技术生产的产品来偿还该技术的使用费，此类业务属于补偿贸易，带有融资性质。引进技术不需立即付汇。按我国税法规定需缴纳增值税和预提所得税。

1. 引进技术按合同价值记账

借：无形资产——专利权使用权

贷：长期应付款——应付国外专利权使用费

2. 第一次向国外交货偿还技术使用费

借：长期应付款——应付国外专利权使用费

贷：主营业务收入

结转成本：

借：主营业务成本

贷：库存商品

3. 代扣应缴增值税和预提所得税

借：长期应付款——应付国外专利权使用费

贷：应交税费——应交增值税（进项税额）

——应交预提所得税

4. 缴纳增值税和预提所得税

借：应交税费——应交增值税（进项税额）

——应交预提所得税

贷：银行存款

5. 每月摊销无形资产

借：管理费用——无形资产摊销

贷：累计摊销

以后各次向国外交货偿还技术使用费分录同上。

四、外方以技术作为投资的会计核算

按《企业会计准则》规定，投入的无形资产按投资各方确认的价值作为实际成本。会计分录为：

借：无形资产

贷：股本（或实收资本）

第四节　技术出口的账务处理

一、企业提供技术服务的账务处理

（一）企业提供技术服务收入的确定

企业为技术进口国设计软件、开发新产品、培训技术人员、设计产品、建筑设计等均属技术服务。提供技术服务的交易结果必须同时满足下列条件，才能确定收入：

（1）收入的金额能够可靠地计量。

（2）相关的经济利益很可能流入企业。

（3）提供技术服务的完成进度能够可靠地确定。

（4）交易中已发生和将发生的成本能够可靠地计量。

提供技术服务收入的确认时间有三种情况：

（1）提供技术服务从开始到完成，处在同一会计年度内，应当在完成服务时确认收入。

（2）如果提供技术服务不能在一个会计年度内完成，而提供技术服务交易的结果能够可靠估计的，企业应当在资产负债表日采用完工百分比法确认提供劳务收入。完工百分比法是指按照劳务的完成进度确认收入和费用的方法。合同总收入一般在合同或协议中确定。企业应当在资产负债表日按照提供劳务收入总额乘以完成进度扣除以前会计期间累计已确认提供劳务收入后的金额，确认当期提供劳务收入；同时，按照提供劳务估计总成本乘以完工进度扣除以前会计期间累计已确认劳务成本后的金额，结转当期劳务成本。

在确定提供技术服务交易的完成程度时，可以选用以下三种方法：①已完工作的测量；②已经提供的劳务占应提供劳务总量的比例；③已经发生的成本占估计总成本的比例。

（3）企业在资产负债表日提供劳务交易结果不能可靠估计的，应当分别下列情况处理：

①已经发生的劳务成本预计能够得到补偿的，按照已经发生的劳务成本金额确认提供劳务收入，并按相同金额结转劳务成本。

②已经发生的劳务成本预计不能够得到补偿的，应当将已经发生的劳务成本计入当期损益，不确认提供劳务收入。

（二）企业提供技术服务的会计核算

【例 7-5】甲公司于 2012 年 6 月为美国 F 企业设计工程项目，设计费为 100 万美元，期限为 9 个月，合同规定 F 企业预付设计费 30 万美元，余款在设计完成后支付。至 2012 年 12 月 31 日已发生成本 240 万元（假定为设计人员工资），预计完成该设计项目还将发生成本 160 万元。2012 年 12 月 31 日经专业人员测评，设计工程已完成 60%。美元中间价为 6.58，假定期内无变动。假定 F 企业征收的预提所得税率为 10%。

2012 年确认收入 = 劳务总收入 × 劳务的完成程度 − 以前年度已确认的收入 = 1 000 000 美元 ×60% ×6.58−0= 3 948 000（元）

2012 年确认费用 = 劳务总成本 × 劳务的完成程度 − 以前年度已确认的成本 =（2 400 000 +1 600 000）×60% −0= 2 400 000（元）

会计分录如下：

（1）收到预收款，已扣预提所得税：

借：银行存款——美元户 [$300 000×（1−10%）×6.58] 1 776 600

　　应交税费——应交预提所得税（$300 000×10%×6.58） 197 400

　贷：预收账款——F 企业（$300 000×6.58） 1 974 000

（2）结转代缴预提所得税：

借：所得税费用 197 400

　贷：应交税费——应交预提所得税 197 400

（3）发生成本时：

借：劳务成本 2 400 000

　贷：应付职工薪酬——应付工资 2 400 000

（4）2012 年 12 月 31 日资产负债表日确认收入：

借：应收账款——F 企业（$1 000 000×60%×6.58） 3 948 000

　贷：其他业务收入 3 948 000

同时结转成本：

借：其他业务成本 2 400 000

　贷：劳务成本 2 400 000

二、技术转让的账务处理

（一）技术转让收入的确定

技术转让又称技术权益转让，是指转让者将其所拥有的专利或非专利技术的所有权或使用权有偿让给他人使用的行为。它可以用图纸、技术资料等形式有偿转让技术所有权或使用权。这类交易属企业让渡资产使用权，因而使用费的收入作收入处理。让渡资产使用权收入同时满足下列条件的，才能予以确认：①相关的经济利益很可能流入企业；②收入的金额能够可靠地计量。

使用费收入应按有关合同规定的确认收费时间和方法。不同的使用费收入，其收入确定的时间和方法各不相同。如果合同规定使用费一次支付且不提供后期服务的，应视同该项资产的销售一次确认收入；如提供后期服务的，应在合同规定的有效期内分期确认收入。如合同规定分期支付使用费的，应按合同规定的收款时间和金额或合同规定的收费方法计算的金额分期确认收入。

（二）技术转让的会计核算

【例7-6】上海某企业将一项专利权转让给L国企业使用，合同规定使用期为5年，使用费为100万美元，分5次收取，并当即结汇。专利权的账面价值为80万元，已摊销20万元，余额为60万元。L国不征收预提所得税，美元买入价为6.58。会计分录如下：

（1）每次收取使用费时：

借：银行存款——人民币户　　1 316 000

　贷：其他业务收入　　1 316 000

（2）按5年的期限，每月摊销无形资产10 000元（600 000÷5÷12）：

借：其他业务成本——无形资产摊销　　10 000

　贷：累计摊销　　10 000

第八章 存　货

本章导读

存货是反映企业流动资金运作情况的晴雨表，它不仅在企业营运资本中占很大比重，而且又是流动性较差的流动资产，其管理利用状况直接关系到企业的资金占用水平及资产的运作效率。外贸企业的存货一般分为库存商品、加工中商品、原材料、包装物、低值易耗品五大类。存货是为企业带来经济利益的重要的经济资源，存货的不足会直接影响企业的经营活动和商品销售收入，而存货的积压又会引起企业资金周转的困难，进而影响经营活动的正常开展，因此存货的储备必须适量。另外存货存在被偷盗、散失和毁损的风险，因此必须加强对存货的管理和核算，正确确定各种存货的数量和金额，保护企业存货的安全与完整，为企业合理安排进出口贸易活动提供可靠的物质基础。本章的主要学习任务如下：

1. 了解存货的概述
2. 掌握存货的计价
3. 掌握包装物核算的范围及具体包装物的核算
4. 掌握各种低值易耗品的核算
5. 掌握原材料的相关内容
6. 掌握原材料的清查盘点

第一节　存货概述

一、存货的含义

存货是指企业在日常活动中持有以备出售的商品，或者是处在生产过程中的商品、在生产过程或提供劳务过程中耗用的材料和物料等。外贸企业在经营活动过程中，存货处在不断地被销售、耗用和重置之中，因此它属于流动资产的范畴，并且是流动资产的一个重要的组成部分。企业确认存货，必须同时满足两个条件：一是与该存货有关的经济利益很可能流入企业；二是该存货的成本能够可靠地计量。

存货是为企业带来经济利益的重要经济资源，存货的不足会直接影响企业的经营活动和商品销售收入，而存货的积压又会引起企业资金周转的困难，进而影响经营活动的正常开展，因此存货的储备必须适量。另外存货存在被偷盗、散失和毁损的风险，因此必须加强对存货的管理和核算，正确确定各种存货的数量和金额，保护企业存货的安全与完整，为企业合理安排进出口贸易活动提供可靠的物质基础。

二、存货的范围

确定存货的范围是正确核算存货的基础。外贸企业在确认存货时，除了应确定其在性质上是否属于存货外，还应确定其是否属于企业的存货。企业通常以是否拥有存货所有权作为判断标准。凡所有权已属于企业的存货，不论企业是否收到或持有，均应作为本企业的存货；反之不具备所有权的存货，即使存放于企业，也不能作为企业的存货。

存货具体包括：企业已经付款购入，或已加工完毕，验收合格并存放在本企业的商品和原材料；企业已经付款购入，但尚未验收入库的在途商品、在途材料；企业正在加工，或正在委托加工的商品；企业已经发运，但尚未办妥结算手续的商品。

三、存货的分类

为了加强对存货的管理与核算，企业应当对存货进行合理地分类。外贸企业的存货按其来源和用途不同，可分为以下五类。

（1）库存商品，是指外贸企业为销售而购进或生产加工完毕，并验收入库的商品。包括库存出口商品和库存进口商品。

（2）加工中商品，是指外贸企业为满足客户的需求，正在进行加工的商品。

（3）原材料，是指外贸企业用于加工商品的各种材料和用于日常经营活动的材料、用品。

（4）包装物，是指外贸企业为了包装本企业的商品而储备的各种包装容器。

（5）低值易耗品，是指外贸企业拥有的使用期限较短的，或者单位价值较低的，不能作为固定资产的各种用具物品。

第二节 存货的计价

一、存货收入的计价

外贸企业的存货应按取得时的实际成本计价入账。存货实际成本的计量因其来源和品种不同而有所不同，具体分为以下几种情况。

（一）购入存货的计价

1. 购入库存商品的计价

购入出口库存商品和进口库存商品的计价是不同的，现分别予以阐述。

（1）购入出口库存商品计价。

出口商品应按照购进商品的买价和采购费用计价入账。

（2）购入进口库存商品计价。

进口商品应按照购进商品的到岸价格（CIF）加上商品的进口关税和消费税计价入账。

2. 购入其他存货的计价

其他存货包括原材料、包装物和低值易耗品。其他存货都应按买入价加上采购费用计价入账。如果是进口的原材料，还要加上进口关税和消费税计价入账。

（二）自制存货的计价

自制存货应按照各种存货在生产加工过程中所耗用的原材料、发生的职工薪酬和有关费用等实际支出计价入账。

（三）委托加工存货的计价

委托加工存货应按照加工存货在生产加工过程中所耗用的原材料，加上所发生的加工费、运输费、装卸费和保险费等费用，以及按规定应计入成本的税金计价入账。

（四）投资者投入存货的计价

投资者投入存货应按照投资合同约定的价值计价入账。

（五）接受捐赠存货的计价

接受捐赠的存货应按照捐赠方提供的有关凭据上列示的金额加上应支付的相关税费计价入账；捐赠方如没有提供有关凭据的，如同类或类似存货存在活跃市场的，按照同类或类似存货的市场价格估计的金额，加上应支付的相关税费计价入账；如同类或类似存货不存在活跃市场的，则按照该接受捐赠的存货的预计未来现金流量现值计价入账。

（六）盘盈存货的计价

盘盈的存货应按照同类或类似存货的市场价格计价入账。

二、存货发出的计价

外贸企业对于各项存货的日常收发，必须根据有关收发凭证在存货的数量金额明细账内逐项逐笔按照实际成本进行登记。由于各种存货是分次购入或分次生产加工的，因此同一品种规格的存货，其单价往往不同，要核算发出的存货的金额，必须先选择发出存货的计价方法。外贸企业可以根据企业的实际情况选择采用下列各种方法。

（一）个别计价法

个别计价法又称为分批实际进价法，是指认定每一件或每一批存货的实际单价，计算发出该件或该批存货成本的方法。其计算公式如下：

发出存货成本=发出存货数量×该件（批）存货单价

采用个别计价法能随时结转发出存货的成本。这种方法计算的结果符合实际，但计算起来工作量最为繁重，适用于能分清件别、批次的存货。

采用个别计价法，对每件或每批购进的存货应分别存放，并分户登记各种存货明细分类账。对每次领用的存货，应在发货单上注明购进的件别或批次，便于按照该件或该批存货的实际单价计算其发出金额。

（二）先进先出法

先进先出法是指根据先入库先发出的原则，对于发出的存货以先入库存货的单价进行计价，从而计算发出存货成本的方法。

采用先进先出法由于期末结存存货金额是根据近期入库存货成本计价的，其价值接近于市场价格，并能随时结转发出存货的实际成本。但每次发出存货要根据先入库的单价计算，工作量较大，一般适用于收发货次数不多的存货。

采用先进先出法计算发出存货成本的具体做法是：先按第一批入库存货的单价计算发出存货的成本，发货完毕后，再按第二批入库存货的单价计算，以此类推。若发出的存货属于前后两批入库的，单价又不同时，就分别需要用两个单价计算。

（三）移动加权平均法

移动加权平均法是指以各次收入存货的数量和金额与各次收入前结存存货的数量和金

额为基础，计算出平均单价，再进而计算发出存货成本的方法。其计算公式如下：

$$平均单价=\frac{本次收入前存货结存金额+本次存货收入金额}{本次收入前存货结存数量+本次存货收入数量}$$

$$发出存货成本=发出存货数量\times平均单价$$

采用移动加权平均法计算发出存货的成本最为均衡，能随时结出发出存货的成本。但每次存货入库后几乎都要重新计算平均单价，工作量很大，一般适用于前后单价相差幅度较大的存货。

（四）综合加权平均法

综合加权平均法是指在一个计算期内综合计算存货的加权平均单价，再将其乘以发出存货数量，从而计算发出存货成本的方法。其计算公式如下：

$$加权平均单价=\frac{期初结存存货金额+本期收入存货金额}{期初结存存货数量+本期收入存货数量}$$

$$发出存货成本=发出存货数量\times加权平均单价$$

在日常工作中，由于加权平均单价往往不能整除，计算的结果必然会产生尾差。为了保证期末存货成本的准确性，可以先计算期末结存存货金额，然后倒挤存货成本。其计算公式如下：

$$期末结存存货金额=期末结存存货数量\times加权平均单价$$

$$发出存货成本=期初结存存货金额+本期收入存货金额-期末结存存货金额$$

采用综合加权平均法计算发出存货的成本较为均衡，计算的工作量较小，但计算成本工作必须在月末进行，工作量较为集中，一般适用于前后单价相差幅度较大，且在月末结转其发出成本的存货。

现举例说明上述四种发出存货成本的计算方法。

【例 8-1】宏盛服装进出口公司女式套装 3 月期初结存 1 000 件，单价 180 元，金额 180 000 元，购进批次为 026。本月女式套装的进销记录如表 8-1 所示。

表 8-1 女式套装进销记录表

金额单位：元

2019 年		业务号数	购进				销售	
月	日		数量（件）	单价	金额	批次	数量（件）	批次
3	2	3	1500	170	255 000	001		

续表

2019 年		业务号数	购进				销售	
月	日		数量（件）	单价	金额	批次	数量（件）	批次
	6	10					1 000	001
	10	12					500	026
	16	17	3 000	185	555 000	002		
	17	20					500 1500	026 002
	20	30					500	002
	27	45	1 500	175	262 500	003		
	30	56					1000	003

（1）用个别计价法计算女式套装销售成本如表 8-2 所示。

表 8-2　商品成本计算表

金额单位：元

销售日期	销售批次	销售数量（件）	单价	商品销售成本
3 月 6 日	001	1 000	170	170 000
3 月 10 日	026	500	180	90 000
3 月 17 日	026 002	500 1 500	180 185	90 000 277 500
3 月 20 日	002	500	185	92 500
3 月 30 日	003	1 000	175	175 000
合计		5 000	—	895 000

月末女式套装的结存数量和金额如表 8-3 所示。

表 8-3　期末结存商品计算表

金额单位：元

结存批次	结存数量（件）	单价	结存金额
001	500	170	85 000
002	1 000	185	185 000
003	500	175	875 000
合计	2 000	—	1 145 000

（2）用先进先出法计算女式套装销售成本及期末结余成本如表 8-4 所示。

表 8-4 成本计算表

金额单位：元

2019 年		摘要	收入			发出			结存		
月	日		数量	单价	金额	数量	单价	金额	数量	单价	金额
3	1	上年结转							1 000	180	180 000
	2	购进	1 500	170	255 000				1 000 1 500	180 170	180 000 255 000
	6	销售				1 000	180	180 000	1 500	170	255 000
	10	销售				500	170	85 000	1 000	170	170 000
	16	购进	3 000	185	555 000				1 000 3 000	170 185	170 000 555 000
	17	销售				1 000 1 000	170 185	170 000 185 000	2 000	185	370 000
	20	销售				500	185	92 500	1 500	185	277 500
	27	购进	1 500	175	262 500				1 500 1 500	185 175	277 500 262 500
	30	销售				1 000	185	185 000	500 1 500	185 175	92 500 262 500
	31	本月合计	6 000	–	1 072 500	5 000	–	897 500	2 000	–	355 000

（3）用移动加权平均法计算女式套装的销售成本及期末结余成本如表 8-5 所示。

表 8-5 成本计算表

金额单位：元

2019 年		摘要	收入			发出			结存		
月	日		数量	单价	金额	数量	单价	金额	数量	单价	金额
3	1	上年结转							1 000	180	180 000
	2	购进	1 500	170	255 000				2 500	174	435 000
	6	销售				1 000	174	174 000	1 500	174	261 000
	10	销售				500	174	87 000	1 000	174	174 000
	16	购进	3 000	185	555 000				4 000	182.25	729 000
	17	销售				2 000	182.25	364 500	2 000	182.25	364 500
	20	销售				500	182.25	91 125	1 500	182.25	273 375
	27	购进	1 500	175	262 500				3 000	178.625	535 875

续表

2019年		摘要	收入			发出			结存		
月	日		数量	单价	金额	数量	单价	金额	数量	单价	金额
	30	销售				1 000	178.625	178 625	2 000	178.625	357 250
	31	本月合计	6 000	–	1 072 500	5 000	–	895 250	2 000	178.625	357 250

3 月 2 日平均单价 =（180 000+255 000）/（1 000+1 500）= 174（元 / 套）

3 月 16 日平均单价 =（174 000+555 000）/（1 000+3 000）= 182.25（元 / 套）

3 月 27 日平均单价 =（273 375+262 500）/（1 500+1 500）= 178.625（元 / 套）

（4）用移动加权平均法计算女式套装的销售成本及期末结余成本如表 8–6 所示。

表 8–6　成本计算表

金额单位：元

2019年		摘要	收入			发出			结存		
月	日		数量	单价	金额	数量	单价	金额	数量	单价	金额
3	1	上年结转							1 000	180	180 000
	2	购进	1 500	170	255 000				2 500		
	6	销售				1 000			1 500		
	10	销售				500			1 000		
	16	购进	3 000	185	555 000				4 000		
	17	销售				2 000			2 000		
	20	销售				500			1 500		
	27	购进	1 500	175	262 500				3 000		
	30	销售				1 000			2 000		
	31	结转销售成本						894 640	2 000	178.93	357 860
	31	本月合计	6 000		1 072 500	5 000		894 640	2 000	178.93	357 860

加权平均单价 =（180 000+1 072 500）/（1 000+6 000）= 178.93（元 / 套）

商品销售成本 = 180 000+1 072 500−357 860= 894 640（元）

期末结存金额 = 2 000 × 178.93= 357 860（元）

第三节 包装物

一、包装物核算的范围

包装物在保护商品的安全与完整，便于商品的运输和保管，减少商品的损耗，使商品更美观和实用以及提高商品的竞争力方面发挥着重要的作用。外贸企业的包装物有盒、篓、箱、坛、桶、罐等。外贸企业包装物的种类繁多，为了加强对包装物的核算与管理，必须明确划分包装物核算的范围。它主要包括：

（1）用于包装商品作为商品组成部分的包装物。

（2）随同商品出售而不单独计价的包装物。

（3）随同商品出售而单独计价的包装物。

（4）出租或出借给购买单位使用的包装物。

为核算企业拥有的随同商品流通的各种包装物的实际成本，企业可以设置“包装物”账户。“包装物”账户是资产类账户，用以包装物购进和盘盈时，记入该账户的借方；出售、领用、报废时，记入该账户的贷方；期末余额在借方，表示企业拥有包装物的实际数额。

外贸企业对于专门用于储存和保管商品而不对外出售、出租或出借的包装容器，如油桶、油罐等，应按其价值大小和使用寿命长短，分别在“低值易耗品”或“固定资产”账户核算；对于使用一次就消耗的包装材料，如绳、铁丝、铁皮、尼龙带等，在购进验收入库时，在“原材料”账户核算，如购进后即交付使用，可直接列入“销售费用——包装费”账户。

二、购进包装物的核算

包装物的成本由买价和采购费用组成。外贸企业购进包装物，在收到专用发票和运杂费等采购费用发票时予以支付，并在包装物验收入库时，根据开列的货款和运杂费等采购费用，借记“包装物”账户；根据开列的增值税额，借记“应交税费”账户；根据支付的款项，贷记“银行存款”账户。

【例 8-2】蓝天外贸公司向庆发公司购进周转用油桶 500 个，每个 240 元，计货款

120 000 元，增值税额 15 600 元，运杂费 800 元，以银行存款支付，作分录如下：

借：包装物　　120 800

　应交税费——应交增值税（进项税额）　　15 600

　贷：银行存款　　136 400

当外贸企业随货购进单独计价的包装物时，这类包装物一般是与商品一起验收入库的，其核算方法与单独购进包装物的核算方法基本相同。所不同的是由于随货购进包装物的目的是采购商品，因此购进时发生的运杂费等采购费用应全部列入商品采购成本，而不能分摊计入包装物成本。

三、销售包装物的核算

外贸企业销售包装物的核算分为以下两种情况：

（1）随货销售单独计价的包装物，按其取得的价税合计，借记“银行存款”账户；按包装物的销售收入，贷记“其他业务收入”账户；按增值税额，贷记“应交税费”账户；并结转包装物的销售成本，借记“其他业务成本”账户，贷记“包装物”账户。

（2）外贸企业随货销售不单独计价的包装物，应作为企业的商品销售费用，在领用时应将包装物的成本列入“销售费用——包装费”账户。

【例 8-3】蓝天外贸公司销售进口杀虫剂 2 000 千克，每千克 60 元，共计货款 120 000 元；随货销售铁桶 20 只，每只 100 元，计货款 2 000 元，杀虫剂和铁桶的增值税额共 15 860 元。当即收到转账支票 137 860 元存入银行，铁桶每只进价为 95 元，作分录如下：

借：银行存款　　137 860

　贷：进口商品销售收入　　120 000

　　其他业务收入　　2 000

　　应交税费——应交增值税（销项税额）　　15 860

同时，结转铁桶销售成本，作分录如下：

借：其他业务成本　　1 900

　贷：包装物　　1 900

四、租借包装物的核算

外贸企业租入、借入的包装物，其所有权仍属于出租、出借包装物的企业。租入、借入企业负有保管责任，应当设置备查簿，及时登记租入（借入）、归还和结存的数量。出租或出借新的包装物后，应有专人负责管理，并应在备查簿上进行记录，登记其出租或出借及收回的情况，以防丢失。

企业在对租入或借入包装物进行核算时，按照支付出租或出借企业押金的数额，借记“其他应收款”账户，贷记“银行存款”账户。外贸企业归还租入包装物时，要根据租用天数支付租金，并收回押金，根据支付的租金，借记“销售费用”账户；根据抵扣租金后收回的押金，借记“银行存款”账户；根据支付的押金数，贷记“其他应收款”账户。而企业对借入的包装物可无偿使用，归还时可收回全部押金。

外贸企业在出租或出借包装物时，要收取一定数额的押金，按照押金数额，借记“银行存款”账户，贷记“其他应付款”账户。收回出租的包装物时，要按租用天数收取租金，退还押金，按收取的押金，借记“其他应付款”账户；按收取的租金，贷记“其他业务收入”账户；按扣除租金后退还的押金，贷记“银行存款”账户。而出借包装物供对方无偿使用，收回包装物时，全部退还押金。对于出租、出借包装物逾期未退回而没收的押金，应借记“其他应付款”账户；按应交的增值税额，贷记“应交税费——应交增值税（销项税额）”账户；按其差额，贷记“其他业务收入”账户。

五、摊销包装物的核算

包装物的摊销是指将包装物在使用中损耗的价值转移到费用、成本中去。包装物的摊销方法包括一次摊销法和五五摊销法两种方法。

（1）一次摊销法是指在领用包装物时全额予以摊销。采用这种摊销法时，在第一次领用新包装物时，根据包装物的成本转账。出租的包装物，借记“其他业务成本”账户，贷记“包装物”账户；出借的包装物，则借记“销售费用”账户，贷记“包装物”账户。这种方法适用于价值不高的包装物。

（2）五五摊销法是指包装物在领用时摊销 50%，报废时再摊销 50% 的方法。这种方法适用于价值较高的包装物。

【例 8-4】华兴贸易公司出租给东胜公司新油桶 30 个，每个收取押金 120 元，铁桶每只成本 100 元，采用五五摊销法摊销。

（1）4 月 5 日出租油桶，收到对方转账支票 3 600 元，存入银行，作分录如下：

借：银行存款　　3 600

　　贷：其他应付款——东胜公司　　3 600

（2）将库存包装物转账，作分录如下：

借：包装物——在用包装物　　3 000

　　贷：包装物——库存包装物　　3 000

（3）将出租包装物用五五摊销法摊销，作分录如下：

借：其他业务成本——出租包装物　　1 500

　贷：包装物——包装物摊销　　1 500

（4）4 月 30 日，东胜公司归还全部油桶，油桶按每个每天 1 元计算租金，今扣除租金 750 元后退还押金，作分录如下：

借：其他应付款——南桥供销社　　3 600

　贷：其他业务收入　　750

　　　银行存款　　2 850

六、修理和报废包装物的核算

外贸企业为了保持包装物的使用效能，需要加强对包装物的维修。修理包装物所耗费的材料和费用应区别情况对待，修理出租用的包装物，应列入“其他业务成本——出租包装物”账户；修理出借用的包装物，则应列入“销售费用——包装费”账户。

包装物因磨损而不能继续使用时，应申请报废，经批准后予以转账。报废时，应将残料估价入账。不同的摊销方法下，包装物报废时账务处理也不相同。

（1）采用一次摊销法的包装物，根据验收入库包装物的残值，借记“原材料”账户，出租的包装物，贷记“其他业务成本”账户；出借的包装物，贷记“销售费用”账户。

（2）采用五五摊销法的包装物，按已摊销的数额，借记“包装物——包装物摊销”账户；按残料估价的价值，借记“原材料”账户；按摊余价值与残值的差额，借记“销售费用”账户或“其他业务成本”账户；按账面实际成本，贷记“包装物——在用包装物”账户。

【例 8-5】报废出租用铁桶 30 只，每只账面原值 100 元，已摊销了 50%，残料估价每只 20 元，已验收入库，作分录如下：

借：包装物——包装物摊销　　1 500

　　原材料　　600

　　其他业务成本　　900

　贷：包装物——在用包装物　　3 000

第四节　低值易耗品

外贸企业的低值易耗品主要有各种管理用具、工具、玻璃器皿等。低值易耗品品种多、数量大、价值低、易损耗、购置和领发频繁、保管分散、容易丢失，因此要加强对低值易耗品的管理，建立和健全必要的收发手续和保管制度。为核算企业拥有的各种低值易耗品的实际成本，企业应当设置“低值易耗品”，该账户是资产类账户，低值易耗品在购进、盘盈时，借记该账户；在领用、摊销、报废和盘亏时，贷记该账户；期末余额在借方，表示企业拥有低值易耗品的净值。

一、购进低值易耗品的核算

低值易耗品的成本由买价和采购费用两部分组成。外贸企业购进低值易耗品，将低值易耗品验收入库时，根据开列的货款和运杂费，借记“低值易耗品”账户；根据开列的增值税额，借记“应交税费”账户；根据支付的款项，贷记“银行存款”账户。

【例 8-6】购进储物柜 5 只，每只 2 000 元，计货款 10 000 元，增值税额 1 300 元，运杂费 300 元，款项一并以转账支票付讫，储物柜已验收入库，作分录如下：

借：低值易耗品——库存低值易耗品　　10 300

　　应交税费——应交增值税（进项税额）　　1 300

　贷：银行存款　　11 600

二、领用和摊销低值易耗品的核算

低值易耗品被领用后，在被使用过程中逐渐损耗，其价值也随着逐渐减少，这部分减少的价值，应进行摊销。摊销的方法有一次摊销法和五五摊销法。

采用一次摊销法，业务部门领用低值易耗品时，借记“销售费用”账户；行政管理部门领用的，借记“管理费用”账户，贷记“低值易耗品——库存低值易耗品”账户。

采用五五摊销法，在领用时，先将低值易耗品从“库存低值易耗品”明细账户转入“在用低值易耗品”明细账户，然后再摊销其价值的 50%，届时，业务部门领用的，借记“销售费用”账户；行政管理部门领用的，借记“管理费用”账户，贷记“低值易耗品——低值易耗品摊销”账户。

【例 8-7】销售部门领用办公用纸 2 箱，行政管理部门领用办公用纸 3 箱，每箱 60 元，作分录如下：

（1）借：低值易耗品——在用低值易耗品　　300

　　贷：低值易耗品——库存低值易耗品　　300

（2）摊销其价值的 50%，作分录如下：

借：销售费用——低值易耗品摊销　　60

　　管理费用——低值易耗品摊销　　90

　贷：低值易耗品——低值易耗品摊销　　150

三、修理和报废低值易耗品的核算

外贸企业维修低值易耗品时，耗用的材料和发生的修理费用，应根据低值易耗品不同的使用部门，分别列入“销售费用”或“管理费用”账户。

低值易耗品在丧失使用效能，经批准报废时，应将残料估价入库或出售。采用一次摊销法的低值易耗品，由于已经全额注销了账面价值，在残料估价验收入库，应借记“原材料”账户，贷记“销售费用”或“管理费用”账户。

采用五五摊销法的低值易耗品，在低值易耗品报废时，应按已摊销的数额，借记“低值易耗品——低值易耗品摊销”账户；按残料估价的价值，借记“原材料”账户；按摊余价值与残值的差额，借记“销售费用”或“管理费用”账户；按账面实际成本，贷记“低值易耗品——在用低值易耗品”账户。

【例 8-8】行政管理部门报废打印机一台，账面原值 500 元，已摊销了 50%，残料估价 50 元，已验收入库，作分录如下：

借：低值易耗品——低值易耗品摊销　　250

　　原材料　　50

　　管理费用——低值易耗品摊销　　200

　贷：低值易耗品——在用低值易耗品　　500

第五节　原材料

外贸企业的原材料分为生产加工商品用原材料和日常经营活动用原材料两类，本节仅阐述日常经营活动用原材料。日常经营活动用原材料是指用于业务经营、设备维修、劳动保护、办公和生活等方面的材料、用品、燃料、物资备件，以及报废入库的各种废旧器材等。

原材料数量零星且品种繁杂，有不少均是日常生活用品，因此应指定专人负责保管。企业购进原材料时，由保管人员填制“收料单”，一式数联；在原材料验收入库后，保管人员自留一联登记保管账，另一联连同专用发票一并转交财会部门入账。

原材料的成本由买价和采购费用组成。外贸企业购进的原材料除少量的立即交付有关部门使用的，可以根据其用途，直接记入“销售费用”或“管理费用”账户外，凡是大批购进入库备用的，均应通过“原材料”账户核算。“原材料”是资产类账户，用以核算企业库存的各种材料。原材料购进、盘盈时，记入该账户的借方；领用、盘亏时，记入该账户的贷方；期末余额在借方，表示原材料的结存数额。

【例 8-9】购入木材 5 立方米，每立方米 1 500 元，共计货款 7 500 元，增值税额 975 元，木材的运杂费 450 元，款项从银行汇付对方，作分录如下：

借：原材料	7 950	
应交税费——应交增值税（进项税额）	975	
贷：银行存款		8 925

第六节　存货的清查盘点

一、存货的清查盘点

企业的存货品种、规格繁多，有的存货在收发过程中会发生计量或计算上的差错，有的存货会由于自然条件的影响而发生损耗或长余，有的可能被毁损或贪污、盗窃。因此必须建立和健全各种规章制度，对存货采取清查盘点的方法，以确保其安全，并做到账实相符。

存货的清查盘点细致而复杂，必须有领导、有组织、有计划地进行。在清查盘点前，应根据盘点的范围，确定参加盘点的人员，并组织分工。清查盘点时，要根据存货的特点，采用不同的盘点方法和操作规程，避免发生重复盘、遗漏盘和错盘的现象。清查盘点后，由实物保管部门负责填制“存货盘盈盘亏报告单”。对于盘盈、盘亏、毁损以及报废的存货，应及时查明原因，区别情况予以处理。

存货清查盘点是企业的一项重要的财会基础工作。企业应当定期或不定期地对存货进行清查盘点，每年至少在年终前进行一次全面的清查盘点。此外还可根据管理上的需要随时进行局部盘点清查。

二、存货盘盈盘亏和毁损的核算

财会部门收到保管部门转来的存货盘盈盘亏报告单，经审核无误，若为盘盈，应借记“库存商品”或“原材料”等账户，贷记“待处理财产损益”账户；若为盘亏，则借记“待处理财产损益”账户，贷记“库存商品”账户等账户。等查明原因后，若属于收发货计量差错而造成的溢缺或因管理不善等原因造成的存货短缺或毁损，经批准核销转账时，对于盘盈的，列入“营业外收入”账户；对于盘亏的，则列入“营业外支出”账户；若由责任单位或个人负责赔偿时，则转入“其他应收款”账户。若属于自然损耗，应列入“销售费用”账户；若属于自然升溢，则应冲减“销售费用”账户。

【例 8-10】收到仓库保管部门转来的存货盘盈盘亏报告单，盘盈杀虫剂 10 箱，每箱 100 元；盘亏除草剂 15 箱，单价 120 元，原因待查。

（1）将盘盈的杀虫剂入账，作分录如下：

借：库存商品　　1 000

　　贷：待处理财产损益　　1 000

（2）将盘亏的除草剂入账，作分录如下：

借：待处理财产损益　　1 800

　　贷：库存商品　　1 800

（3）今查明盘盈的杀虫剂系收发计量差错，经批准予以核销转账，作分录如下：

借：待处理财产损益　　1 000

　　贷：营业外收入　　1 000

（4）今查明盘亏的除草剂系因保管员工作疏忽所致，作分录如下：

借：其他应收款——保管员　　1 800

　　贷：待处理财产损益　　1 800

当存货因自然灾害或意外事故造成非正常损失时，根据税法规定，其购进时所发生的进项税额不能抵扣，要按规定从进项税额中转出。按毁损存货的金额及其进项税额，借记“待处理财产损益”账户；按毁损存货的金额，贷记“库存商品”账户或其他有关账户；按毁损存货的进项税额，贷记“应交税费——应交增值税（进项税额转出）”账户。

【例 8-11】蓝天外贸公司因意外事故损失一批布料，共计金额 36 000 元。该批服装的进项税额为 4 680 元。

（1）先按损失金额转账，作分录如下：

借：待处理财产损益　　40 680

　贷：库存商品　　36 000

　　应交税费——应交增值税（进项税额转出）　　4 680

（2）经商讨，保险公司付来赔偿款 25 000 元，存入银行，其余部分作为企业损失，作分录如下：

借：银行存款　　25 000

　营业外支出　　15 680

　贷：待处理财产损益　　40 680

第七节　存货的期末计价

在市场经济条件下，为了客观、真实、准确地反映期末存货的实际价值，在会计期末，要采用成本与可变现净值孰低法来确定期末存货的价值。

一、成本与可变现净值孰低法

成本与可变现净值孰低，是指对期末存货按照成本与可变现净值两者之中的较低者计价的方法。即当期末存货成本低于可变现净值时，按存货的成本计价；当期末存货可变现净值低于成本时，则按存货可变现净值计价。可变现净值是指企业在正常经营过程中，以存货估计的售价减去将要发生的成本、估计的销售费用以及相关税金后的金额。

存货通常是按照历史成本计价。然而当存货可变现净值低于成本时，已经给企业带来了损失，按照谨慎性的要求，这种损失可采用存货成本与可变现净值孰低法予以确认。

二、账户设置

在按成本与可变现净值孰低法对存货进行期末计价时，应设置“存货跌价准备”账户和“资产减值损失”账户。

“存货跌价准备”账户是资产类账户，它是“库存商品”等存货账户的备抵账户，用以核算企业提取的存货跌价准备。在期末发生存货可变现净值低于成本时，记入该账户的贷方；在已计提跌价准备的存货出售、领用或者价值恢复时，记入该账户的借方；期末余额在贷方，表示已经提取的存货跌价准备的数额。

“资产减值损失”是损益类账户，用以核算企业按照规定计提各项资产减值准备所形成的损失。计提资产减值准备时，记入该账户的借方；已减值的资产销售、领用或者其价值得以恢复予以转销，以及期末结转“本年利润”账户时，记入该账户的贷方。

三、存货可变现净值低于成本的核算

在中期期末或年度终了时，企业应对存货进行全面地清查，如果由于存货销售价格下跌、存货全部或部分陈旧过时或遭受毁损等原因，使存货可变现净值低于成本，那么对于存货可变现净值低于成本的部分，应提取存货跌价准备。存货跌价准备应按单个存货项目可变现净值低于成本的差额提取。对于数量繁多、单价较低的存货，也可以按以存货类别计量的可变现净值低于成本的差额提取。

不同的存货计提存货跌价准备的核算方法也有所不同，下面进行详细介绍。

（一）尚有使用价值和转让价值存货的核算

对于尚有使用价值和转让价值的存货，在期末企业计算出存货可变现净值低于成本的差额时，借记“资产减值损失——存货减值损失”账户，贷记“存货跌价准备”账户。企业销售商品时，应当结转其已计提的跌价准备，借记“存货跌价准备”账户，贷记“主营业务成本”账户。

当企业的存货存在下列情况之一的，属于尚有使用价值和转让价值的存货。

（1）市价持续下跌，并且在可预见的未来无回升的希望。

（2）企业使用该项原材料生产商品的成本大于商品的销售价格。

（3）企业因商品更新换代，原有库存原材料已不适应新商品的需要；而该原材料的市场价格又低于其账面成本。

（4）因企业所提供的商品或劳务过时，或者消费者偏好改变，而市场的需求发生变化，导致市场价格逐渐下跌。

（5）其他足以证明该项存货实质上已经发生减值的情形。

【例 8-12】蓝天国际贸易公司 6 月 30 日对库存进口服装进行期末计价，确认存货跌价准备 20 000 元。

（1）6 月 30 日，作分录如下：

借：资产减值损失——存货减值损失　　20 000

　贷：存货跌价准备　　20 000

（2）7 月 15 日，销售进口服装 2 000 件，每件 150 元，共计货款 300 000 元，增值税额 39 000 元，该批服装成本为每件 165 元。款项存入银行。

①反映商品销售收入，作分录如下：

借：银行存款　　339 000

　贷：自营进口销售收入　　300 000

　　　应交税费——应交增值税（销项税额）　　39 000

②结转商品销售成本，作分录如下：

借：自营进口销售成本　　330 000

　贷：库存商品　　330 000

③结转已计提的存货跌价准备，作分录如下：

借：存货跌价准备　　20 000

　贷：自营进口销售成本　　20 000

企业每期末都应当重新确定存货的可变现净值。如果以前减记存货价值的影响因素已经消失，则减记的金额应予以恢复，并在原已计提的存货跌价准备的金额内转回，届时，借记“存货跌价准备”账户，贷记“资产减值损失”账户。

（二）完全丧失使用价值和转让价值的存货的核算

对于已经完全丧失了使用价值和转让价值的存货，应区别情况进行核算。

企业对于未计提过跌价准备的存货，应按其账面价值，借记“资产减值损失——存货减值损失”账户，贷记“库存商品”或其他有关账户。

对于事前曾计提过跌价准备的存货，则应按该存货已计提的跌价准备，借记“存货跌价准备”账户；按存货的账面价值，贷记“库存商品”或其他有关的账户；两者之间的差额列入“资产减值损失——存货减值损失”账户的借方。

当企业的存货存在下列一项或若干项情况时，属于完全丧失使用价值和转让价值的存货。

（1）已霉烂变质的存货。

（2）已逾期且无转让价值的存货。

（3）生产中不再需要，并且已无转让价值的存货。

（4）其他足以证明已无使用价值和转让价值的存货。

第九章

财务报告

本章导读

财务报告是反映企业财务状况和经营成果的书面文件，包括会计报表（资产负债表、利润表、现金流量表、所有者权益变动表）、附表及会计报表附注和财务情况说明书。会计报表又叫企业财务状况及经营状况的晴雨表，是会计部门和会计人员最终的工作成果，它是高度概括说明企业财务状况、经营成果以及现金流量的文件。会计报表是财务会计报表分析的基础，作为纳税评估的出发点和落脚点也是纳税评估的重要资料。它能向投资者、监管部门，以及公司管理层提供公司经营发展的较全面的信息。因此，是会计学习的重中之重。在本章中，我们重点学习以下内容：

1. 了解财务报告的概述
2. 掌握资产负债表的含义、作用、结构、内容和编制方法
3. 掌握利润表的含义、作用、结构、内容和编制方法
4. 掌握现金流量表的含义、作用、结构、内容和编制方法
5. 掌握所有者权益变动表的含义、作用、结构、内容和编制方法
6. 了解附注的相关内容

第一节 财务报告概述

一、财务报告的概念

财务报告是指企业对外提供的反映企业某一特定日期财务状况和某一会计期间经营成果、现金流量等会计信息的文件。财务报告的目标是向财务会计报告使用者提供与企业财务状况、经营成果和现金流量等有关的会计信息，反映企业管理层受托责任履行情况，有助于财务会计报告使用者做出经济决策。财务报告包括会计报表、会计报表附注和财务情况说明书。

二、财务报表的作用

财务报表是财务报告的主体，是指对企业财务状况、经营成果和现金流量的结构性表述。财务报表的编制是会计核算工作的组成部分，财务报表有着重要的作用，主要表现在以下四个方面。

第一，企业内部员工可以通过财务报表了解企业的财务状况、经营成果和现金流量，有利于企业进行分析对比，总结经验，找出差距及改进的措施，以改善企业的经营管理，增强竞争能力，并为企业制定预算以及保证决策的科学性和准确性提供了重要的信息和依据。

第二，企业的投资者、债权人通过财务报表可以对财务报表进行分析，判断企业的盈利能力和偿债能力，有助于投资者进行投资决策，债权人进行信贷决策或赊销决策。

第三，国家财政、税务机关和审计部门可以通过财务报表检查企业是否严格遵守国家规定的财务制度和财经纪律，检查企业的资金运用情况、利润形成情况以及各种税金的交纳情况。

第四，企业财务报表提供的会计信息经过汇总整理后，可以为国家制定政策、进行宏观调控提供依据，从而促进社会资源的有效配置。

三、财务报表的组成和编制的基本要求

（一）财务报表的组成

财务报表至少应当包括下列组成部分：①资产负债表。②利润表。③现金流量表。

④所有者权益（或股东权益）变动表。⑤财务报表附注。

（二）财务报表编制的基本要求

为了保证会计报表的质量，充分发挥会计报表的作用，企业在编制财务报表时应当满足以下四点基本要求。

1. 数字真实

会计报表必须根据登记完整、核对无误的账簿记录和其他核算资料，按一定的指标体系加工、整理、编制而成，做到表从账出，账表相符，不得隐瞒谎报数据，弄虚作假。

2. 计算准确

财务报表必须在账账相符、账实相符的基础上编制，并对报表中的各项指标要认真地计算，各项指标和数据必须计算准确、真实可靠，以保证会计信息的准确性。

3. 内容完整

财务报表必须全面地反映企业的财务状况、经营成果和现金流量，企业要按照国家统一规定的报表种类、格式和内容进行填报，不得漏编、漏报，更不能任意改变报送的内容。

4. 报送及时

企业应在保证财务报表质量的前提下，在规定期限内编制完毕并如期报送，以满足会计信息使用者对会计报表资料的需要，及时了解单位报告期内财务状况和经营成果，保证会计信息的使用者进行决策时的时效性。

四、财务报表的分类

企业的财务报表按照不同的标准，可以有不同的分类方法。

1. 按照财务报表反映的资金运动形态分类

（1）静态财务报表。

它是指反映企业某一特定日期经济指标处于相对静止状态的报表，如资产负债表。

（2）动态财务报表。

它是指反映企业一定会计期间完成的经济指标的报表，如利润表、利润分配表和现金流量表。

2. 按照财务报表编制的时间分类

（1）月度财务报表。

简称月报，指月度编制的计算报表，有资产负债表和利润表。

（2）季度财务报表。

简称季报，指季度编制的计算报表，有资产负债表和利润表。

（3）半年度财务报表。

简称半年报，指半年度编制的计算报表。除了包括月度财务报表外，还有现金流量表。

3. 年度财务报表

简称年报，指年度编制的决算报表。除了包括半年度财务报表外，还有所有者权益（或股东权益）变动表和利润分配表。

4. 按照财务报表母子公司的关系分类

（1）个别财务报表。

它是指由母公司或子公司编制的，仅反映母公司或子公司自身财务状况、经营成果和现金流量的报表。

（2）合并财务报表。

它是指由母公司编制的，反映母公司和其全部子公司形成的企业集团整体财务状况、经营成果和现金流量的报表。

五、《企业会计准则》要求的财务报表的组成

一套完整的财务报表至少应当包括资产负债表、利润表、现金流量表、所有者权益变动表（对于股份制公司而言，也称之为股东权益变动表）以及附注。财务报表的组成，如表 9-1 所示。

表 9-1　财务报表的组成

财务报表的组成	含义	相关内容
资产负债表	反映企业在某一特定日期所拥有的资产、需偿还的债务以及股东（投资者）拥有的净资产情况	我国企业资产负债表采用账户式结构，左方为资产，右方为负债和所有者权益。在资产负债表中，资产项目按照流动资产和非流动资产分类列示，负债按照流动负债和非流动负债列示，在各类别下再按照性质分项列示。资产负债表各项目主要有按照总账科目余额、按照明细科目余额直接或分析填列、根据总账及相关备抵科目余额分析填列等方法
利润表	反映企业在一定会计期间的经营成果，即利润或亏损的情况，表明企业运用所拥有的资产的获利能力	我国企业利润表采用多步式进行编制。利润表中可反映营业利润、利润总额和净利润金额，利润表项目一般按其发生额填列
现金流量表	反映企业在一定会计期间现金和现金等价物流入和流出的情况。现金流量表反映企业在某一会计期间现金和现金等价物流入和流出的情况	我国企业现金流量表采用报告式，分为经营活动产生的现金流量、投资活动产生的现金流量和筹资活动产生的现金流量三类。企业应当采用直接法编制经营活动产生的现金流量。采用直接法编制经营活动的现金流量时，可以采用工作底稿法或 T 型账户法，也可以根据有关科目记录分析填列
所有者权益变动表	反映构成所有者权益的各组成部分当期的增减变动情况	企业的净利润及其分配情况是所有者权益变动的组成部分，相关信息已经在所有者权益变动表及其附注中反映，企业不需要再单独编制利润分配表

续表

财务报表的组成	含义	相关内容
附注	财务报表不可或缺的组成部分	对在资产负债表、利润表、现金流量表和所有者权益变动表等报表中列示项目的文字描述或明细资料，以及对未能在这些报表中列示项目的说明等

第二节　资产负债表

一、资产负债表的含义和作用

资产负债表是反映企业在某一特定日期财务状况的报表。它反映了企业所掌握的各种资产的分布和结构、企业所承担的各种负债，以及投资者在企业中所拥有的权益。

通过对资产负债表的分析，可以了解资产的分布是否得当；资产、负债和所有者权益之间的结构是否合理；企业的财务实力是否雄厚；短期偿债能力的强弱；所有者持有权益的多少；企业财务状况的发展趋势等，从而为企业管理当局挖掘内部潜力和制定今后发展方向等进行预测和决策提供了重要的经济信息，并为投资者和债权人服务。

二、资产负债表的结构和内容

（一）资产负债表的结构

资产负债表主要反映资产、负债和所有者权益三方面的内容，并满足“资产＝负债＋所有者权益”平衡式。资产的相关内容，如表9-2所示。

表9-2　资产的相关内容

资产的含义	反映由过去的交易、事项形成并由企业在某一特定日期所拥有或控制的、预期会给企业带来经济利益的资源。按照流动资产和非流动资产两大类别在资产负债表中列示	
资产的分类	流动资产	预计在一个正常营业周期中变现、出售或耗用，或者主要为交易目的而持有，或者预计在资产负债表日起一年内（含一年）变现的资产，或者自资产负债表日起一年内交换其他资产或清偿负债的能力不受限制的现金或现金等价物；具体包括货币资金、交易性金融资产、衍生金融资产、应收票据、应收账款、预付款项、其他应收款、存货、合同资产和一年内到期的非流动资产等
	非流动资产	流动资产以外的资产。具体包括长期股权投资、固定资产、在建工程、工程物资、固定资产清理、无形资产、开发支出、长期待摊费用以及其他非流动资产等

负债的相关内容，如表 9-3 所示。

表 9-3　负债的相关内容

负债的含义	反映在某一特定日期企业所承担的、预期会导致经济利益流出企业的现时义务。按照流动负债和非流动负债在资产负债表中进行列示	
负债的分类	流动负债	预计在一个正常营业周期中清偿，或者主要为交易目的而持有，或者自资产负债表日起一年内（含一年）到期应予以清偿，或者企业无权自主地将清偿推迟至资产负债表日后一年以上的负债。具体包括短期借款、交易性金融负债、衍生金融负债、应付票据、应付账款、预收款项、应付职工薪酬、应交税费、应付利息、应付股利、其他应付款、一年内到期的非流动负债等
	非流动负债	流动负债以外的负债。具体包括长期借款、应付债券和其他非流动负债等

所有者权益，是企业资产扣除负债后的剩余权益，反映企业在某一特定日期股东（投资者）拥有的净资产的总额，它一般按照实收资本、资本公积、盈余公积和未分配利润分项列示。

（二）资产负债表的内容

资产负债表由表头、基本部分和补充资料三部分组成。表头由报表名称、编制单位、编制日期和金额单位等内容组成。基本部分是报表主体，分为左右两方。补充资料列在资产负债表的下端，提供的是使用者需要了解但在基本部分中无法反映或难以单独反映的一些资料。下面对基本部分进行详细阐释。

1. 左方

左方是资产部分，按照变现能力及耗用周期的不同，分为流动资产和非流动资产两类。

（1）流动资产。

流动资产是指企业可以在一年或者超过一年的一个营业周期内变现或者运用的现金或现金等价物，它具有较强的流动性。流动资产表明了企业的短期偿债能力，又可为下一期经营时所运用，它在企业的资产中占有重要的地位。

现金等价物是指企业持有的期限短、流动性强、易于转换为已知金额的现金、价值变动风险很小的投资。期限短，一般是从购买日起 3 个月以内到期。现金等价物通常是指在 3 个月内到期的短期债券投资。

流动资产由货币资金、交易性金融资产、应收票据、应收账款、预付款项、应收利息、应收股利、其他应收款、存货、1 年内到期的非流动资产和其他流动资产等项目组成。

（2）非流动资产。

它是指流动资产以外的资产。相对于流动资产，它的流动性很弱。

非流动资产主要包括持有至到期投资、长期应收款、长期股权投资、投资性房地产、固定资产、在建工程、固定资产清理、无形资产、长期待摊费用、递延所得税资产和其他长期资产等项目组成。

2. 右方

资产负债表右方包括负债和所有者权益两部分。

（1）负债。

按照负债偿还期的不同，可分为流动负债和非流动负债。

①流动负债。它是指企业预计在一年或超过一年的一个营业周期内清偿的或者企业无权自主地将清偿推迟到资产负债表日后 1 年以上的负债。流动负债由短期借款、交易性金融负债、应付票据、应付账款、预收款项、应付职工薪酬、应交税费、应付利息、应付股利、其他应付款、一年内到期的非流动负债和其他流动负债等项目组成。

②非流动负债。它是指流动负债以外的负债。非流动负债由长期借款、应付债券、长期应付款、专项应付款、预计负债、递延所得税负债和其他非流动负债等项目组成。

（2）所有者权益。

它是指企业资产扣除负债后，由企业所有者享有的剩余权益。公司的所有者权益又称为股东权益或者净资产，反映了所有者对企业资产的剩余索取权。

它由实收资本、资本公积、盈余公积和未分配利润等项目组成。

资产负债表的格式及其具体内容，如表 9-4 所示。

表 9-4 资产负债表

会企 01 表

编制单位：胜达服装进出口公司　　2019 年 12 月 31 日　　单位：元

资产	期末余额	年初余额	负债和所有者权益（或股东权益）	期末余额	年初余额
流动资产：			流动负债：		
货币资金			短期借款		
交易性金融资产			交易性金融负债		
衍生金融资产			衍生金融负债		
应收票据			应付票据		
应收账款			应付账款		
应收款项融资			预收款项		
预付款项			合同负债		
其他应收款			应付职工薪酬		
存货			应付税费		
合同资产			其他应付项		

续表

资产	期末余额	年初余额	负债和所有者权益（或股东权益）	期末余额	年初余额
持有待售资产			持有待售负债		
一年内到期的非流动资产			一年内到期的非流动负债		
其他流动资产			其他流动负债		
流动资产合计			流动负债合计		
非流动资产：			非流动负债：		
债券投资			长期借款		
其他债券投资			应付债券		
长期应收款			其中：优先股		
长期股权投资			永续债		
其他权益工具投资			租赁负债		
其他非流动金融资产			长期应付款		
投资性房地产			预计负债		
固定资产			递延收益		
在建工程			递延所得税负债		
生产性生物资产			其他非流动负债		
油气资产			非流动负债合计		
使用权资产			负债合计		
无形资产			所有者权益（或股东权益）：		
开发支出			实收资本（或股本）		
商誉			其他权益工具		
长期待摊费用			其中：优先股		
递延所得税资产			永续债		
其他非流动资产			资本公积		
非流动资产合计			减：库存股		
			其他综合收益		
			专项储备		
			盈余公积		
			未分配利润		
			所有者权益（或股东权益）合计		
资产总计			负债和所有者权益（或股东权益）总计		

三、资产负债表的编制方法

资产负债表的填列方法，如表 9-5 所示。

表 9-5 资产负债表的填列方法

对应项目	填列方法	相关说明
“年初余额”	据上年末资产负债表“期末余额”栏内所列数字填列	如果本年度资产负债表规定的各个项目的名称和内容同上年度不相一致，应对上年年末资产负债表各项目的名称和数字按本年度的规定进行调整，按调整后的数字填入本表“年初余额”栏内
“期初余额”	直接根据总账科目的余额填列	交易性金融资产、衍生金融资产、长期待摊费用、递延所得税资产、短期借款、交易性金融负债、衍生金融资产负债、应付票据、应付职工薪酬、应交税费、其他应付款、递延所得税负债、实收资本、资本公积、库存股、盈余公积等项目，应当根据相关总账科目的余额直接填列
	据几个总账科目的余额计算填列	“货币资金”项目，应当根据“库存现金”“银行存款”“其他货币资金”等科目期末余额合计填列
	据有关明细科目的余额计算填列	“应付账款”项目，应当根据“应付账款”“预收账款”等科目所属明细科目期末贷方余额合计填列
“期末余额”	据总账科目和明细科目的余额分析计算填列	“长期应收款”项目，应当根据“长期应收款”总账科目余额，减去“未实现融资收益”总账科目余额，再减去所属相关明细科目中将于一年内到期的部分填列；“长期借款”项目，应当根据“长期借款”总账科目余额扣除“长期借款”科目所属明细科目中将于一年内到期的部分填列；“应付债券”项目，应当根据“应付债券”总账科目余额扣除“应付债券”科目所属明细科目中将于一年内到期的部分填列；“长期应付款”项目，应当根据“长期应付款”总账科目余额，减去“未确认融资费用”总账科目余额，再减去所属相关明细科目中将于一年内到期的部分填列
	据总账科目与其备抵科目抵销后的净额填列	“存货”项目，应当根据“原材料”“库存商品”“发出商品”“周转材料”等科目期末余额，减去“存货跌价准备”科目期末余额后的金额填列；“固定资产”项目，应当根据“固定资产”科目期末余额，减去“累计折旧”“固定资产减值准备”等科目期末余额后的金额填列

四、资产负债表项目的填列说明

资产负债表项目的填列说明，如表 9-6 所示。

表 9–6　资产项目的填列说明

资产项目	反映内容	填列说明
“货币资金”	反映企业库存现金、银行结算户存款、外埠存款、银行汇票存款、银行本票存款、信用卡存款、信用证保证金存款等的合计数	据“库存现金”“银行存款”其他货币资金”科目期末余额的合计数填列
“交易性金融资产”	反映资产负债表日企业分类为以公允价值计量且其变动计入当期损益的金融资产，以及企业持有的直接指定为以公允价值计量且其变动计入当期损益的金融资产的期末账面价值	据“交易性金融资产”科目的相关明细科目期末余额分析填列
“衍生金融资产”	反映企业衍生工具形成资产的期末余额	据“衍生金融资产”科目的期末余额填列
“应收票据”	反映企业因销售商品、提供劳务等而收到的商业汇票	据“应收票据”科目的期末余额填列
“应收账款”	反映企业因销售商品、提供劳务等经营活动应收取的款项	据“应收账款”和“预收账款”科目所属各明细科目的期末借方余额合计减去“坏账准备”科目中有关应收账款计提的坏账准备期末余额后的金额填列。如“应收账款”科目所属明细科目期末有贷方余额的，应在本表“预收款项”项目内填列
“应收款项融资”	反映资产负债表日以公允价值计量且其变动计入其他综合收益的应收票据和应收账款等	据“应收票据”和“应收账款”相关科目的明细科目填列
“预付款项”	反映企业按照购货合同规定预付给供应单位的款项等	据“预付账款”和“应付账款”科目所属各明细科目的期末借方余额合计数，减去“坏账准备”科目中有关预付款项计提的坏账准备期末余额后的金额填列。如“预付账款”科目所属各明细科目期末有贷方余额的，应在资产负债表“应付账款”项目内填列
“其他应收款”	反映企业除应收票据、应收账款、预付账款以外的其他各种应收、暂付款项。包括应收的各种赔款、罚款；应收出租包装物的押金；应向职工收取的各种垫付款项；备用金等	据“应收利息”“应收股利”“其他应收款”的期末余额相加再减去对应的“坏账准备”的期末余额填列
“存货”	反映企业期末在库、在途和在加工中的各种存货的可变现净值	据“材料采购”“原材料”“低值易耗品”“库存商品”“周转材料”“委托加工物资”“委托代销商品”“生产成本”等科目的期末余额合计，减去“受托代销商品款”“存货跌价准备”科目期末余额后的金额填列。材料采用计划成本核算，以及库存商品采用计划成本核算或售价核算的企业，还应按加或减材料成本差异、商品进销差价后的金额填列

续表

资产项目	反映内容	填列说明
“合同资产”	反映企业按照《企业会计准则第14号——收入》（2017 年修订）的相关规定根据本企业履行履约义务与客户付款之间的关系在资产负债表中列示合同资产	据“合同资产”科目的相关明细科目期末余额分析填列，同一合同下的合同资产和合同负债应当以净额列示，其中净额为借方余额的，应当根据其流动性在“合同资产”或“其他非流动资产”项目中填列，已计提减值准备的，还应减去“合同资产减值准备”科目中相关的期末余额后的金额填列；其中净额为贷方余额的，应当根据其流动性在“合同负债”或“其他非流动负债”项目中填列
“持有待售资产”	反映企业已签出售合同但尚未正式出售的固定资产、无形资产等	据“持有待售资产”科目的期末余额，减去“持有待售资产减值准备”科目的期末余额后的金额填列
“其他流动资产”	反映除货币资金、短期投资、应收票据、应收账款、其他应收款，存货等流动资产以外的流动资产	据“待处理财产损益”“应交税费（增值税明细）”“合同取得成本”“应收退货成本”的期末余额分析填列。若期限超过一年或一个正常营业周期的，在“其他非流动资产”项目中填列，已计提减值准备的，还应减去相关减值准备科目期末余额后的金额填列
“债券投资”	反映资产负债表日企业以摊余成本计量的长期债权投资的期末账面价值	据“债权投资”科目的相关明细科目期末余额，减去“债权投资减值准备”科目中相关减值准备的期末余额后的金额分析填列
“其他债券投资”	反映资产负债表日企业分类为以公允价值计量且其变动计入其他综合收益的长期债权投资的期末账面价值	据“其他债权投资”科目的相关明细科目期末余额分析填列
“长期应收款”	反映企业融资租赁产生的应收款项和采用递延方式分期收款，实质上具有融资性质的销售商品和提供劳务等经营活动产生的应收款项	据“长期应收款”科目余额减未实现融资损益科目余额后的净额填列
“长期股权投资”	反映企业持有的对子公司、联营企业和合营企业的长期股权投资	据“长期股权投资”科目的期末余额，减去“长期股权投资减值准备”科目的期末余额后的金额填列
“其他权益工具投资”	反映资产负债表日企业指定为以公允价值计量且其变动计入其他综合收益的非交易性权益工具投资的期末账面价值	据“其他权益工具投资”科目的期末余额填列
“固定资产”	反映企业各种固定资产原价减去累计折旧和累计减值准备后的净额	据“固定资产”科目的期末余额，减去“累计折旧”和“固定资产减值准备”科目期末余额后的金额填列

续表

资产项目	反映内容	填列说明
“在建工程”	反映企业期末各项未完工程的实际支出，包括交付安装的设备价值、未完建筑安装工程已经耗用的材料、工资和费用支出、预付出包工程的价款等的可收回金额	据“在建工程”科目的期末余额，减去“在建工程减值准备”科目期末余额后的金额填列
“工程物资”	反映企业尚未使用的各项工程物资的实际成本	据“工程物资”科目的期末余额填列
“无形资产”	反映企业持有的无形资产，包括专利权、非专利技术、商标权、著作权、土地使用权等	据“无形资产”的期末余额，减去“累计摊销”和“无形资产减值准备”科目期末余额后的金额填列
“开发支出”	反映企业开发无形资产过程中能够资本化形成无形资产成本的支出部分	据“研发支出”科目中所属的“资本化支出”明细科目期末余额填列
“长期待摊费用”	反映企业已经发生但应由本期和以后各期负担的分摊期限在一年以上的各项费用。长期待摊费用中在一年内（含一年）摊销的部分，在资产负债表“一年内到期的非流动资产”项目填列	据“长期待摊费用”科目的期末余额减去将于一年内（含一年）摊销的数额后的金额填列
“其他非流动资产”	反映企业除长期股权投资、固定资产、在建工程、工程物资、无形资产等以外的其他非流动资产	据有关科目的期末余额填列

负债项目的填列说明，如表 9-7 所示。

表 9-7 负债项目的填列说明

负债项目	反映内容	填列说明
“短期借款”	反映企业向银行或其他金融机构等借入的期限在一年以下（含一年）的各种借款	据“短期借款”科目的期末余额填列
“交易性金融负债”	反映企业采用短期获利模式进行融资所形成的负债，比如应付短期债券	据“交易性金融负债”科目的相关明细科目期末余额分析填列
“应付票据”	反映企业购买材料、商品和接受劳务供应等而开出、承兑的商业汇票，包括银行承兑汇票和商业承兑汇票	据“应付票据”科目的期末余额填列
“应付账款”	反映企业因购买材料、商品和接受劳务供应等经营活动应支付的款项	据“应付账款”和“预付账款”科目所属各明细科目的期末贷方余额合计数填列；如“应付账款”科目所属明细科目期末有借方余额的，应在资产负债表“预付款项”项目内填列

续表

负债项目	反映内容	填列说明
“预收款项”	反映企业按照购货合同规定预付给供应单位的款项	据“预收账款”和“应收账款”科目所属各明细科目的期末贷方余额合计数填列。如“预收账款”科目所属各明细科目期末有借方余额，应在资产负债表“应收账款”项目内填列
“合同负债”	反映企业按照《企业会计准则第14号——收入》(2017年修订)的相关规定根据本企业履行履约义务与客户付款之间的关系在资产负债表中列示合同负债	据“合同负债”科目的相关明细科目期末余额分析填列，同一合同下的合同资产和合同负债应当以净额列示，其中净额为借方余额的，应当根据其流动性在“合同资产”或“其他非流动资产”项目中填列，已计提减值准备的，还应减去“合同资产减值准备”科目中相关的期末余额后的金额填列；其中净额为贷方余额的，应当根据其流动性在“合同负债”或“其他非流动负债”项目中填列
“应付职工薪酬”	反映企业根据有关规定应付给职工的工资、职工福利、社会保险费、住房公积金、工会经费、职工教育经费、非货币性福利、辞退福利等各种薪酬。外商投资企业按规定从净利润中提取的职工奖励及福利基金，也在本项目列示	据“应付职工薪酬”科目的期末贷方余额填列
“应交税费”	反映企业按照税法规定计算应交纳的各种税费，包括增值税、消费税、所得税、资源税、土地增值税、城市维护建设税、房产税、土地使用税、车船使用税、教育费附加、矿产资源补偿费等。企业代扣代交的个人所得税，也通过本项目列示。企业所交纳的税金不需要预计应交数的，如印花税、耕地占用税等，不在本项目列示	据“应交税费”科目的期末贷方余额填列；如“应交税费”科目期末为借方余额，应以“-”号填列
“其他应付款”	反映企业除应付票据、应付账款、预收款项、应付职工薪酬、应付股利、应付利息、应交税费等经营活动以外的其他各项应付、暂收的款项	据“其他应付款”科目的期末余额填列
“持有待售负债”	反映资产负债表日处置组中与划分为持有待售类别的资产直接相关的负债的期末账面价值	据“持有待售负债”科目的期末余额填列

续表

负债项目	反映内容	填列说明
“一年内到期的非流动负债”	反映非流动负债中将于资产负债表日后一年内到期部分的金额，如将于一年内偿还长期借款	据有关科目的期末余额填列
“长期借款”	反映企业向银行或其他金融机构借入的期限在一年以上（不含一年）的各项借款	据“长期借款”科目的期末余额填列
“应付债券”	反映企业为筹集长期资金而发行的债券本金和利息	据“应付债券”科目的期末余额填列
“其他非流动负债”	反映企业除长期借款、应付债券等项目以外的其他非流动负债	据有关科目的期末余额填列。其他非流动负债项目应根据有关科目期末余额减去将于一年内（含一年）到期偿还数后的余额填列。非流动负债各项目中将于一年内（含一年）到期的非流动负债，应在“一年内到期的非流动负债”项目内单独反映

所有者权益的填列说明，如表 9-8 所示。

表 9-8　所有者权益的填列说明

所有者权益项目	反映内容	填列说明
“实收资本（或股本）”	反映企业各投资者实际投入的资本（或股本）总额	据“实收资本”（或“股本”）科目的期末余额填列
“其他权益工具”	反映企业的优先股和永续债	据“其他权益工具”科目的期末余额填列
“资本公积”	反映企业资本公积的期末余额	据“资本公积”科目的期末余额填列
“其他综合收益”	反映企业可供出售金融资产的公允价值变动、长期股权投资权益法下被投资人其他所有者权益的变动、投资性房地产公允价值模式下的转换	据“其他综合收益”科目的期末余额填列
“专项储备”	反映高危行业企业按照规定提取的安全生产费以及维持简单再生产费用等具有类似性质的费用	据“专项储备”科目的期末余额填列
“盈余公积”	反映企业盈余公积的期末余额	据“盈余公积”科目的期末余额填列
“未分配利润”	反映企业尚未分配的利润	据“本年利润”科目和“利润分配”科目的余额计算填列。未弥补的亏损在本项目内以“-”号填列

五、资产负债表编制示例

【例 9-1】某服装进出口公司 2018 年 12 月 31 日的资产负债表（年初余额略）及 2019 年 12 月 31 日的科目余额表分别见表 9-9 和表 9-10。假设该企业 2019 年度除计提固定资产减值准备导致固定资产账面价值与其计税基础存在可抵扣暂时性差异外，其他资产和负债项目的账面价值均等于其计税基础。假定该企业未来很可能获得足够的应纳税所得额用来抵扣可抵扣暂时性差异，适用的所得税税率为 25%。根据上述资料编制该企业 2019 年 12 月 31 日的资产负债表，见表 9-11。

表 9-9 资产负债表

编制单位： 2018 年 12 月 31 日 单位：元

资产	期末余额	年初余额	负债和所有者权益（或股东权益）	期末余额	年初余额
流动资产：			流动负债：		
货币资金	1 406 300		短期借款	300 000	
交易性金融资产	15 000		交易性金融负债		
衍生金融资产			衍生金融负债		
应收票据	246 000		应付票据	200 000	
应收账款	299 100		应付账款	953 800	
应收款项融资			预收款项	1 000	
预付款项	100 000		合同负债		
其他应收款	5 000		应付职工薪酬	110 000	
存货	2 580 000		应付税费	36 600	
合同资产			其他应付项	50 000	
持有待售资产			持有待售负债		
一年内到期的非流动资产			一年内到期的非流动负债	1 000 000	
其他流动资产	100 000		其他流动负债		
流动资产合计	4 751 400		流动负债合计	2 651 400	
非流动资产：			非流动负债：		
债券投资			长期借款	600 000	
其他债券投资			应付债券		
长期应收款			其中：优先股		
长期股权投资	250 000		永续债		
其他权益工具投资			租赁负债		
其他非流动金融资产			长期应付款		
投资性房地产			预计负债		

续表

资产	期末余额	年初余额	负债和所有者权益（或股东权益）	期末余额	年初余额
固定资产	1 100 000		递延收益		
在建工程	1 500 000		递延所得税负债		
生产性生物资产			其他非流动负债		
油气资产			非流动负债合计	600 000	
使用权资产			负债合计	3 251 400	
无形资产	600 000		所有者权益（或股东权益）：		
开发支出			实收资本（或股本）	5 000 000	
商誉			其他权益工具		
长期待摊费用			其中：优先股		
递延所得税资产			永续债		
其他非流动资产	200 000		资本公积		
非流动资产合计	3 650 000		减：库存股		
			其他综合收益		
			专项储备		
			盈余公积	100 000	
			未分配利润	50 000	
			所有者权益（或股东权益）合计	5 150 000	
资产总计	8 401 400		负债和所有者权益（或股东权益）总计	8 401 400	

表 9-10　科目余额表

编制单位：　　　　2019 年 12 月 31 日　　　　单位：元

科目名称	借方余额	科目名称	贷方余额
库存现金	2 500	短期借款	50 000
银行存款	940 310	应付票据	100 000
其他货币资金	240 690	应付账款	953 800
交易性金融资产	0	其他应付款	50 000
应收票据	46 000	应付职工薪酬	180 000
应收账款	600 000	应交税费	100 000
坏账准备	1 800	应付利息	0
预付账款	100 000	应付股利	0
其他应收款	5 000	一年内到期的长期负债	0
材料采购	305 000	长期借款	1 160 000
原材料	732 000	股本	5 000 000
周转材料	230 000	盈余公积	166 621.10
库存商品	1 287 700	利润分配（未分配利润）	108 037.15

续表

科目名称	借方余额	科目名称	贷方余额
材料成本差异	20 000		
其他流动资产	7 425		
长期股权投资	250 000		
固定资产	2 005 633.25		
累计折旧	140 000		
固定资产减值准备	30 000		
工程物资	0		
在建工程	528 000		
无形资产	600 000		
累计摊销	60 000		
递延所得税资产	7 500		
其他长期资产	192 500		
合计	7 868 458.25	合计	7 868 458.25

表 9-11　资产负债表

编制单位：　　　　2019 年 12 月 31 日　　　　单位：元

资产	期末余额	期初余额	负债和所有者权益（或股东权益）	期末余额	期初余额
流动资产：			流动负债：		
货币资金	1 183 500	1 406 300	短期借款	50 000	300 000
交易性金融资产		15 000	交易性金融负债		
衍生金融资产			衍生金融负债		
应收票据	46 000	246 000	应付票据	100 000	200 000
应收账款	598 200	299 100	应付账款	953 800	953 800
应收款项融资			预收款项		1 000
预付款项	100 000	100 000	合同负债		
其他应收款	5 000	5 000	应付职工薪酬	180 000	110 000
存货	2 574 700	2 580 000	应付税费	100 000	36 600
合同资产			其他应付项	50 000	50 000
持有待售资产			持有待售负债		
一年内到期的非流动资产			一年内到期的非流动负债		1 000 000
其他流动资产	7 425	100 000	其他流动负债		
流动资产合计	4 514 825	4 751 400	流动负债合计	1 433 800	2 651 400
非流动资产：			非流动负债：		

续表

资产	期末余额	期初余额	负债和所有者权益（或股东权益）	期末余额	期初余额
债券投资			长期借款	1 160 000	600 000
其他债券投资			应付债券		
长期应收款			其中：优先股		
长期股权投资	250 000	250 000	永续债		
其他权益工具投资			租赁负债		
其他非流动金融资产			长期应付款		
投资性房地产			预计负债		
固定资产	1 835 633.25	1 100 000	递延收益		
在建工程	528 000	1 500 000	递延所得税负债		
生产性生物资产			其他非流动负债		
油气资产			非流动负债合计	1 160 000	600 000
使用权资产			负债合计	2 593 800	3 251 400
无形资产	540 000	600 000	所有者权益（或股东权益）：		
开发支出			实收资本（或股本）	5 000 000	5 000 000
商誉			其他权益工具		
长期待摊费用			其中：优先股		
递延所得税资产	7 500		永续债		
其他非流动资产	192 500	200 000	资本公积		
非流动资产合计	3 353 633.25	3 650 000	减：库存股		
			其他综合收益		
			专项储备		
			盈余公积	166 621.10	100 000
			未分配利润	108 037.15	50 000
			所有者权益（或股东权益）合计	5 274 658.25	5 150 000
资产总计	7 868 458.25	8 401 400	负债和所有者权益（或股东权益）总计	7 868 458.25	8 401 400

第三节 利润表

一、利润表的含义和作用

利润表是反映企业在一定会计期间生产经营成果的报表，它反映了企业的各项收入和各项成本费用以及净利润或净亏损的构成。

通过分析利润表收入、费用等情况，能够得到企业生产经营的收益和成本耗费情况，表明企业生产经营成果；了解企业所得税费用的列支情况和盈利能力；通过不同时期的比较数字，可以分析企业利润的发展趋势及获利能力。有利于管理当局掌握企业在生产经营过程中存在的问题，以促使其提高经营管理水平和经济效益，也有利于投资者作出正确的决策。

二、利润表的结构和内容

利润表的结构由表头和正表两个部分组成。

利润表的表头由报表名称、编制单位、报表时期和金额单位等内容组成。

利润表的正表部分是根据会计等式“收入－费用＝利润”的原理设计的，它采用多步式结构，分为营业收入、营业利润、利润总额、净利润、每股收益五个部分。“利润表”正表部分各项目均分设“本月金额”和“本年累计金额”两栏，“本月金额”栏内的数额主要反映当月的利润实现情况；“本年累计金额”栏内的数额主要反映自年度开始起至报告期止的累计金额。

利润表的格式及其具体内容如表 9-12 所示。

表 9-12 利润表

会企 02 表

编制单位：胜达服装进出口公司　　2019 年 12 月　　单位：元

项目	本期金额	上期金额
一、营业收入		
减：营业成本		
税金及附加		
销售费用		
管理费用		
研发费用		

续表

项目	本期金额	上期金额
财务费用		
其中：利息费用		
利息收入		
加：其他收益		
投资收益		
其中：对联营企业和合营企业的投资收益		
以摊余成本计量的金融资产终止确认收益（损失以“-”号填列）		
净敞口套期收益（损失以“-”号填列）		
公允价值变动收益（损失以“-”号填列）		
信用减值损失（损失以“-”号填列）		
资产减值损失（损失以“-”号填列）		
资产处置收益（损失以“-”号填列）		
二、营业利润（亏损以“-”号填列）		
加：营业外收入		
减：营业外支出		
三、利润总额（亏损总额以“-”号填列）		
减：所得税费用		
四、净利润（净亏损以“-”号填列）		
（一）持续经营净利润（净亏损以“-”号填列）		
（二）终止经营净利润（净亏损以“-”号填列）		
五、其他综合收益的税后净额：		
（一）不能重分类进损益的其他综合收益		
1. 重新计量设定收益计划变动额		
2. 权益法下不能转损益的其他综合收益		
3. 其他权益工具投资公允价值变动		
4. 企业自身信用风险公允价值变动		
……		
（二）将重分类进损益的其他综合收益		
1. 权益法下可转损益的其他综合收益		
2. 其他债券投资公允价值变动		
3. 金融资产重分类计入其他综合收益的金额		
4. 其他债券投资信用减值准备		
5. 现金流量套期储备		
6. 外币财务报表折算差额		
……		
六、综合收益总额		
七、每股收益		
（一）基本每股收益		
（二）稀释每股收益		

三、利润表的编制方法

1. 利润表的编制步骤

利润表的编制步骤，如图 9-1 所示。

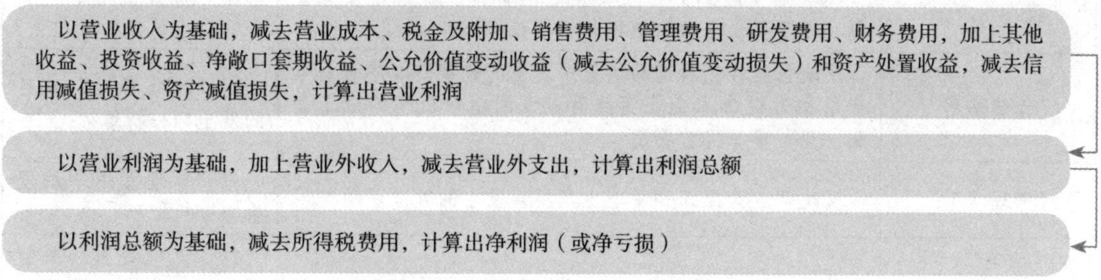

以营业收入为基础，减去营业成本、税金及附加、销售费用、管理费用、研发费用、财务费用，加上其他收益、投资收益、净敞口套期收益、公允价值变动收益（减去公允价值变动损失）和资产处置收益，减去信用减值损失、资产减值损失，计算出营业利润

以营业利润为基础，加上营业外收入，减去营业外支出，计算出利润总额

以利润总额为基础，减去所得税费用，计算出净利润（或净亏损）

图9-1　利润表编制的三个步骤

2. 利润表项目的填列方法

利润表项目的填列方法，如图 9-2 所示。

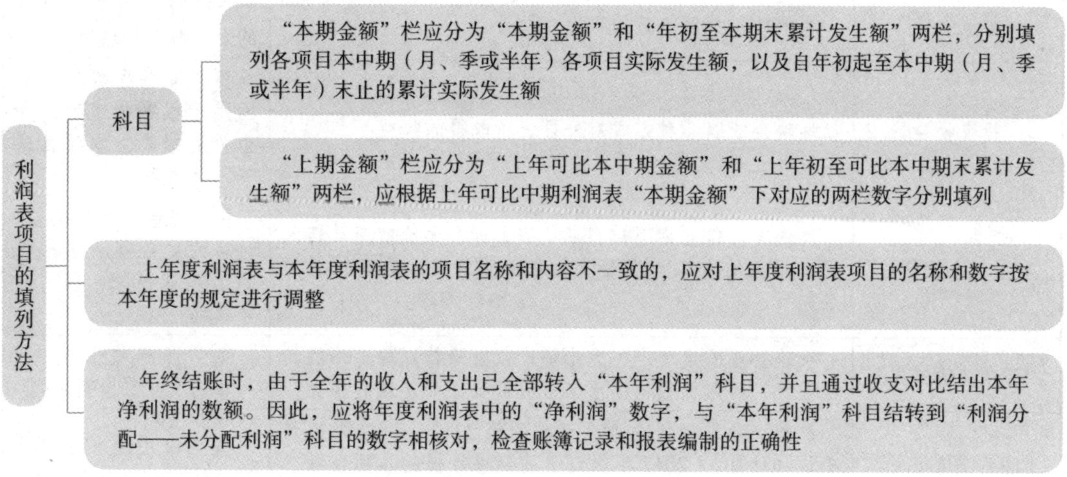

利润表项目的填列方法

科目

"本期金额"栏应分为"本期金额"和"年初至本期末累计发生额"两栏，分别填列各项目本中期（月、季或半年）各项目实际发生额，以及自年初起至本中期（月、季或半年）末止的累计实际发生额

"上期金额"栏应分为"上年可比本中期金额"和"上年初至可比本中期末累计发生额"两栏，应根据上年可比中期利润表"本期金额"下对应的两栏数字分别填列

上年度利润表与本年度利润表的项目名称和内容不一致的，应对上年度利润表项目的名称和数字按本年度的规定进行调整

年终结账时，由于全年的收入和支出已全部转入"本年利润"科目，并且通过收支对比结出本年净利润的数额。因此，应将年度利润表中的"净利润"数字，与"本年利润"科目结转到"利润分配——未分配利润"科目的数字相核对，检查账簿记录和报表编制的正确性

图9-2　利润表项目的填列方法

3. 利润表项目的填列说明

利润表项目的填列说明，如表 9-13 所示。

表 9-13　利润表项目的填列说明

利润表项目	反映内容	填列说明
"营业收入"	反映企业经营主要业务和其他业务所确认的收入总额	据"主营业务收入"和"其他业务收入"科目的发生额分析填列

续表

利润表项目	反映内容	填列说明
“营业成本”	反映企业经营主要业务和其他业务所发生的成本总额	据“主营业务成本”和“其他业务成本”科目的发生额分析填列
“税金及附加”	反映企业经营业务应负担的消费税、城市建设维护税、资源税、土地增值税和教育费附加等	据“税金及附加”科目的发生额分析填列
“销售费用”	反映企业在销售商品过程中发生的包装费、广告费等费用和为销售本企业商品而专设的销售机构的职工薪酬、业务费等经营费用	据“销售费用”科目的发生额分析填列
“管理费用”	反映企业为组织和管理生产经营发生的管理费用	据“管理费用”的发生额分析填列
“研发费用”	反映企业进行研究与开发过程中发生的费用化支出	据“管理费用”科目下的“研发费用”明细科目的发生额分析填列
“财务费用”	反映企业筹集生产经营所需资金等而发生的筹资费用。其中：“利息费用”反映企业为筹集生产经营所需资金等而发生的应予费用化的利息支出。“利息收入”反映企业确认的利息收入	据“财务费用”科目的相关明细科目的发生额分析填列
“其他收益”	反映计入其他收益的政府补助等	据“其他收益”科目的发生额分析填列
“投资收益”	反映企业以各种方式对外投资所取得的收益	据“投资收益”科目的发生额分析填列；如为投资损失，本项目以“–”号填列
“净敞口套期收益”	反映净敞口套期下被套期项目累计公允价值变动转入当期损益的金额或现金流量套期储备转入当期损益的金额	据“净敞口套期损益”科目的发生额分析填列；如为套期损失，以“–”号填列
“资产减值损失”	反映企业固定资产、无形资产以及除特别规定外的其他资产，因账面价值高于其可收回金额而造成的损失	据“资产减值损失”科目的发生额分析填列
“信用减值损失”	反映企业按照《企业会计准则第22号——金融工具确认和计量》(2017年修订)的要求计提的各项金融工具减值准备所形成的预期信用损失	据“信用减值损失”科目的发生额分析填列
“资产处置收益”	反映企业出售划分为持有待售的非流动资产（金融工具、长期股权投资和投资性房地产除外）或处置组（子公司和业务除外）时确认的处置利得或损失，以及处置未划分为持有待售的固定资产、在建工程、生产性生物资产及无形资产而产生的处置利得或损失。债务重组中因处置非流动资产产生的利得或损失和非货币性资产交换中换出非流动资产产生的利得或损失也包括在本项目内	据“资产处置损益”科目的发生额分析填列；如为处置损失，以“–”号填列
“公允价值变动收益”	反映企业应当计入当期损益的资产或负债公允价值变动收益	据“公允价值变动损益”科目的发生额分析填列，如为净损失，本项目以“–”号填列

续表

利润表项目	反映内容	填列说明
"营业利润"	反映企业实现的营业利润	如为亏损，本项目以"-"号填列
"营业外收入"	反映企业发生的除营业利润以外的收益，主要包括债务重组利得、与企业日常活动无关的政府补助、盘盈利得、捐赠利得（企业接受股东或股东的子公司直接或间接的捐赠，经济实质属于股东对企业的资本性投入的除外）等	据"营业外收入"科目的发生额分析填列
"营业外支出"	反映企业发生的除营业利润以外的支出，主要包括债务重组损失、公益性捐赠支出、非常损失、盘亏损失、非流动资产毁损报废损失等	据"营业外支出"科目的发生额分析填列
"利润总额"	反映企业实现的利润	如为亏损，本项目以"-"号填列
"所得税费用"	反映企业应从当期利润总额中扣除的所得税费用	据"所得税费用"科目的发生额分析填列
"净利润"	反映企业实现的净利润	如为亏损，本项目以"-"号填列

四、利润表编制示例

【例 9-2】某服装进出口公司 2012 年度有关损益类科目本年累计发生净额如表 9-14 所示。

表 9-14　损益类科目 2019 年度累计发生净额

单位：元

项目	本期金额	上期金额
一、营业收入	1 494 100	
减：营业成本	732 000	
税金及附加	2 000	
销售费用	18 000	
管理费用	177 100	
研发费用		
财务费用	40 500	
其中：利息费用		
利息收入		
加：其他收益		
投资收益	34 500	
其中：对联营企业和合营企业的投资收益		

续表

项目	本期金额	上期金额
以摊余成本计量的金融资产终止确认收益（损失以“–”号填列）		
净敞口套期收益（损失以“–”号填列）		
公允价值变动收益（损失以“－”号填列）		
信用减值损失（损失以“–”号填列）		
资产减值损失（损失以“–”号填列）	–30 900	
资产处置收益（损失以“–”号填列）		
二、营业利润（亏损以“－”号填列）		
加：营业外收入	50 000	
减：营业外支出	18 500	
三、利润总额（亏损总额以“－”号填列）	559 600	
减：所得税费用	84 500	
四、净利润（净亏损以“－”号填列）	475 100	
（一）持续经营净利润（净亏损以“－”号填列）		
（二）终止经营净利润（净亏损以“－”号填列）		
五、其他综合收益的税后净额		
（一）不能重分类进损益的其他综合收益		
1. 重新计量设定收益计划变动额		
2. 权益法下不能转损益的其他综合收益		
3. 其他权益工具投资公允价值变动		
4. 企业自身信用风险公允价值变动		
……		
（二）将重分类进损益的其他综合收益		
1. 权益法下可转损益的其他综合收益		
2. 其他债券投资公允价值变动		
3. 金融资产重分类计入其他综合收益的金额		
4. 其他债券投资信用减值准备		
5. 现金流量套期储备		
6. 外币财务报表折算差额		
……		
六、综合收益总额		
七、每股收益		
（一）基本每股收益		
（二）稀释每股收益		

第四节 现金流量表

一、现金流量表的含义和作用

现金流量表是反映企业一定会计期间现金和现金等价物流入和流出的报表。现金流量是指企业在一定期间的现金和现金等价物的流入和流出。现金有狭义和广义之分，狭义的现金通常是指库存现金，广义的现金是指企业的库存现金以及可以随时用于支付的存款和其他货币资金。这里所讨论的是广义的现金。

现金流量表为财务报表使用者提供企业一定会计期间内现金和现金等价物流入和流出的信息，弥补了资产负债信息量的不足，财务报表使用者通过对现金流量表的分析，可以评价企业获取现金和现金等价物的能力，了解企业的偿债能力和支付股利的能力，分析企业一段时间内现金流入和流出的原因，并可据以预测企业未来的现金流量。

二、现金流量及其分类

现金流量表的相关概念，如表 9-15 所示。

表 9-15 现金流量的相关概念

概念	具体含义	相关说明
现金流量	一定会计期间内企业现金和现金等价物的流入和流出	企业从银行提取现金、用现金购买短期到期的国库券等现金和现金等价物之间的转换不属于现金流量
现金	企业库存现金以及可以随时用于支付的存款，包括库存现金、银行存款和其他货币资金（如外埠存款、银行汇票存款、银行本票存款等）等	不能随时用于支付的存款不属于现金
现金等价物	企业持有的期限短、流动性强、易于转换为已知金额现金、价值变动风险很小的投资。期限短，一般是指从购买日起三个月内到期	通常包括三个月内到期的债券投资等。权益性投资变现的金额通常不确定，因而不属于现金等价物。企业应当根据具体情况，确定现金等价物的范围，一经确定不得随意变更

现金流量的分类及产生，如表 9-16 所示。

表 9-16　现金流量的分类及产生

现金流量的分类	相关活动的概念	现金流的产生途径
经营活动产生的现金流量	经营活动：企业投资活动和筹资活动以外的所有交易和事项	销售商品或提供劳务、购买商品、接受劳务、支付工资和交纳税款等流入和流出的现金和现金等价物
投资活动产生的现金流量	投资活动：企业长期资产的购建和不包括在现金等价物范围内的投资及其处置活动	购建固定资产、处置子公司及其他营业单位等流入和流出的现金和现金等价物
筹资活动产生的现金流量	筹资活动：导致企业资本及债务规模和构成发生变化的活动	吸收投资、发行股票、分配利润、发行债券、偿还债务等流入和流出的现金和现金等价物。偿付应付账款、应付票据等商业应付款等属于经营活动，不属于筹资活动

三、现金流量表的结构和内容

我国企业现金流量表采用报告式结构，分类反映经营活动产生的现金流量、投资活动产生的现金流量和筹资活动产生的现金流量，最后汇总反映企业某一期间现金及现金等价物的净增加额。

现金流量表的结构由表头、正表和补充资料三个部分组成。

表头部分由报表名称、编制单位、报表时期和金额单位等内容组成。

正表部分采用多步式，以“现金流入 - 现金流出 = 现金流量净额”为基础。它由经营活动产生的现金流量、投资活动产生的现金流量、筹资活动产生的现金流量、汇率变动对现金及现金等价物的影响、现金及现金等价物的影响、期末现金及现金等价物余额六个部分组成。

补充资料部分是指未能列入现金流量表正表的，而需要予以披露的内容。可分为三部分，一是不涉及现金收支的投资和筹资活动，二是将净利润调节为经营活动的现金流量，三是现金及现金等价物增加情况。

现金流量表的格式及其具体内容如表 9-17 所示。

表 9-17　现金流量表

会企 03 表

编制单位：胜达服装进出口公司　　2019 年度　　单位：元

项目	本期金额	上期金额
一、经营活动产生的现金流量		
销售商品、提供劳务收到的现金		
收到的税费返还		
收到其他与经营活动有关的现金		

续表

项目	本期金额	上期金额
经营活动现金流入小计		
购买商品、接受劳务支付的现金		
支付给职工以及为职工支付的现金		
支付的各项税费		
支付其他与经营活动有关的现金		
经营活动现金流出小计		
经营活动产生的现金流量净额		
二、投资活动产生的现金流量		
收回投资收到的现金		
取得投资收益收到的现金		
处置固定资产、无形资产和其他长期资产收回的现金净额		
处置子公司及其他营业单位收到的现金净额		
收到其他与投资活动有关的现金		
投资活动现金流入小计		
购建固定资产、无形资产和其他长期资产支付的现金		
投资支付的现金		
取得子公司及其他营业单位支付的现金净额		
支付其他与投资活动有关的现金		
投资活动现金流出小计		
投资活动产生的现金流量净额		
三、筹资活动产生的现金流量		
吸收投资收到的现金		
取得借款收到的现金		
收到其他与筹资活动有关的现金		
筹资活动现金流入小计		
偿还债务支付的现金		
分配股利、利润或偿付利息支付的现金		
支付其他与筹资活动有关的现金		
筹资活动现金流出小计		
筹资活动产生的现金流量净额		
四、汇率变动对现金及现金等价物的影响		
五、现金及现金等价物净增加额		
加：其实现金及现金等价物余额		
六、期末现金及现金等价物余额		

四、现金流量表的编制方法

现金流量表的编制，如图 9-3 所示。

现金流量表的编制方法

- 编制的方法：企业应当采用直接法列示经营活动产生的现金流量
- 直接法：是指通过现金收入和现金支出的主要类别列示经营活动的现金流量
- 采用直接法编制经营活动的现金流量时，一般以利润表中的营业收入为起算点，调整与经营活动有关的项目的增减变动，然后计算出经营活动的现金流量；采用直接法具体编制现金流量表时，可以采用工作底稿法或T型账户法，也可以根据有关科目记录分析填列

图9-3　现金流量表的编制

经营活动产生的现金流量，如表 9-18 所示。

表 9-18　经营活动产生的现金流量

经营活动产生的现金流量	“销售商品、提供劳务收到的现金”	反映企业本年销售商品、提供劳务收到的现金，以及以前年度销售商品、提供劳务本年收到的现金（包括应向购买者收取的增值税销项税额）和本年预收的款项，减去本年销售本年退回商品和以前年度销售本年退回商品支付的现金。企业销售材料和代购代销业务收到的现金，也在本项目反映
	“收到的税费返还”	反映企业收到返还的所得税、增值税、消费税、关税和教育费附加等各种税费返还款
	“收到其他与经营活动有关的现金”	反映企业经营租赁收到的租金等其他与经营活动有关的现金流入，金额较大的应当单独列示
	“购买商品、接受劳务支付的现金”	反映企业本年购买商品、接受劳务实际支付的现金（包括增值税进项税额），以及本年支付以前年度购买商品、接受劳务的未付款项和本年预付款项，减去本年发生的购货退回收到的现金。企业购买材料和代购代销业务支付的现金，也在本项目反映
	“支付给职工以及为职工支付的现金”	反映企业本年实际支付给职工的工资、资金、各种津贴和补贴等职工薪酬（包括代扣代缴的职工个人所得税）
	“支付的各项税费”	反映企业本年发生并支付、以前各年发生本年支付以及预交的各项税费，包括所得税、增值税、消费税、印花税、房产税、土地增值税、车船使用税、教育费附加等
	“支付其他与经营活动有关的现金”	反映企业经营租赁支付的租金、支付的差旅费、业务招待费、保险费、罚款支出等其他与经营活动有关的现金流出，金额较大的应当单独列示

投资活动产生的现金流量，如表 9-19 所示。

表 9-19　投资活动产生的现金流量

投资活动产生的现金流量	“收回投资收到的现金”	反映企业出售、转让或到期收回除现金等价物以外的对其他企业长期股权投资而收到的现金，但处置子公司及其他营业单位应收到的现金净额除外
	“取得投资收益收到的现金”	反映企业除现金等价物以外的对其他企业的长期股权投资等分回的现金股利和利息等
	“处置固定资产、无形资产和其他长期资产收回的现金净额”	反映企业出售、报废固定资产、无形资产和其他长期资产所取得的现金（包括因资产毁损而收到的保险赔偿收入），减去为处置这些资产而支付的有关费用后的净额
	“处置子公司及其他营业单位应收到的现金净额”	反映企业处置子公司及其他营业单位所取得的现金，减去相关处置费用以及子公司及其他营业单位持有的现金和现金等价物后的净额
	“购建固定资产、无形资产和其他长期资产支付的现金”	反映企业购买、建造固定资产、取得无形资产和其他长期资产所支付的现金（含增值税款等），以及用现金支付的应由在建工程和无形资产负担的职工薪酬
	“投资支付的现金”	反映企业取得除现金等价物以外的对其他企业的长期股权投资所支付的现金以及支付的佣金、手续费等附加费用，但取得子公司及其他营业单位支付的现金净额除外
	“取得子公司及其他营业单位支付的现金净额”	反映企业购买子公司及其他营业单位购买出价中以现金支付的部分，减去子公司及其他营业单位持有的现金和现金等价物后的净额
	“收到其他与投资活动有关的现金”与“支付其他与投资活动有关的现金”	反映企业除上述项目外收到或支付的其他与投资活动有关的现金，金额较大的应当单独列示

筹资活动产生的现金流量，如表 9-20 所示。

表 9-20　筹资活动产生的现金流量

筹资活动产生的现金流量	“吸收投资收到的现金”	反映企业以发行股票、债券等方式筹集资金实际收到的款项，减去直接支付的佣金、手续费、宣传费、咨询费、印刷费等发行费用后的净额
	“取得借款收到的现金”	反映企业举借各种短期、长期借款而收到的现金
	“偿还债务支付的现金”	反映企业为偿还债务本金而支付的现金
	“分配股利、利润或偿付利息支付的现金”	反映企业实际支付的现金股利、支付给其他投资单位的利润或用现金支付的借款利息、债券利息
	“收到其他与筹资活动有关的现金”“支付其他与筹资活动有关的现金”	反映企业除上述项目外收到或支付的其他与筹资活动有关的现金，金额较大的应当单独列示

汇率变动对现金及现金等价物的影响，如图 9-4 所示。

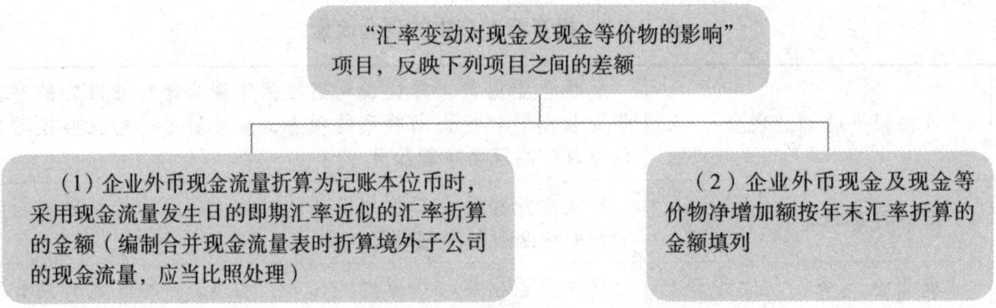

"汇率变动对现金及现金等价物的影响"项目，反映下列项目之间的差额

（1）企业外币现金流量折算为记账本位币时，采用现金流量发生日的即期汇率近似的汇率折算的金额（编制合并现金流量表时折算境外子公司的现金流量，应当比照处理）

（2）企业外币现金及现金等价物净增加额按年末汇率折算的金额填列

图9-4 汇率变动对现金及现金等价物的影响

五、现金流量表编制示例

【例 9-3】沿用【例 9-1】和【例 9-2】的资料，该服装进出口公司的其他相关资料如下：

1.2019 年度利润表有关项目的明细资料如下：

（1）管理费用的组成：职工薪酬 17 100 元，无形资产摊销 60 000 元，折旧费 20 000 元，支付其他费用 80 000 元。

（2）财务费用的组成：计提借款利息 10 500 元，支付应收票据（银行承兑汇票）贴现利息 30 000 元。

（3）资产减值损失的组成：计提坏账准备 900 元，计提固定资产减值准备 30 000 元。上年年末坏账准备余额为 900 元。

（4）投资收益的组成：收到股息收入 30 000 元，与本金一起收回的交易性股票投资收益 500 元，自公允价值变动损益结转投资收益 4 000 元。

（5）营业外收入的组成：处置固定资产净收益 50 000 元（其所处置固定资产原价为 400 000 元，累计折旧为 150 000 元。收到处置收入 300 000 元）。假定不考虑与固定资产处置有关的税费。

（6）营业外支出的组成：报废固定资产净损失 18 500 元（其所报废固定资产原价为 200 000 元。累计折旧为 180 000 元，支付清理费用 300 元，收到残值收入 1 800 元）。

（7）所得税费用的组成：当期所得税费用 92 000 元，递延所得税收益 7 500 元。

除上述项目外，利润表中的销售费用 18 000 元至期末已经支付。

2. 资产负债表有关项目的明细资料如下：

（1）本期收回交易性股票投资本金 15 000 元、公允价值变动 4 000 元，同时实现投资收益 500 元。

（2）存货中生产成本、制造费用的组成：职工薪酬353 800元，折旧费90 000元。

（3）应交税费的组成：本期增值税进项税额41 763元，增值税销项税额93 787元，已交增值税10 000元；应交所得税期末余额为11 376元，应交所得税期初余额为0；应交税费期末数中应由在建工程负担的部分为100 000元。

（4）应付职工薪酬的期初数无应付在建工程人员的部分，本期支付在建工程人员职工薪酬200 000元。应付职工薪酬的期末数中应付在建工程人员的部分为25 000元。

（5）应付利息均为短期借款利息，其中本期计提利息10 500元，支付利息10 500元。

（6）本期用现金购买固定资产100 000元。

（7）本期用现金偿还短期借款250 000元，偿还一年内到期的长期借款1 000 000元；借入长期借款560 000元。

根据以上资料，采用分析填列的方法，编制甲公司2019年度的现金流量表。

1. 该工业企业2019年度现金流量表各项目金额，分析确定如下：

（1）销售商品、提供劳务收到的现金=主营业务收入+应交税费（应交增值税——销项税额）+（应收账款年初余额－应收账款期末余额）+（应收票据年初余额－应收票据期末余额）－当期计提的坏账准备－票据贴现的利息=1 494 100+93 787+（299 100−598 200）+（246 000−46 000）−900−30 000=1 457 887（元）

（2）购买商品、接受劳务支付的现金=主营业务成本+应交税费（应交增值税——进项税额）－（存货年初余额－存货期末余额）+（应付账款年初余额－应付账款期末余额）+（应付票据年初余额－应付票据期末余额）+（预付账款期末余额－预付账款年初余额）－当期列入生产成本、制造费用的职工薪酬－当期列入生产成本、制造费用的折旧费和固定资产修理费=732 000+41 763−（2 580 000−2 574 700）+（953 800−953 800）+（200 000−100 000）+（100 000−100 000）−353 800−90 000=424 663（元）

（3）支付给职工以及为职工支付的现金=生产成本、制造费用、管理费用中职工薪酬+（应付职工薪酬年初余额－应付职工薪酬期末余额）－[应付职工薪酬（在建工程）年初余额－应付职工薪酬（在建工程）期末余额]=353 800+17 100+（110 000−180 000）−（0−25 000）=325 900（元）

（4）支付的各项税费=当期所得税费用+税金及附加+应交税费（应交增值税——已交税金）－（应交所得税期末余额－应交所得税期初余额）=92 000+2 000+100 000−（11 376−0）=182 624（元）

（5）支付其他与经营活动有关的现金=其他管理费用+销售费用=80 000+18 000=98 000（元）

（6）收回投资收到的现金＝交易性金融资产贷方发生额＋与交易性金融资产一起收回的投资收益＝19 000+500= 19 500（元）

（7）取得投资收益所收到的现金＝收到的股息收入＝30 000（元）

（8）处置固定资产收回的现金净额＝300 000+（1 800−300）＝301 500（元）

（9）购建固定资产支付的现金＝用现金购买的固定资产、工程物资＋支付给在建工程人员的薪酬＝100 000+200 000= 300 000（元）

（10）取得借款所收到的现金＝560 000（元）

（11）偿还债务支付的现金＝250 000+1 000 000= 1 250 000（元）

（12）偿还利息支付的现金＝10 500（元）

2. 根据上述数据，编制现金流量表（见表 9-21）。

表 9-21　现金流量表

编制单位：　　　　2019 年　　　　单位：元

项目	本期金额	上期金额
一、经营活动产生的现金流量		略
销售商品、提供劳务收到的现金	1 457 887	
收到的税费返还	0	
收到其他与经营活动有关的现金	0	
经营活动现金流入小计	1 457 887	
购买商品、接受劳务支付的现金	424 663	
支付给职工以及为职工支付的现金	325 900	
支付的各项税费	182 624	
支付其他与经营活动有关的现金	98 000	
经营活动现金流出小计	1 031 187	
经营活动产生的现金流量净额	426 700	
二、投资活动产生的现金流量		
收回投资收到的现金	19 500	
取得投资收益收到的现金	30 000	
处置固定资产、无形资产和其他长期资产收回的现金净额	301 500	
处置子公司及其他营业单位收到的现金净额	0	

续表

项目	本期金额	上期金额
收到其他与投资活动有关的现金	0	
投资活动现金流入小计	351 000	
购建固定资产、无形资产和其他长期资产支付的现金	300 000	
投资支付的现金	0	
取得子公司及其他营业单位支付的现金净额	0	
支付其他与投资活动有关的现金	0	
投资活动现金流出小计	300 000	
投资活动产生的现金流量净额	51 000	
三、筹资活动产生的现金流量		
吸收投资收到的现金	0	
取得借款收到的现金	560 000	
收到其他与筹资活动有关的现金	0	
筹资活动现金流入小计	560 000	
偿还债务支付的现金	1 250 000	
分配股利、利润或偿付利息支付的现金	10 500	
支付其他与筹资活动有关的现金	0	
筹资活动现金流出小计	1 260 500	
筹资活动产生的现金流量净额	−700 500	
四、汇率变动对现金及现金等价物的影响	0	
五、现金及现金等价物净增加额	−222 800	
加：期初现金及现金等价物余额	1 406 300	
六、期末现金及现金等价物余额	1 183 500	

第五节 所有者权益变动表

一、所有者权益变动表的含义和作用

所有者权益变动表是指反映企业在一定会计期间构成所有者权益的各组成部分增减变动情况的报表。它反映了企业所有者权益的结构及其增减变动情况。

通过对所有者权益变动表的分析，可以了解企业实收资本、资本公积、库存股、盈余公积和未分配利润的增减变动的详细情况，掌握企业增资扩股的能力及其资金的来源。

二、所有者权益变动表的结构和内容

所有者权益变动表的内容及结构，如表 9-22 所示。

表 9-22 所有者权益变动表的内容及结构

所有者权益变动表	反映构成所有者权益各组成部分当期增减变动情况的报表
结构	当期损益、直接所有者权益的利得和损失，以及与所有者的资本交易导致的所有者权益的变动分别列示
单独列示反映的信息项目	净利润；直接所有者权益的利得和损失项目及其总额；会计政策变更和差错更正的累积影响金额；所有者投入资本和向所有者分配利润等；提取的盈余公积；实收资本或股本、资本公积、盈余公积、未分配利润的期初和期末余额及其调节情况

所有者权益变动表的结构由表头和正表两个部分组成。

所有者权益变动表的正表分为四个部分，第一部分是上年年末余额；第二部分是本年年初余额，它是上年年末余额加上会计政策变更和前期差错更正后的数额；第三部分是本年增减变动金额，它由净利润、直接计入所有者权益的利得和损失、所有者投入和减少资本、利润分配和所有者权益内部结转五小部分组成；第四部分是本年年末余额，它是本年年初余额，加上或减去本年变动金额后的数额。

所有者权益变动表金额栏分为本年金额和上年金额两个部分，本年金额栏和上年金额栏均采用多栏式，分别为实收资本、资本公积、库存股、盈余公积、未分配利润和所有者权益合计六栏。

三、所有者权益变动表的编制方法

（一）“本年金额”栏的填列方法

（1）“上年年末余额”项目，应根据“实收资本”“资本公积”“库存股”“盈余公积”“利润分配——未分配利润”账户上年的年末余额填列。

（2）“会计政策变更”“前期差错更正”项目，应根据“盈余公积”“利润分配——未分配利润”账户分析填列。

（3）“本年年初余额”项目，应根据本表“上年年末余额”项目的金额，加上“会计政策变更”“前期差错更正”两个项目金额后的数额填列。

（4）“净利润”项目，应根据“本年利润”账户的净发生额填列，其应与利润分配表中的“净利润”项目的数额相符。

（5）“直接计入所有者权益的利得和损失”中的四个明细项目，这四个明细项目分别为“可供出售金融资产公允价值变动净额”“权益法下被投资单位其他所有者权益变动的影响”“与计入所有者权益项目相关的所得税影响”和“其他”，应根据“资本公积”账户及其他相关账户的发生额分析填列。

（6）“所有者投入和减少资本”中的三个明细项目，这三个明细项目分别为“所有者投入资本”“股份支付计入所有者权益的金额”和“其他”，应根据“实收资本”“资本公积”账户的发生额分析填列。

（7）“利润分配”中的三个明细项目，这三个明细项日分别为“提取盈余公积”“对所有者（或股东）的分配”和“其他”，应根据“利润分配”相关明细账户的净发生额填列。

（8）“所有者权益内部结转”中的四个明细项目，这四个明细项目分别为“资本公积转增资本（或股本）”“盈余公积转增资本（或股本）”“盈余公积弥补亏损”和“其他”，应根据“实收资本”“资本公积”“盈余公积”和“利润分配——盈余公积补亏”账户的净发生额填列。

所有者权益变动表，如表 9-23 所示。

表 9-23　所有者权益变动表

编制单位：胜达服装进出口公司　　　　2019 年

项目	本年			
	实收资本（或股本）	资本公积	减：库存股	盈余公积
一、上年年末余额				
加：会计政策变更				
前期差错更正				

续表

项目	本年			
	实收资本（或股本）	资本公积	减：库存股	盈余公积
二、本年年初余额				
三、本年增减变动金额（减少以“–”号填列）				
（一）净利润				
（二）直接计入所有者权益的利得和损失				
1. 可供出售金融资产公允价值变动净额				
2. 权益法下被投资单位其他所有者权益变动的影响				
3. 与计入所有者权益项目相关的所得税影响				
4. 其他				
上述（一）和（二）小计				
（三）所有者投入和减少资本				
1. 所有者投入资本				
2. 股份支付计入所有者权益的金额				
3. 其他				
（四）利润分配				
1. 提取盈余公积				
2. 对所有者（或股东）的分配				
3. 其他				
（五）所有者权益内部结转				
1. 资本公积转增资本（或股本）				
2. 盈余公积转增资本（或股本）				
3. 盈余公积弥补亏损				
4. 其他				
四、本年年末余额				

（9）“本年年末余额”项目，应根据本表的“本年年初余额”项目的金额，加上“净利润”项目的金额，加上或减去“直接计入所有者权益的利得和损失”中各明细项目的金额，再加上或减去“利润分配”中各明细项目和“所有者权益内部结转”中各明细项目的金额后的数额填列。

（二）“上年金额”栏的填列方法

“上年金额”栏各个项目的数额可以根据该表上一年度的“本年金额”栏的数额填列。

四、所有者权益变动表填列示例

【例 9-4】沿用【例 9-1】、【例 9-2】和【例 9-3】的资料，该服装进出口公司其他相关资料为：提取盈余公积 66 621.10 元，向投资者分配现金股利 350 441.75 元。

根据上述资料，企业编制 2012 年度的所有者权益变动表，如表 9-24 所示。

表 9-24　所有者权益变动表

会企 04 表

编制单位：　　　　2012 年度　　　　单位：元

项目	实收资本（或股本）	资本公积	减：库存股	盈余公积	未分配利润	所有者权益合计	实收资本（或股本）	资本公积	减：库存股	盈余公积	未分配利润	所有者权益合计
一、上年年末余额	5 000 000	0	0	100 000	50 000	5 150 000						
加：会计政策变更												
前期差错更正												
二、本年年初余额	5 000 000	0	0	100 000	50 000	5 150 000						
三、本年增减变动金额（减少以“-”号填列）												
（一）净利润					475 100	475 100						
（二）直接计入所有者权益的利得和损失												
1. 可供出售金融资产公允价值变动净额												
2. 权益法下被投资单位其他所有者权益变动的影响												

续表

项目	实收资本（或股本）	资本公积	减：库存股	盈余公积	未分配利润	所有者权益合计	实收资本（或股本）	资本公积	减：库存股	盈余公积	未分配利润	所有者权益合计
3. 与计入所有者权益项目相关的所得税影响												
4. 其他												
上述（一）和（二）小计												
（三）所有者投入和减少资本												
1. 所有者投入资本												
2. 股份支付计入所有者权益的金额												
3. 其他												
（四）利润分配												
1. 提取盈余公积				66 621.10	−66 621.10	0						
2. 对所有者（或股东）的分配					−350 441.75	−350 441.75						
3. 其他												
（五）所有者权益内部结转												
1. 资本公积转增资本（或股本）												
2. 盈余公积转增资本（或股本）												
3. 盈余公积弥补亏损												
4. 其他												
四、本年年末余额	5 000 000	0	0	166 621.10	108 037.15	5 274 658.25						

第六节　附注

一、附注的含义和作用

附注是指对资产负债表、利润表、现金流量表和所有者权益变动表等报表中列示项目的文字描述或明细资料，以及对未能在这些报表中列示项目的说明等。

附注可以将财务报表中被高度浓缩的重要信息作进一步的分解、解释或补充，以突出财务报表的重点，增加财务报表内信息的可理解性，并通过对重要会计政策和会计估计变更以及差错更正的说明，以提高财务报表内信息的可比性。因此附注是财务报表的重要组成部分。

二、附注的主要内容

附注是财务报告的重要组成部分。企业应当按照规定披露附注信息。附注应当按照如下顺序披露有关内容。

（一）企业的基本情况

（1）企业注册地、组织形式和总部地址。

（2）企业的业务性质和主要经营活动，如企业所处的行业、所提供的主要产品或服务等。

（3）母公司以及集团最终母公司名称。

（4）财务报告的批准报出者和财务报告批准报出日。

（二）财务报表的编制基础

（三）遵循企业会计准则的声明

企业应当声明编制的财务报表符合企业会计准则的要求，真实、完整地反映了企业的财务状况、经营成果和现金流量等有关的信息。

（四）重要会计政策和会计估计

根据规定，企业应当披露采用的重要会计政策和会计估计，不重要的会计政策和会计估计可以不披露。届时应当披露财务报表项目的计量基础和重要会计政策的确定依据，以及会计估计中所采用的关键假设和不确定因素的确定依据。

（五）会计政策和会计估计变更以及差错更正的说明

企业应当按照《企业会计准则第 28 号——会计政策、会计估计变更和差错更正》及其应用指南的规定，披露会计政策和会计估计变更以及差错更正的有关情况。

会计政策是指企业在会计确认、计量和报告中所采用的原则、基础和会计处理方法。

会计估计变更是指由于资产和负债的当前状况及预期经济利益和义务发生了变化，从而对资产或负债的账面价值或者资产的定期消耗金额进行调整。

（六）财务报表重要项目的说明

企业对财务报表重要项目的说明，应当按照资产负债表、利润表、现金流量表和所有者权益变动表及其项目列示的顺序，采用文字和数字描述相结合的方式进行披露。报表重要项目的明细金额合计，应当与报表项目金额相衔接。在披露顺序上，一般应当按照资产负债表、利润表、现金流量表、所有者权益变动表的顺序及其项目列示的顺序。

（七）其他需要说明的重要事项

这主要包括或有和承诺事项、资产负债表日后非调整事项、关联方关系及其交易等，应当按照相关准则的规定予以披露。